Lucy und Stephen Hawking

Zurück zum Urknall –
Die große Verschwörung

W0084935

cbj

DIE AUTOREN

Lucy Hawking, geboren 1970, ist die Tochter von Stephen Hawking. Nach dem Studium der französischen und russischen Literatur an der Universität von Oxford wurde sie Journalistin und schrieb bald für zahlreiche bekannte englische Tageszeitungen. Nach der Veröffentlichung von zwei viel beachteten Romanen begann sie gemeinsam mit ihrem Vater an ihrem ersten Kinderbuch zu arbeiten. Sie lebt heute mit ihrem Sohn in Cambridge.

Stephen Hawking, geboren 1942 in Oxford, Großbritannien, ist Astrophysiker und seit 1979 Inhaber des Lukasischen Lehrstuhls für Mathematik an der Universität Cambridge, den einst auch Sir Isaac Newton innehatte. Er lieferte bedeutende Arbeiten zur Kosmologie und wird heute allgemein als größter lebender theoretischer Physiker seit Einstein bezeichnet. Stephen Hawking veröffentlicht seit den 70er-Jahren zahlreiche wissenschaftliche Werke. Durch »Eine kurze Geschichte der Zeit« ist er auch einem breiten Publikum bekannt geworden.

Von Lucy und Stephen Hawking ist bereits bei cbj erschienen:

Der geheime Schlüssel zum Universum (21953)
Die unglaubliche Reise ins Universum (22254)

Lucy und Stephen Hawking

Zurück zum Urknall – Die große Verschwörung

Aus dem Englischen von
Irene Rumler

cbj

Kinder- und Jugendbuchverlag
in der Verlagsgruppe Random House

MIX
Papier aus verantwor-
tungsvollen Quellen
FSC
www.fsc.org   FSC® C014496

Verlagsgruppe Random House FSC® N001967
Das FSC®-zertifizierte Papie *Salzer Danube*
für dieses Buch liefert Salzer Papier,
St. Pölten, Austria.

2. Auflage
Erstmals als cbj Taschenbuch August 2013
© 2011 für die deutschsprachige Ausgabe cbj Verlag, München
in der Verlagsgruppe Random House GmbH
Alle deutschsprachigen Rechte vorbehalten
© 2011 für die Originalausgabe by Lucy Hawking
Die englische Originalausgabe erschien 2011
unter dem Titel »George and the Big Bang«
bei Random House Children's Books, London
Übersetzung: Irene Rumler
Wissenschaftliche Beratung: Dr. Markus Pössel
Umschlagabbildung und Innenillustrationen:
Quint Buchholz
Wissenschaftliche Illustrationen: Garry Parsons
Umschlaggestaltung: © basic-book-design, Karl Müller-Bussdorf
jb · Herstellung: cb
Satz: Uhl + Massopust, Aalen
Druck: GGP Media GmbH, Pößneck
ISBN 978-3-570-22400-7
Printed in Germany

www.cbj-verlag.de

Für Willa, Lola und George,
Rose, George, William und Charlotte

DIE NEUESTEN WISSENSCHAFTLICHEN THEORIEN

Die Geschichte enthält eine Reihe fabelhafter Beiträge über wissenschaftliche Themen, die einen guten Einblick in einige ganz aktuelle Theorien geben. Geschrieben wurden sie von folgenden herausragenden Wissenschaftlern:

SACHWISSEN FÜR SPEZIALISTEN

In der Geschichte selbst sind jede Menge wissenschaftliche Details enthalten, aber es gibt auch Einschübe, in denen Fakten und Informationen zu einem bestimmten Thema zusammengefasst wurden. Vielleicht möchte sich der eine oder andere Leser diese Seiten ja gern gesondert durchlesen:

KAPITEL 1

AN WELCHEM *Ort im Universum würde ein Schwein wohl am liebsten leben?*, schrieb Annie auf der Tastatur von Cosmos, dem Supercomputer. »Cosmos weiß das bestimmt«, erklärte sie. »Bestimmt findet er für Freddy was Besseres als diese lausige alte Farm.«

Eigentlich war die Farm, auf der das Schwein Freddy zurzeit lebte, völlig in Ordnung; zumindest schienen sich alle anderen Tiere dort sehr wohlzufühlen. Nur Freddy, Georges heiß geliebtes Schwein, war kreuzunglücklich.

»Ich habe ein furchtbar schlechtes Gewissen«, sagte George zerknirscht, während Cosmos, der klügste Computer auf der ganzen Welt, seine Millionen und Abermillionen Dateien durchforstete, um Annies Frage zu beantworten. »Freddy war so sauer, dass er mich nicht mal angeschaut hat.«

»*Mich* hat er angeschaut«, entgegnete Annie hitzig und starrte finster auf den Monitor. »Ich habe eindeutig gesehen, wie er mir mit seinen Schweineaugen eine Botschaft geschickt hat. Und zwar: *Hilfe! Holt mich hier raus!*«

Der Besuch bei Freddy – ein Tagesausflug auf die Farm gleich außerhalb der kleinen Universitätsstadt Foxbridge, in der George und Annie lebten – war alles andere als fröhlich verlaufen. Als Annies Mutter Susan die beiden am Spätnachmittag abholte, traf sie zu ihrer Verwunderung George mit wütend gerötetem Gesicht an, und Annie war den Tränen nahe.

»George! Annie!«, sagte Susan. »Was ist denn bloß los mit euch beiden?«

»Es ist wegen Freddy«, platzte Annie heraus, während sie sich auf den Rücksitz des Autos warf. »Er findet es schrecklich auf der Farm.«

Freddy war Georges Haustier. Er hatte ihn als kleines Ferkel von seiner Großmutter zu Weihnachten bekommen. Georges Eltern waren engagierte Umweltschützer, was auch bedeutete, dass sie nicht viel für Geschenke übrighatten. Es missfiel ihnen, dass die vielen kaputten, ungeliebten Spielsachen, die von Weihnachten übrig blieben und weggeworfen wurden, zu gewaltigen Bergen aus altem Plastik und Metall anwuchsen, die über die Weltmeere trieben, dabei Wale erstickten und Möwen erdrosselten, oder sich an Land zu riesigen Müllhalden auftürmten.

Georges Großmutter wusste, dass es wenig Sinn hatte, George ein normales Geschenk zu machen; seine Eltern würden es sofort zurückgeben, und alle würden sich nur aufregen und wären sauer. Wenn er sein Weihnachtsgeschenk behalten sollte, musste sie sich deshalb etwas Besonderes einfallen lassen – etwas, das dem Planeten zu Gute kam, statt ihn zu zerstören.

So kam es, dass George an einem kalten Heiligabend vor der Haustür einen Pappkarton vorfand. Er enthielt ein kleines rosa Ferkel und eine Nachricht von seiner Großmutter: *Kannst du diesem Schweinchen ein nettes Zuhause geben?* George war hellauf begeistert. Er hatte ein Weihnachtsgeschenk bekommen, das seine Eltern ihm lassen mussten; und was noch besser war: Jetzt hatte er ein eigenes Schwein.

Das Problem mit kleinen rosa Ferkeln ist allerdings, dass sie größer werden. Größer und immer größer, bis sie riesengroß sind – zu groß für den Garten hinter einem gewöhnlichen Reihenhaus mit einem schmalen Streifen Grün und einem bescheidenen Gemüsebeet zwischen den beiden Zäunen, die ihn von den Nachbargärten trennten. Aber Georges Eltern waren ausgesprochen liebenswürdige Menschen, und so durfte Freddy, wie George das Schwein getauft hatte, in seinem Schweinestall im Garten bleiben, bis er eine gewaltige Größe erreicht hatte, die eher zu einem Elefantenbaby passte als zu einem Schwein. George war es egal, wie groß Freddy wurde. Er liebte sein Schwein und verbrachte viele Stunden bei ihm im Garten, erzählte ihm etwas oder saß in seinem riesigen Schatten und las Bücher über die Wunder des Weltalls.

Doch Georges Vater Terence hatte Freddy nie so recht gemocht. Freddy war zu groß, zu schweinemäßig und zu rosa, er tanzte zu gern über Terence' sorgfältig angelegtes Gemüsebeet, zertrampelte seinen Spinat und seinen Brokkoli und mampfte unbekümmert das grüne Kraut der Karotten. Im vergangenen Sommer, kurz vor der Geburt der Zwillinge, war die ganze Familie verreist. Terence hatte in Windeseile einen Platz für Freddy auf einer Streichelfarm für Kinder in der Nähe gefunden und George versprochen, sobald sie alle zurück seien, dürfe das Schwein wieder nach Hause kommen.

Doch dazu kam es nie. George und seine Eltern kamen von ihrer abenteuerlichen Reise zurück, und ihre unmittelbaren Nachbarn – der Wissenschaftler Eric, seine Frau Susan und ihre Tochter Annie – kehrten aus den Vereinigten Staaten zurück, wo sie eine Zeit lang gelebt hatten. Dann bekam Georges Mutter Zwillinge, die Mädchen Juno und Hera, die abwechselnd heulten und glucksten und lächelten. Und jedes Mal, wenn eine von beiden zu heulen aufhörte, herrschte eine köstliche Sekunde lang Stille. Dann legte das andere Baby los und plärrte, bis George das Gefühl hatte, gleich würde sein Hirn explodieren und ihm aus den Ohren sickern. Seine Mum und sein Dad waren ständig so gestresst und müde, dass George sich nicht traute, sie um irgendetwas zu bitten. Kaum war Annie aus Amerika zurückgekehrt, schlüpfte er deshalb immer öfter durch das Loch im Zaun hinter dem Haus, bis er buchstäblich bei seiner

Freundin, ihrer verrückten Familie und dem grandiosesten Supercomputer auf der ganzen Welt im Nachbarhaus wohnte. Aber Freddy war schlimmer dran, denn er schaffte es nicht einmal bis nach Hause.

Sobald die Zwillinge auf der Welt waren, fand Georges Vater, sie hätten schon genug am Hals, auch ohne dass ein fettes Riesenschwein den Großteil ihres hinteren Gartens mit Beschlag belegte. »Und außerdem«, erklärte er George salbungsvoll, als dieser protestierte, »ist Freddy ein Lebewesen des Planeten Erde. Er gehört nicht dir, er gehört der Natur.«

Leider konnte Freddy auch nicht auf der kleinen, netten Streichelfarm bleiben, weil diese zu Beginn der Sommerferien schließen musste. Man hatte ihn zusammen mit den anderen Tieren auf eine größere Farm gebracht, auf der es eher ungewöhnliche Tiere gab, die vor allem in den Sommerferien viele Besucher anlockten. Für Freddy musste das so ähnlich gewesen sein wie für ihn und Annie der Übertritt in die höhere Schule, dachte George. Auf einmal war man irgendwo, wo alles viel größer war. Das konnte einem schon ein bisschen Angst einjagen.

»Natur, pah!«, schnaubte er, als ihm jetzt die Bemerkung seines Vaters wieder einfiel. Cosmos, der Computer, kaute noch immer an der schwierigen Frage herum, wo im Universum der beste Platz für ein heimatloses Schwein war. »Ich glaube nicht, dass Freddy weiß, dass er ein Lebewesen des Planeten Erde ist. Er möchte einfach nur bei uns sein«, sagte George.

»Er hat so traurig ausgesehen«, meinte Annie. »Bestimmt hat er geweint.«

Als George und Annie an diesem Vormittag auf der Farm eintrafen, lag Freddy platt auf dem Bauch auf dem Boden seines Schweinekobens; er hatte die Füße nach beiden Seiten ausgestreckt, seine Augen waren glanzlos und seine Bäckchen eingefallen. Die anderen Schweine tollten herum, wirkten fröhlich und gesund. Der Stall war geräumig und gut belüftet, die Farm sauber und die Menschen, die dort arbeiteten, freundlich. Aber trotzdem wirkte Freddy verloren in seiner ganz persönlichen Schweinehölle. George hatte ein unglaublich schlechtes Gewissen. Die Sommerferien waren vergangen, und er hatte nichts unternommen, um Freddy nach Hause zu holen. Annie war diejenige gewesen, die den heutigen Ausflug zur Farm vorgeschlagen und ihre Mum so lange gelöchert hatte, bis diese sich bereit erklärt hatte, sie und George hinzufahren und später wieder abzuholen.

George und Annie hatten die Tierpfleger gefragt, was Freddy fehle. Auch die machten sich anscheinend Sorgen. Sie hatten die Tierärztin gerufen. Diese sagte, Freddy sei nicht krank, er sei nur einfach todunglücklich. Schließlich war er in Georges ruhigem Hinterhof aufgewachsen und dann auf eine kleine Farm gebracht worden, wo nur wenige Kinder hinkamen und ihn streichelten. Hier an diesem neuen Ort war er von unbekannten Tieren und ihren lauten Geräuschen umgeben und bekam jeden Tag eine Menge Besuch. Wahrscheinlich war es ein großer Schock für ihn. Freddy hatte noch nie mit anderen Schweinen zusammengelebt. Er war überhaupt nicht an andere Tiere gewöhnt. Tatsächlich betrachtete er sich selbst eher als Mensch denn als Schwein. Er konnte nicht verstehen, was er auf einer Farm zu suchen hatte, auf der sich die Besucher über den Rand des Schweinepferchs beugten, um ihn anzuglotzen.

»Können wir ihn mit nach Hause nehmen?«, hatte George gefragt.

Die Tierpfleger wirkten verblüfft. Es gab eine Menge Regeln und Vorschriften für den Transport von Tieren, und ihrer Meinung nach war Freddy inzwischen einfach zu groß, um in der Stadt in einem Hinterhof zu leben. »Bestimmt geht es ihm bald besser«, versicherten sie George. »Wartet nur ab, wenn ihr das nächste Mal zu Besuch kommt, ist bestimmt alles ganz anders.«

»Aber er ist doch schon seit Wochen hier«, protestierte George.

Entweder hörten ihn die Tierpfleger nicht oder sie überhörten ihn bewusst.

Aber Annie hatte eine andere Idee. Sobald sie wieder zu Hause waren, begann sie Pläne zu schmieden. »Wir können Freddy nicht zu euch zurückbringen«, sagte sie und schaltete Cosmos ein, »weil dein Dad ihn dann postwendend auf die Farm zurückverfrachtet. Und hier bei uns kann er auch nicht wohnen.«

George wusste nur zu gut, dass sie recht hatte. Er sah sich in Erics Arbeitszimmer um: Cosmos thronte auf dem Schreibtisch, auf zahllosen Stapeln mit wissenschaftlichen Abhandlungen, umgeben von schwankenden Büchertürmen, halb ausgetrunkenen Teetassen und Zetteln, die mit wichtigen Gleichungen vollgekritzelt waren. Annies Vater benutzte seinen Supercomputer, um an seinen Theorien über den Ursprung des Universums zu arbeiten. Allem Anschein nach war es fast ebenso schwierig, ein neues Zuhause für ein Schwein zu finden.

Als Annie und ihre Eltern ursprünglich hier eingezogen waren, hatte Georges Schwein einen dramatischen Auftritt hingelegt: Er war so stürmisch durch Erics Arbeitszimmer gefegt, dass jede Menge Bücher durch die Luft flogen. Eric war darüber recht froh gewesen, weil Freddy ihm in dem ganzen Chaos dazu verholfen hatte, ein Buch wiederzufinden, das er gesucht hatte. Aber in diesen Tagen wäre Eric ein zusätzliches Schwein keineswegs willkommen, das wussten George und Annie. Er hatte zu viel Arbeit, um sich um ein Schwein zu kümmern.

»Wir müssen irgendein hübsches Plätzchen für Freddy finden«, sagte Annie entschlossen.

Ping! Cosmos' Bildschirm erwachte wieder zum Leben und verschiedenfarbige Lämpchen begannen zu blinken – ein sicheres Zeichen dafür, dass der grandiose Computer mit sich zufrieden war. »Ich habe euch eine Übersicht über die Lebensbedingungen in unserer näheren Umgebung im Weltall zusammengestellt und jeweils vermerkt, wie gut sie für Schweine geeignet sind«, sagte er. »Bitte klickt auf die einzelnen Kästchen, dann erscheint ein Text über die Lebensumstände, die euer Schwein auf den einzelnen Planeten unseres Sonnensystems vorfinden würde. Außerdem habe ich mir erlaubt« – der Computer gluckste vergnügt – »jedem Planeten eine Abbildung mit einem persönlichen Kommentar hinzuzufügen.«

»Wow!«, rief Annie. »Du bist wirklich genial, Cosmos.«

Auf Cosmos' Bildschirm erschienen acht kleine Kästchen, jedes versehen mit dem Namen eines Planeten im Sonnensystem. Sie klickte zunächst auf MERKUR …

Unser Sonnensystem

Zum Sonnensystem gehören diejenigen Planeten,
die unseren Stern – die Sonne – umkreisen.

Wie unser Sonnensystem entstanden ist

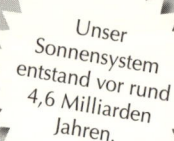

Unser
Sonnensystem
entstand vor rund
4,6 Milliarden
Jahren.

 Schritt 1:

Eine Wolke aus Gas und Staub kollabiert allmählich. Auslöser könnten möglicherweise Schock-
wellen einer benachbarten Supernova sein.

 Schritt 2:

Eine Staubkugel bildet sich, rotiert dabei um ihre eigene Achse und
flacht zu einer Scheibe ab, wobei sie mehr Staub anzieht, langsam
größer wird und sich immer schneller dreht.

 Schritt 3:

Bis ein Stern
mit einer ähnlichen
Masse wie unsere
Sonne entsteht,
dauert es rund
10 Millionen
Jahre.

Während die Wolke in sich zusammenfällt,
wird ihr Innerstes heißer und heißer, bis es
sich entzündet und zu einem Stern wird.

Schritt 4:

Noch während der Stern brennt, verklebt der Staub in der Scheibe allmählich und bildet Klümpchen, die zu Gesteinsbrocken werden, aus denen sich schließlich Planeten bilden. Sie alle umkreisen nach wie vor den Stern in der Mitte, unsere Sonne. Von diesen Planeten gibt es am Ende zwei Hauptgruppen: die Gesteinsplaneten in der Nähe der Sonne, wo es wärmer ist, und die Gasplaneten weiter außen, jenseits des Mars. Diese haben eine dicke Gasatmosphäre, die einen flüssigen inneren Bereich mit einem höchstwahrscheinlich festen Kern umgibt.

 Schritt 5:

Die Planeten »säubern« ihre Umlaufbahnen, indem sie sich alle Materiebrocken, die ihren Weg kreuzen, einverleiben.

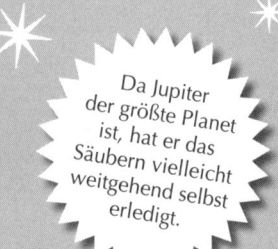

Da Jupiter der größte Planet ist, hat er das Säubern vielleicht weitgehend selbst erledigt.

 Schritt 6:

Viele hundert Millionen Jahre später richten sich die Planeten in dauerhaften Umlaufbahnen ein – denselben Umlaufbahnen, auf denen sie sich bis heute bewegen. Die übrig gebliebenen Stückchen Materie landen entweder im Asteroidengürtel zwischen Mars und Jupiter oder, noch weiter von der Sonne entfernt als Pluto, im Kuiper-Gürtel.

Gibt es andere Sonnensysteme, die unserem ähnlich sind?

Jahrhundertelang vermuteten Astronomen, dass vielleicht auch andere Sterne im Universum von Planeten umrundet werden. Doch der erste Exoplanet wurde erst im Jahr 1992 nachgewiesen. Er umkreist die Überreste eines massereichen Sterns. Und den ersten Planeten, der um einen echten, hell leuchtenden Stern kreist, entdeckte man 1995. Seitdem wurden über 400 Exoplaneten entdeckt, von denen einige Sterne umkreisen, die unserer Sonne sehr ähnlich sind.

Ein Exoplanet ist ein Planet auf einer Umlaufbahn um einen anderen Stern als unsere Sonne.

Das ist erst der Anfang. Selbst wenn nur zehn Prozent der Sterne in unserer Galaxie von Planeten umkreist würden, hieße das, dass es allein innerhalb der Milchstraße *mehr als 200 Milliarden Sonnensysteme* gibt.

Einige davon sind unserem Sonnensystem wahrscheinlich ähnlich. Andere sehen vielleicht ganz anders aus. In einem Doppelsternsystem etwa könnte es Planeten geben, an deren Himmel zwei Sonnen auf- und untergehen. Wenn wir die Entfernung der Planeten zu ihrem Stern sowie dessen Größe und Alter kennen, können wir abschätzen, mit welcher Wahrscheinlichkeit auf diesen Planeten Leben existiert.

Die meisten Exoplaneten in anderen uns bekannten Sonnen-
systemen sind riesig – so groß wie Jupiter oder noch größer.
Kein Wunder: Solche Riesen sind einfach leichter zu entdecken
als kleinere Planeten. Doch allmählich entdecken Astronomen
auch kleinere Gesteinsplaneten, die ihren Stern in passender
Entfernung umkreisen und damit dem Planeten Erde eher ähnlich
sein könnten.

Anfang 2011 bestätigte die NASA, dass man im Rahmen der
Kepler-Mission in der Umlaufbahn eines 500 Lichtjahre entfernten Sterns einen Planeten entdeckt hatte, der mit unserer Erde
vergleichbar zu sein scheint. 1,4-mal so groß wie die Erde ist
dieser neue Planet, Kepler 10-b, damit offenbar unserem Heimatplaneten ähnlicher als alle anderen Planeten, die bislang entdeckt
wurden.

KAPITEL 2

ICH KANN mir nicht vorstellen, dass Freddy tatsächlich auf einem dieser Planeten leben könnte«, wandte George ein, nachdem sie sich Cosmos' Rundreise für Schweine durch das Sonnensystem angesehen hatten. »Auf dem Merkur würde er verschmoren, auf Neptun würde es ihn davonwehen und auf dem Saturn würde er durch mehrere Schichten Giftgas sinken. Wahrscheinlich würde er sich wieder auf die Farm zurückwünschen.«

»Abgesehen von der Erde...«, murmelte Annie. »Das ist der einzige Planet in unserem Sonnensystem, der sich zum Leben eignet.« Sie rümpfte die Nase, was bedeutete, dass sie angestrengt nachdachte. »Für Freddy gilt dasselbe wie für die Menschen«, sagte sie plötzlich. »Du weißt doch, dass mein Dad davon gesprochen hat, eine neue Heimat für die Menschheit zu suchen, für den Fall, dass unser Planet unbewohnbar wird.«

»Du meinst, falls wir von einem riesigen Kometen getroffen

Probleme, vor denen
unser Planet steht

Asteroiden greifen an!

Ein Asteroid ist ein Gesteinsbrocken, der bei der Entstehung des Sonnensystems vor rund 4,6 Milliarden übrig geblieben ist. Wissenschaftler schätzen, dass es in unserem Sonnensystem Millionen von Asteroiden gibt.

> Asteroiden haben typische Durchmesser von einigen bis zu einigen hundert Kilometern.

Hin und wieder wird ein Asteroid aus seiner Umlaufbahn geschubst – zum Beispiel durch die Schwerkraft benachbarter Planeten – und dadurch möglicherweise auf Kollisionskurs mit der Erde gebracht.

Etwa einmal im Jahr stürzt ein Felsbrocken von der Größe eines Geländewagens in die Erdatmosphäre, verglüht dort aber, bevor er auf der Erdoberfläche auftrifft.

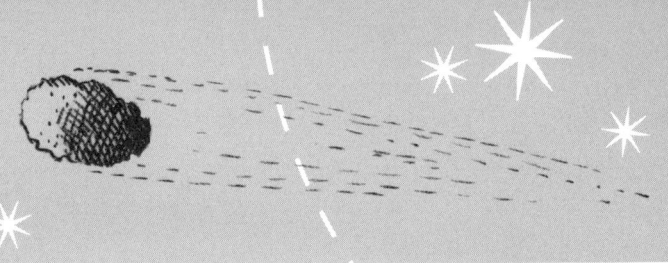

Einmal alle paar tausend Jahre schlägt ein Felsbrocken etwa von der Größe eines Sportplatzes auf der Erde ein, und alle paar Millionen Jahre erlebt die Erde den Aufprall eines Himmelskörpers – eines Asteroiden oder Kometen –, der groß genug ist, um die Menschheit ernsthaft zu gefährden.

Würde ein Asteroid oder ein Komet – ein felsiger Eisball, der um die Sonne rast – auf die Erdoberfläche krachen, könnte es geschehen, dass er sie durchschlägt und eine Fülle von Vulkanausbrüchen auslöst. Nichts würde einen solchen Aufprall überstehen.

Ein Meteoroid ist ein Staub- oder Gesteinsbrocken, der durch unser Sonnensystem fliegt; Meteorit nennt man diesen Brocken, wenn er auf der Erde einschlägt.

Vor 65 Millionen Jahren krachte ein Asteroid auf die Erde. Vielleicht war das der Grund für das Aussterben der Dinosaurier: Durch den Aufprall wurde eine Wolke aus feinem Staub aufgewirbelt, die kein Sonnenlicht mehr durchließ und die Dinosaurier und viele andere Arten zum Aussterben verdammte.

Gammastrahlen-Blitze ... Game over!

Außerdem besteht die (höchst unwahrscheinliche) Gefahr, dass wir durch Gammastrahlen aus dem Weltall ausgelöscht werden.

Wenn bestimmte sehr massereiche Sterne am Ende ihres Lebens angelangt sind und als Supernova explodieren, schleudern sie nicht nur heißen Staub und Gas in einer sich ausdehnenden Wolke in den Kosmos, sondern schicken auch tödliche Doppelbündel von Gammastrahlen aus, die den Lichtkegeln eines Leuchtturms ähneln.

Befände sich die Erde unmittelbar in der Bahn eines solchen Strahlenbündels und würde sich der Gammastrahlen-Ausbruch in unserer Nähe ereignen, könnten die Strahlen unsere Atmosphäre zerreißen und dazu führen, dass braune Stickstoffwolken den Himmel überziehen.

Explosionen dieser Art sind selten. Sie müssten sich schon innerhalb weniger tausend Lichtjahre abspielen, um wirklich Schaden anzurichten, und das Strahlenbündel müsste uns ganz genau treffen. Deshalb machen sich Astronomen auch keine großen Sorgen.

25

Selbstzerstörung!

☆ Wir haben unserem Planeten schon viel Schaden zugefügt, auch ohne Zutun von Asteroiden oder Gammastrahlen.

☆ Die Erde leidet unter Überbevölkerung.

☆ Diese vielen zusätzlichen Menschen bedeuten, dass wir in Zukunft mehr Nahrung anbauen müssen, die natürlichen Energiequellen intensiver beanspruchen und noch mehr Gase in die Erdatmosphäre schicken.

> Derzeit leben auf der Erde knapp 7 Milliarden Menschen. Bis 2050 könnten es sogar 10,5 Milliarden sein!

☆ Seit Langem wird über den Klimawandel heftig diskutiert. Doch für die Wissenschaftler steht fest, dass sich unser Planet erwärmt und menschliches Handeln der Grund für diese Veränderung ist. Sie gehen davon aus, dass diese Veränderung anhält, was bedeutet, dass es auf der Welt zunehmend heißer wird und einige Regionen schwere Regenfälle erleben werden, während andere unter Dürre leiden. Man rechnet damit, dass die Meeresspiegel ansteigen und dadurch das Leben für die Küstenbewohner sehr schwierig werden wird.

> Weltweit sind nahezu ein Viertel aller Säugetierarten und ein Drittel der Amphibien vom Aussterben bedroht.

Es gibt mehr und mehr Menschen auf der Welt, aber immer weniger andere Arten. Das Aussterben anderer Lebewesen wird zunehmend zu einem Problem, und wir erleben, dass ganze Artengruppen vom Erdboden verschwinden. Es ist wirklich jammerschade, dass wir gerade jetzt unseren wunderschönen, einzigartigen Planeten zerstören, wo wir allmählich begreifen, wie er wirklich entstanden ist.

werden oder die Erderwärmung dramatisch zunimmt?«, fragte George. »Wenn auf unserem Planeten ständig Vulkane ausbrechen oder wenn er sich in eine riesige trockene Wüste verwandelt, können wir nicht mehr hier leben.« George wusste von seinen umweltbewussten Eltern recht gut, welch schreckliche Dinge dem Planeten Erde zustoßen konnten, wenn die Menschen nicht allmählich besser auf ihn aufpassten.

»Genau! Mein Dad sagt, die Menschen müssen sich nach einem neuen Zuhause umsehen«, erwiderte Annie, »genau wie Freddy. Schweine brauchen ungefähr dieselben Lebensbedingungen wie Menschen, und das bedeutet, wenn wir im Universum einen Ort finden, wo Menschen leben können, dann würde es dort auch Freddy gut gehen.«

»Dann muss Cosmos also nur ein neues Zuhause für die Menschheit finden und schon haben wir den richtigen Platz für mein Schwein!«

»Ganz genau«, rief Annie fröhlich. »Und von Zeit zu Zeit können wir ihn im All besuchen, damit er sich nicht einsam fühlt und wieder trübsinnig wird.« Sie verstummten beide. Sie wussten, dass ihr großer Plan alles andere als perfekt war.

»Wie lange werden wir brauchen, um für Freddy einen Platz im All zu finden?«, fragte George schließlich. »Dein Dad hat ewig nach einem neuen Ort gesucht, wo sich Menschen ansiedeln können, und er ist noch immer nicht sicher, dass er den richtigen gefunden hat.«

»Hm, ja«, gab Annie zu. »Wir könnten … nur so als Möglichkeit … vielleicht überlegen, ob wir für Freddy einen Platz etwas mehr in unserer Nähe suchen, zumindest fürs Erste.«

»Irgendwo auf dem Planeten Erde wäre gut«, pflichtete George ihr bei. »Aber wie kriegen wir ihn an seinen neuen Wohnort, egal ob im Weltraum oder auf der Erde? So ein riesiges Schwein können wir doch schlecht durch die Gegend schleppen.«

»Genau das ist das absolut Geniale an meinem grandiosen Plan«, trumpfte Annie auf. »Wir werden Cosmos zu Hilfe nehmen. Wenn Cosmos uns auf riesenweite Ausflüge durchs Weltall schicken kann, dann kann er doch bestimmt auch dein Schwein ein kurzes Stück über den Planeten Erde befördern. Hab ich recht, Cosmos?«, fragte sie.

»Hast du, Annie«, bestätigte Cosmos. »Ich bin so klug und so intelligent, dass ich alles tun kann, was du genannt hast.«

»Aber darf er das auch?«, wollte George wissen. »Ich meine, würde dein Dad nicht ziemlich böse werden, wenn er rausfindet, dass wir seinen Supercomputer dazu benutzt haben, ein Schwein zu transportieren?«

»Wenn ihr es mir nicht ausdrücklich befehlt«, sagte Cosmos listig, »habe ich keinen Grund, Eric mitzuteilen, dass wir gemeinsam ein Abenteuer in Sachen Schwein unternommen haben.«

»Siehst du«, sagte Annie. »Wenn wir Cosmos bitten, Freddy

irgendwo hinzubringen, wo er in Sicherheit ist, wird Cosmos das tun.«

»Hmm«, machte George skeptisch. Er hatte schon wiederholt Ausflüge unternommen, bei denen Cosmos das Ziel hatte aussuchen dürfen, und war nicht überzeugt, dass der Supercomputer immer die richtige Wahl traf. George wollte sein Schwein nicht durch das Lichtportal schieben – jenen erstaunlichen Durchgang ins Weltall, den Cosmos öffnen konnte –, um dann feststellen zu müssen, dass er in einer Wurstfabrik gelandet war. Oder auf der Spitze des Empire State Building. Oder auf einer entlegenen tropischen Insel, auf der es für Freddy viel zu heiß wäre – und vor allem zu einsam.

»Cosmos«, sagte er höflich, »könntest du uns die Orte zeigen, an die du Freddy bringen würdest, bevor du ihn tatsächlich dorthin verfrachtest? Ach, und vorerst, bis wir eine Dauerlösung gefunden haben, müsste das auf alle Fälle so nahe sein, dass wir mit dem Rad hinfahren können, weil wir dich lieber nicht ständig in Anspruch nehmen sollten. Sonst werden wir noch erwischt.«

»Anfrage wird bearbeitet«, antwortete Cosmos. Als Annies Familie aus den Staaten zurückgekehrt war, hatte Cosmos einen Megacrash erlitten. Eric war es gelungen, ihn zu reparieren, und seitdem verhielt sich der Rechner sehr viel benutzerfreundlicher. Jetzt summten seine Schaltkreise ein paar Sekunden lang, dann tauchte ein Bild auf, das mitten in Erics Arbeitszimmer in der Luft schwebte und über zwei dünne Lichtstrahlen mit Cosmos verbunden war. »Das ist eine Landkarte«, sagte George. »Sieht aus wie ... Moment mal ... das ist ja Foxbridge!«

»Genau«, sagte Cosmos. »Das ist eine dreidimensionale Aufnahme. Alles, was Google kann, kann ich besser.« Er schnaubte. »Diese dreisten Emporkömmlinge.«

»Meine Güte, das ist ja wunderschön«, seufzte Annie. Jedes Bauwerk der uralten, angesehenen Universitätsstadt Foxbridge war auf Cosmos' Karte liebevoll bis ins Detail wiedergegeben – perfekte Miniaturansichten von jedem Turm, jeder Mauer, jeder Turmspitze und jedem Häuserblock.

In der Ecke eines Innenhofs blinkte ein kleines rotes Licht.

»Das ist ja Dads College!«, rief Annie überrascht aus. »Da, wo das Licht blinkt. Wieso zeigst du uns Dads College?«

»Meine Dateien sagen mir, dass Schweine ein ruhiges, dunkles Plätzchen mit frischer Luft und etwas Sonnenlicht brauchen«, sagte Cosmos. »Die markierte Stelle ist ein leerer Weinkeller unten in einem alten Turm. Er hat ein Belüftungssystem und ein kleines Oberlicht. Seit vielen Jahren wird er nicht mehr benutzt, sodass euer Schwein dort ein paar Tage lang sicher und bequem aufgehoben wäre, vorausgesetzt, ihr gebt ihm vorsichtshalber ein bisschen Stroh von der Farm mit.«

»Bist du sicher?«, fragte George. »Glaubst du nicht, dass er sich da ein bisschen eingesperrt fühlt?«

»Für kurze Zeit wird euer Schwein die vollkommene Ruhe

und den Frieden genießen«, antwortete Cosmos. »Für Freddy bedeutet das einen winzigen Kurzurlaub, bevor ihr entscheidet, wo ihr ihn auf Dauer unterbringen möchtet.«

»Wir sollten ihn unbedingt von dieser Farm wegholen«, rief Annie. »Und zwar schnell! Für ihn ist es dort ganz schrecklich und wir müssen ihn unbedingt, unbedingt, unbedingt retten.«

»Können wir den Keller mal sehen?«, fragte George.

»Aber sicher«, sagte Cosmos. »Ich werde ein kleines Fenster zum Keller aufmachen, sodass ihr die Angaben, die ich gemacht habe, überprüfen könnt.«

Die Landkarte löste sich in Luft auf und an ihre Stelle trat ein Rechteck aus Licht: das von Cosmos erzeugte Portal, durch das Annie und George schon viele Male getreten waren, um durchs Weltall zu reisen. Bei diesen Gelegenheiten hatte Cosmos eine Tür geöffnet. Aber wenn er ihnen nur etwas zeigen wollte, zeichnete er ein kleines Fenster, durch das sie hindurchschauen konnten.

»Ach, ist das aufregend!«, rief Annie, während sie warteten. »Warum sind wir bisher nur nie auf die Idee gekommen, Cosmos zu benutzen, um auf der Erde herumzureisen?«

Das Rechteck wurde dunkel. George und Annie sahen genauer hin.

»Wir können nichts sehen, Cosmos«, sagte George. »Ich dachte, du hättest gesagt, es gibt da ein bisschen Tageslicht. Freddy soll nicht glauben, dass er im Gefängnis gelandet ist.«

Cosmos klang verwirrt. »Ich habe die Koordinaten geprüft, und das ist der richtige Ort. Vielleicht hat jemand das Fenster verhängt.«

»Mannomann«, flüsterte Annie. »Die Dunkelheit ... bewegt sich!«

Die Schwärze hinter dem Fenster schien hin und her zu schwanken.

»Horch!«, zischte sie. »Ich höre Stimmen.«

»Unmöglich«, antwortete Cosmos. »Meine Daten sagen mir, dass der Keller nicht mehr benutzt wird.«

»Was tun dann diese vielen Leute dort?«, fragte Annie tonlos. »Schau nur!«

George wurde allmählich klar, dass sie recht hatte. Durch das Fenster sahen sie nicht etwa einen dunklen Raum, in den kein Licht drang, sondern eine dicht gedrängte Schar Menschen, die allesamt schwarz gekleidet waren. Man konnte nur Schultern und Rücken erkennen. Offenbar blickte die Menge in die entgegengesetzte Richtung.

»Können sie uns sehen?«, flüsterte Annie.

»Wenn sie sich umdrehen, sehen sie das Fensterportal«, sagte Cosmos, der den Raum rasch gescannt hatte. »Obwohl es jeder Logik, Wahrscheinlichkeit und Vernunft absolut widerspricht, ist der Keller allem Anschein nach voller Menschen.«

»Lebendigen?«, fragte Annie entsetzt. »Oder etwa toten?«

»Atmenden und funktionsfähigen«, sagte Cosmos.

»Und was tun die da?«

»Sie …«

»Drehen sich um«, unterbrach George erschrocken. »Mach das Portal zu, Cosmos!«

Cosmos ließ das Fenster so schnell zuschnappen, dass niemand im Keller den winzigen Lichtblitz bemerkte. Und selbst wenn, wäre niemand auf die Idee gekommen, dass zwei verstörte Kinder und ein beunruhigter Supercomputer in einem gewöhnlichen Reihenhaus irgendwo am Rand von Foxbridge Zeugen ihrer geheimen Zusammenkunft geworden waren.

Dennoch drang aus dem Keller eine Stimme in das Zimmer, in dem Annie und George saßen, reglos vor Schreck. »Gegrüßet seist du, Falsches Vakuum!«, rief sie. »Überbringer von Leben, Licht und Energie.« Vor lauter Eile, das Portal zu schließen, bevor jemand es – und die Kinder – bemerkte, hatte Cosmos zwar die visuelle Schnittstelle geschlossen, nicht aber den Audio-Anschluss, sodass sie hören, wenn auch nicht sehen konnten, was im Keller vorging.

Totenstille trat ein. Annie und George wagten kaum, zu atmen. Als die Stimme fortfuhr, war es, als lauschten sie einer besonders grausigen Radiosendung.

»Wir leben in gefährlichen Zeiten!«, zischte sie. »Womöglich erleben wir die letzten Tage, ehe das Universum von einer den Kosmos zerstörenden Blase in Stücke gerissen wird. Kriminelle Wissenschaftler am Large Hadron Collider, dem Großen Hadronen-Speicherring, werden in Bälde mit ihrem neuen Hochenergie-Experiment beginnen. Beim letzten Mal ist es uns nicht gelungen, sie am Einsatz des LHC zu hindern. Doch diesmal ist die Lage weitaus ernster. Sobald diese verrückten Idioten ihre Maschine anschalten, werden sie eine kosmische Katastrophe auslösen, durch die das gesamte Universum zerstört wird! Ihr Vorhaben, mit den Experimenten am Large Hadron Collider ins nächste Stadium einzutreten, kann uns allesamt vernichten.«

Annie und George hörten, wie die dicht gedrängte Menge im Raum bei diesen Worten zischte und buhte.

»Ruhe!«, befahl die Stimme. »Bitte, unser hervorragender wissenschaftlicher Experte wird alles erklären.«

Jetzt sprach eine andere Stimme. Sie klang älter und weicher. »Diese gefährlichen Irren werden von einem Wissenschaftler aus Foxbridge namens Eric Bellis angeführt.«

Annie schrie leise auf und hielt sich eine Hand vor den Mund. Eric Bellis war ihr Dad!

»Bellis ist die treibende Kraft hinter dem Hochenergie-Experiment ATLAS am Large Hadron Collider. Es nähert sich jetzt dem gefährlichsten Stadium. Wenn Bellis die beabsichtigte Kollisionsenergie erzielt, besteht meiner Berechnung zufolge eine signifikante Wahrscheinlichkeit dafür, dass sich ein Stückchen Echtes Vakuum bildet, das die komplette Vernichtung des Universums zur Folge hat.

Wenn bei einer Teilchenkollision am LHC auch nur eine

winzige Blase des Echten Vakuums entsteht, wird sich diese Blase mit Lichtgeschwindigkeit ausdehnen, das Falsche Vakuum verdrängen und sämtliche Materie vernichten! In weniger als einer Zwanzigstelsekunde werden sich alle Atome auf der Erde auflösen. Binnen acht Stunden wird das Sonnensystem verschwunden sein. Und das wäre erst der Anfang ...«

Die Stimmen aus dem Keller wurden schwächer, während Cosmos sich alle Mühe gab, die Verbindung zu halten.

»Die Blase wird sich in alle Ewigkeit ausdehnen«, fuhr die Stimme in drohendem Flüsterton fort. »Und damit hat Bellis das Undenkbare erreicht – die Zerstörung des gesamten Universums!« Während das letzte »sssss« noch in der Luft hing, verstummte die Stimme abermals.

George, Cosmos und Annie erstarrten für Sekunden. Cosmos fing sich als Erster.

GEFAHR: UMGEBUNG FÜR SCHWEIN-VERLEGUNG NICHT GEEIGNET! Die Warnung blinkte mehrere Male in roten Großbuchstaben über den Bildschirm.

»Da schicken wir Freddy nicht hin«, sagte Annie, die ziemlich benommen wirkte. »Wir lassen nicht zu, dass unser Schwein bei diesen gruseligen Leuten landet. Schon gar nicht, wenn die so unverschämt zu meinem Dad sind.«

George schluckte. Worüber hatten diese schwarz gewandeten Leute gesprochen? »Cosmos, Annie«, sagte er eindringlich, »wer war das überhaupt?«

KAPITEL 3

WER WAR wer?«, fragte eine Stimme. Eric stieß die Tür zu seinem Arbeitszimmer auf, in der Hand eine Tasse mit dampfendem Tee; unter dem Arm, der in einem Tweedsakko steckte, klemmte ein Stapel wissenschaftlicher Arbeiten. »Hallo, Annie, hallo, George«, sagte er. »Genießt ihr euren letzten Ferientag?«

Die beiden Kinder sahen ihn ausdruckslos an.

»O je. Darf ich das als ›nein‹ verstehen?«, fragte Eric. »Stimmt was nicht?« Er lächelte die beiden an. Eric konnte derzeit gar nicht aufhören zu lächeln. Hätte George Annies Vater in diesem Moment beschreiben müssen, hätte er ihn als »unglaublich glücklich« bezeichnet. Oder als »unglaublich beschäftigt«. Tatsächlich schien Eric umso glücklicher, je mehr er zu tun hatte. Seit seiner Rückkehr aus den Vereinigten Staaten, wo er an einer Weltraummission mitgearbeitet hatte, die dazu diente, auf dem Mars nach Spuren von Leben zu suchen, war der Wissenschaftler immer in Eile und immer höchst vergnügt. Zu Hause war er glücklich mit seiner Familie, er liebte seinen neuen Job als Professor für theoretische Physik an der Universität Foxbridge und war hellauf begeistert von dem großen Experiment, das er am Large Hadron Collider in der Schweiz durchführte. Das Projekt am LHC war die Fortsetzung einer Arbeit, mit der Wissenschaftler vor vielen hundert Jahren begonnen hatten. Ziel dabei war es, herauszufinden, woraus die Welt gemacht ist und wie sich die winzigen elementaren Bestandteile zu dem zusammengefügt hatten, was den Inhalt des Universums ausmacht. Um diese Frage beantworten zu können, versuchten Eric und die anderen Wissenschaftler eine Theorie zu entwickeln, die es ihnen erlauben würde, alles, was das Universum betraf, zu verstehen. Sie bezeichneten sie schlicht als »Theorie von Allem«. Sie war das höchste Ziel der Wissenschaft. Wenn es den Wissenschaftlern gelang, diese Theorie aufzustellen, wären sie nicht nur in der Lage, zu verstehen, wie das Universum, in dem wir leben, angefangen hat, sondern möglicherweise sogar, wie − und warum − es überhaupt dazu kam.

Die Theorie von Allem

Seit es Menschen gibt, haben sie versucht, die erstaunlichen Dinge, die sie ringsum beobachten, zu verstehen, und sich gefragt: Was sind das für Dinge? Warum bewegen und verändern sie sich auf diese Weise? Waren sie schon immer da? Was verraten sie uns über den Grund unseres Daseins? Erst in den letzten paar Jahrhunderten finden wir nach und nach wissenschaftliche Antworten auf diese Fragen.

Die klassische Physik

Im Jahr 1687 veröffentlichte Isaac Newton *Bewegungsgesetze*, die beschreiben, wie Kräfte die Bewegung von Körpern beeinflussen, und das *Gravitationsgesetz*, das besagt, dass beliebige zwei Objekte im Universum einander immer mit einer bestimmten Kraft – der Schwerkraft – anziehen. Deshalb haften wir auf der Erdoberfläche, deshalb umkreist unsere Erde die Sonne, und deshalb sind Planeten und Sterne entstanden.

Auf der Ebene der Planeten, Sterne und Galaxien ist die Schwerkraft der Kitt, der das großartige Bauwerk Universum zusammenhält. Die Newton'schen Gesetze leisten hervorragende Dienste, wenn es darum geht, Satelliten in eine Umlaufbahn zu schießen und Weltraumfahrzeuge zu anderen Planeten zu schicken. Erst wenn es um sehr schnelle oder sehr massereiche Körper geht, benötigt man neuere klassische Theorien, vor allem Einsteins Relativitätstheorie.

Die Newton'schen Gesetze

1. Ein Teilchen verharrt im Zustand der Ruhe oder bewegt sich mit gleichbleibender Geschwindigkeit entlang einer geraden Linie, sofern nicht eine äußere Kraft darauf einwirkt.
2. Die Änderung der Bewegung eines Teilchens ist direkt proportional zu der einwirkenden Kraft und erfolgt in dieselbe Richtung wie jene Kraft.
3. Wenn ein Teilchen eine Kraft auf ein anderes Teilchen ausübt, übt das zweite Teilchen eine ebenso große, exakt entgegengesetzte Kraft auf das erste Teilchen aus.

Das Newton'sche Gravitationsgesetz

Jedes Teilchen im Universum zieht jedes andere Teilchen mit einer Kraft an, die entlang der Verbindungsgeraden zwischen den Teilchen wirkt und direkt proportional zum Produkt ihrer Massen und umgekehrt proportional zum Quadrat der Entfernung zwischen ihnen ist.

Quantentheorie

Die klassische Theorie eignet
sich, um große Dinge wie Galaxien, Autos
oder sogar Bakterien zu beschreiben. Sie kann jedoch nicht erklären, wie Atome funktionieren. Im Gegenteil folgt aus dieser Theorie sogar, dass es gar keine Atome geben kann! Zu Beginn des 20. Jahrhunderts wurde den Physikern
klar, dass sie eine völlig neue Theorie entwickeln mussten, um die
Eigenschaften von sehr kleinen Dingen wie Atomen oder Elektronen beschreiben zu können: die Quantentheorie. Die Version, in der unser derzei-
tiges Wissen über Elementarteilchen und Grundkräfte zusammengefasst ist,
bezeichnen wir als *Standardmodell der Teilchenphysik*. Es beschreibt Quarks
und Leptonen (die Bausteine, aus denen sich die Materie zusammensetzt),
Kraftteilchen (Gluonen, Photon, W-Boson und Z-Boson) und das Higgs, das
man braucht, um einen Teil der Masse der anderen Teilchen zu erklären (aber
gesehen hat es noch niemand). Viele Wissenschaftler halten das Standardmodell für zu kompliziert und wünschen sich ein einfacheres Modell.
Außerdem, wo bleibt die Dunkle Materie, die die Astronomen entdeckt
haben? Und was ist mit der Schwerkraft? Das hypothetische Teilchen, das als Träger der Gravitationskraft fungieren soll, nennt
man *Graviton*. Es dem Standardmodell einfach so hinzuzufügen, ist schwierig, weil die Schwerkraft etwas
völlig Anderes ist: Sie verändert die Form
der Raumzeit.

Die große Herausforderung: eine Theorie von Allem

Eine Theorie, die in einheitlicher Weise *sämtliche* Kräfte und *sämtliche* Teilchen erklärt – also eine *Theorie von Allem* –, könnte völlig anders aussehen als alles, was wir bisher kennen, weil sie sowohl die Raumzeit als auch die Schwerkraft erklären müsste. Doch wenn es sie gibt, sollte diese Theorie die physikalischen Gesetzmäßigkeiten des gesamten Universums erklären können – das Innere von schwarzen Löchern, den Urknall und die ferne Zukunft des Kosmos eingeschlossen.
Sie zu entdecken, wäre eine spektakuläre Leistung.

Angesichts dieser unglaublichen Aussicht, die den jüngsten Ergebnissen vom LHC zu verdanken war, brauchte man sich nicht zu wundern, dass Eric gut gelaunt war. Sogar so gut, dass es ihn nicht einmal störte, dass die Kinder Cosmos benutzten, obwohl sie das eigentlich gar nicht durften.

»Wie ich sehe, wart ihr an meinem Computer.« Er zog eine Augenbraue hoch, schien aber nicht verärgert. »Ich hoffe nur, ihr habt nicht wieder Erdbeermarmelade zwischen die Tasten geschmiert«, sagte er nachsichtig und beugte sich vor, um einen Blick auf Cosmos zu werfen.

»An welchem Ort im Universum würde ein Schwein

wohl am liebsten leben?«, las Eric vom Bildschirm ab. »Aha!«
Seine Miene hellte sich auf. »Jetzt verstehe ich.« Er wuschelte
Annie durchs Haar. »Deine Mum hat gesagt, ihr beide macht
euch Sorgen um Freddy.«

»Wir haben nach einem anderen Ort gesucht, wo er hin-
kann«, sagte Annie.

»Und was habt ihr gefunden?«, fragte ihr Vater, während er
sein Tweedsakko auszog und sich einen klapprigen alten Schau-
kelstuhl heranzog, um sich zwischen Annie und George zu setzen, die noch immer mit aufgerissenen Augen auf den Bildschirm starrten.

»Ääh.«

»Ähm ... na ja, Cosmos hat sich im Sonnensystem umgese-
hen, aber da haben wir nichts gefunden«, sagte George.

»Darauf möchte ich wetten«, murmelte Eric. »Ich kann mir
Freddy schlecht auf Pluto vorstellen.«

»Also dachten wir daran, ihn auf einen Planeten zu bringen,
der sich für Menschen zum Leben eignet, aber wir haben noch
keinen gefunden«, fuhr George fort.

»Dann haben wir stattdessen in Foxbridge gesucht, um irgendwas in der Nähe zu finden, wo Freddy ein paar Tage lang
bleiben kann«, platzte Annie heraus. »Und dabei sind wir auf
einen Haufen schrecklicher Leute in einem Keller gestoßen, die
behaupten, dass durch dein Experiment am Large Hadron Collider das Universum vernichtet wird.«

Schlagartig wurde Eric wütend. »Cosmos!«, schnauzte er den Computer an. »Was hast du getan?«

»Ich habe nur versucht zu helfen«, sagte Cosmos verlegen.

»Bei allen galoppierenden Galaxien!« Jetzt sah Eric nicht mehr so fröhlich aus. »Was hast du dir bloß dabei gedacht, den Kindern zu erlauben, dass sie diese Idioten belauschen?«

»Sie haben gesagt, dass du das Falsche Vakuum zerstören wirst…«, sagte George langsam. »Und das führt dann dazu, dass sich das ganze Universum auflöst. Stimmt das?«

»Nein! Natürlich nicht! Das ist nur eine verrückte Theorie«, sagte Eric erbost. »Kümmert euch nicht um diese Leute! Sie wollen den Menschen nur Angst einjagen, weil sie was gegen das große Experiment haben, an dem wir in der Schweiz arbeiten.«

»Aber die waren in deinem College!«, piepste Annie.

»College schmollege«, sagte Eric verächtlich. »Die können überall sein – das macht sie auch nicht glaubwürdiger.«

»Dann weißt du also, wer sie sind?«

»Nicht genau«, gab Eric zu. »Sie verschweigen, wer sie sind, weil es sich um eine geheime Organisation handelt. Wir wissen nur eines, nämlich dass sie sich selbst ›Gegner des Echten Vakuums am Hadronenring‹ nennen.«

»Gegner des Echten Vakuums am Hadronenring…«, wiederholte Annie. »Das ergibt ja GEVAHR. Heißen die wirklich so?«

Eric lachte. »Der Name passt jedenfalls ausgezeichnet. Sie sind eindeutig eine Gefahr für die Wissenschaft. Vor allem,

44

weil sie von Physik noch weniger Ahnung haben als von Rechtschreibung.«

»Und was wollen sie?«

»Letztes Jahr«, sagte Eric, »wollte GEVAHR, wie ich sie von jetzt an nennen werde, dass wir den LHC aufgeben. Sie haben behauptet, wir würden ein schwarzes Loch erzeugen, wenn wir mit den Experimenten beginnen. Wir haben sie nicht weiter beachtet und damit angefangen. Offenbar sind wir alle noch da, und die Welt ist nicht von einem schwarzen Loch verschluckt worden. Danach dachten wir, sie würden aufgeben. Aber jetzt haben sie diesen Vakuum-Schwachsinn aufgegriffen, um uns daran zu hindern, mit unserem nächsten Experiment zu beginnen, bei dem mehr Energie im Spiel ist als bei den vorangegangenen.«

»Aber wieso?«, fragte George. »Wieso denken die sich eine verrückte Theorie nach der anderen aus?«

»Weil sie verhindern wollen, dass wir Erfolg haben«, erklärte Eric. »Unser Ziel ist es, das Universum von Grund auf zu verstehen. Deshalb müssen wir nicht nur herausfinden, wie die Welt funktioniert, sondern uns auch Fragen nach dem Warum stellen. Warum gibt es überhaupt etwas anstelle von nichts? Warum existieren wir? Warum gelten gerade diese Naturgesetze und keine anderen? Das ist die grundlegende Frage nach dem Leben, dem Universum und dem ganzen Rest. Und einige Leute wollen einfach nicht, dass wir die Antwort darauf finden.«

»Dann ist also dieses Gerede von der Vernichtung des ganzen

Universums in Wirklichkeit reiner Blödsinn?«, hakte George nach, nur um sicherzugehen.

»Kompletter kosmischer Quatsch!«, rief Eric. »Aber trotzdem« – er runzelte die Stirn – »glauben anscheinend mehr und mehr Menschen das, was GEVAHR behauptet. Deshalb haben wir den Zeitplan für unser neues Experiment geändert, nur für den Fall, dass GEVAHR vorhat, uns eine böse Überraschung zu bereiten.«

»Und wann geht es los?«, fragte George.

»Wir haben schon damit angefangen«, sagte Eric. »Der Beschleuniger läuft, die Detektoren sind online, und vor ein paar Wochen haben wir sogar die vorgesehene Luminosität erreicht.« Betrübt schüttelte der Wissenschaftler den Kopf. »Wir behalten das möglichst für uns, damit GEVAHR sich ja nicht einmischt. Diese Versager … Aber jetzt zurück zu ganz praktischen Dingen: Wohin sollen wir Freddy bringen? Cosmos, was meinst du?«

Als wollte er seinen Fehler wiedergutmachen, ließ Cosmos rasch ein neues Foto auf seinem Schirm aufscheinen. Es war eine wunderschöne Landschaft. Die Sonne schien auf ein friedliches bewaldetes Tal mit sanft sich wiegenden Bäumen, wilden Blumen und bunten Schmetterlingen, die über die Heckenreihen tanzten.

»Hier wäre ein guter Platz für euer Schwein«, säuselte Cosmos.

»Was haltet ihr davon?«, fragte Eric die beiden Kinder rasch entschlossen. »Gefällt euch das? Möchtet ihr gern, dass Freddy hier lebt?«

»Es sieht sehr hübsch aus«, konnte George gerade noch einwerfen. *Wo ist das überhaupt?*, wollte er dann fragen, aber Eric, der es offenbar sehr eilig hatte, war bereits zum nächsten Schritt übergegangen.

»Großartig«, sagte der Wissenschaftler und tippte ein paar Befehle in die Tastatur. »Also, Kinder, das ist ein bisschen kompliziert, aber ich glaube, ich kann ein doppeltes Portal erzeugen.«

Noch bevor die beiden auch nur ein Wort erwidern konnten, hatte Cosmos ein Portal zu Freddys Farm geöffnet, durch das Eric in den Schweinestall sprang. Das Riesenschwein erschrak so sehr, als es Eric aus dem Nichts auftauchen sah, dass es keinerlei Widerstand leistete, als dieser es sanft durch einen zweiten Durchgang schob, den Cosmos erzeugt hatte. Es trottete glücklich und zufrieden in das bewaldete Tal, das noch immer auf dem Monitor zu sehen war.

Verdutzt sahen George und Annie zu, wie Freddy durch einen Durchgang von der Farm verschwand und sogleich in dem Tal wieder auftauchte. Er flitzte durchs dichte Gras, schnupperte mit seinem Rüssel aufgeregt die frische Landluft, und seine Augen glänzten wieder.

Eric kam ins Zimmer zurück und schloss schnell den Durchgang. »Wir gehen ganz bald wieder hin, um nach Freddy zu sehen«, sagte er. George bemerkte ein paar Strohhalme an seiner Cordhose. »Ich sollte auch noch auf der Farm Bescheid sagen, damit sie dort nicht in Panik geraten, weil sie denken, ein Schwein ist ausgerissen und läuft frei herum.«

»Und was willst du ihnen sagen?«, fragte Annie.

»Weiß ich nicht«, gab Eric zu. »Aber ich habe es geschafft zu erklären, wie aus dem Nichts ein Universum entstehen konnte, also wird mir bestimmt auch eine einleuchtende Erklärung für ein verschwundenes Schwein einfallen.«

Verlegung des Schweins abgeschlossen. Schwein glücklich und wohlbehalten in neuer Umgebung. Futter, Wasser und Unterstand vorhanden. Bedrohungsstatus für Schwein: null, tat Cosmos auf seinem Bildschirm in leuchtenden Buchstaben kund.

»Und jetzt«, sagte Eric in jenem Ton, der bedeutete, dass das Thema für ihn endgültig abgeschlossen war, »ist es höchste Zeit, dass ich wieder an die Arbeit gehe. Ich muss den Vortrag vorbereiten, den ich übermorgen in der Universität halte. Und ihr zwei solltet euch auf den Schulbeginn morgen früh vorbereiten.«

Widerstrebend schlurften die beiden Freunde aus Erics Arbeitszimmer. Das bedeutete, dass die Sommerferien vorbei waren. Annie hatte einen Abend Zeit, um alle Vorbereitungshausaufgaben zu machen, die sie während des langen Sommers aufgeschoben hatte. George merkte, dass es an der Zeit war, nach Hause zu seiner richtigen Familie zurückzukehren. Er konnte nur hoffen, dass die Babys in dieser Nacht, bevor er zum ersten Mal in die neue Schule gehen musste, nicht die ganz Zeit schrien.

Annie seufzte. »Bye, George.«

»Bye, Annie«, sagte George betrübt. Am nächsten Morgen fingen sie beide in unterschiedlichen Schulen an: Annie ging auf eine Privatschule und George auf eine höhere Schule am Ort.

»Warum müssen wir auf eine höhere Schule gehen?«, brach es aus Annie heraus, als sie zögernd an der Hintertür stand, weil keiner von ihnen den nächsten Schritt tun wollte. »Warum können wir nicht auf eine Schule für Weltraumforschung gehen? Wir wären absolute Spitze in unserer Klasse. Niemand außer uns hat die Ringe des Saturn aus nächster Nähe gesehen oder wäre auf Titan um ein Haar in einen Methansee gefallen.«

»Oder hat einen Sonnenaufgang mit zwei Sonnen am Himmel gesehen«, sagte George, der an den heißen Planeten in einem binären Sonnensystem denken musste, auf dem sie einmal aus Versehen gelandet waren.

»Es ist ungerecht«, sagte Annie, »dass wir so tun müssen, als wären wir ganz normale Kinder, obwohl wir das nicht sind.«

»Annie!«, ertönte Erics Stimme aus dem Arbeitszimmer. »Ich kann euch hören. Kinder, die ihre Hausaufgaben nicht machen, dürfen auch nicht durchs Weltall reisen. So lautet die Regel – und das weißt du ganz genau.«

Annie schnitt eine Grimasse. »Möge die Macht mit dir sein«, flüsterte sie George zu.

»Und mit dir«, sagte George, ehe er sich umdrehte und auf den Heimweg machte.

KAPITEL 4

D ER ERSTE Tag an der neuen Schule verschwamm für
George in einem Nebel aus langen Korridoren und ver-
wirrenden Stundenplänen. Wiederholt fand er sich in Klassen-
zimmern wieder, in denen Fächer unterrichtet wurden, die er
nicht hatte, bei Jahrgängen, die nicht der seine waren.

Es war laut, verwirrend und ein bisschen beängstigend in dieser riesigen Schule. George fragte sich, ob Freddy das ebenso
empfunden hatte, als er aus der stillen, geschützten Welt von
Georges Garten erst auf die kleine, quirlige Streichelfarm gekommen war und danach auf die riesige, Furcht einflößende
neue Farm. Kein Wunder, dass Freddy so unglücklich ausgesehen hatte. Am ersten Tag in der höheren Schule wirkten selbst
die Kinder, die in Georges alter Schule extrem selbstbewusst gewesen waren, verloren und eingeschüchtert, während sie in dem
riesigen labyrinthartigen Gebäude umherirrten, um die richtigen Klassenzimmer zu finden. Es spielte keine Rolle, ob man

in der Grundschule befreundet gewesen war — wenn man inmitten all dieser schrecklich erwachsenen Schüler ein vertrautes Gesicht erblickte, war das eine solche Erleichterung, dass selbst eingeschworene Feinde auf einmal zu besten Freunden wurden.

George war gerade erst dahintergekommen, wo er hingehörte, als es Zeit war, nach Hause zu gehen. Er machte sich auf und lief durchs Schultor. Vor langer Zeit, in seiner alten Schule, hatte er sich jeden Nachmittag auf der Toilette versteckt, bis alle anderen fort waren, um sicherzugehen, dass niemand auf dem Heimweg über ihn herfiel.

Doch das war, bevor er gelernt hatte, durchs Weltall zu reisen und große kosmische Rätsel zu lösen. Seit er sich mit Annie angefreundet und von den Wundern erfahren hatte, die unseren Planeten umgeben, verspürte George keine Angst mehr. Immerhin hatte er einem verrückten Wissenschaftler in einem weit entfernten Sonnensystem die Stirn geboten. Wenn man das einmal gemacht hat, gibt es nicht mehr viel, wovor man Angst haben muss.

Aber nicht nur diese Reisen ins Weltall hatten Georges Leben verändert; auch das Wissen, das er sich bei diesen Ausflügen angeeignet hatte, machte ihn furchtlos. Er hatte seinen Verstand benutzt, um große Herausforderungen zu meistern, und jetzt wusste er, dass er mit allem fertigwerden konnte.

Auf dem Heimweg dachte George an Eric und an Freddys Abenteuer vom Vorabend. Vielleicht könnte er kurz bei Eric vorbeischauen und ihn fragen, ob sie mal schnell nach seinem Schwein sehen könnten. George hätte sich ohrfeigen können, weil er nicht nachgefragt hatte, wo Freddy eigentlich war. Das Tal hatte hübsch ausgesehen, aber George wusste nicht einmal, ob sich sein Schwein noch auf dem Planeten Erde befand oder ob der clevere Cosmos es an einen anderen, weit entfernten wunderbaren Ort verfrachtet hatte, an dem Leben, wie wir es kennen, möglich ist. George war überzeugt, dass Eric wusste, wo Freddy sich aufhielt, aber ihm wäre wohler gewesen, wenn er es auch gewusst hätte.

Zu Hause ließ er seine Schultasche im Flur fallen und rannte quer durchs Haus, machte nur kurz in der Küche halt, um seiner Mutter und seinen winzigen Schwestern rasch Hallo zu sagen und sich einen Erbsen-Kohl-Muffin zu schnappen, den er sich ohne abzubeißen in den Mund stopfte. (Georges Mutter kochte nur mit Gemüse aus dem eigenen Garten, und manchmal hatte sie merkwürdige Einfälle, was die Rezepte betraf.) George lief schnurstracks zur Hintertür hinaus und in den Garten, der früher Freddys Zuhause gewesen war. Er sprang durch das Loch im Zaun, das in Annies Garten führte, und lief den Weg entlang zur Hintertür. Er schlug dagegen, aber niemand öffnete. Er hämmerte nochmals gegen das Holz.

Die Tür ging einen Spaltbreit auf. Dahinter stand Annie, die offenbar gerade aus der Schule zurückgekommen war, in ihrer neuen grünen Schuluniform.

»Ach du bist es, George«, sagte sie. Sie schien keineswegs erfreut, ihn zu sehen.

»Hallo, Annie«, sagte George fröhlich. »Wie ist deine neue Schule? Meine ist merkwürdig, aber ich denke, ich komm schon zurecht.«

»Hm, ganz in Ordnung«, antwortete sie ziemlich leise. »Wolltest du … äh … was Bestimmtes?«

George war überrascht. Er schaute ständig bei Annie vorbei und noch nie hatte sie ihn nach dem Grund gefragt.

»Äh, ja«, sagte er etwas verblüfft. »Ich wollte deinen Vater fragen, ob er weiß, wo Freddy ist. Damit ich ihn besuchen kann.«

»Dad ist nicht da«, sagte Annie bedauernd. »Ich werde ihm sagen, dass du nach Freddy gefragt hast. Wahrscheinlich schickt er dir später eine Mail.«

Und dann wollte sie ihm doch tatsächlich die Tür vor der Nase zumachen. George traute seinen Augen kaum. Was war hier los? Und dann wurde alles klar. »Wer ist es denn?«, ertönte hinter Annie die Stimme eines älteren Jungen.

»Ach, es ist, ähm … jemand von nebenan«, sagte Annie. Dabei wanderte ihr Blick hin und her, so als säße sie zwischen den beiden Jungen in der Falle. »Er möchte meinen Dad sprechen.«

Sie machte die Tür ein paar Zentimeter weiter auf, sodass George den anderen Jungen sehen konnte. Er war größer als er und Annie, hatte eine schwarze Igelfrisur und karamellfarbene Haut. Wie Annie trug er eine grüne Schuluniform.

»Hi!« Er nickte George über Annies Kopf hinweg zu. »Tut mir leid, aber Eric ist nicht da. Du gehst jetzt wohl besser. Wir sagen ihm Bescheid, dass du da warst.«

Georges Unterkiefer klappte herunter. Nicht zu fassen!

»Ich bin übrigens Vincent«, sagte der Junge lässig.

»Vincent war heute auch den ersten Tag in meiner Schule«, sagte Annie, wobei sie Georges Blick auswich.

»Im Ernst?«, fragte George überrascht. »Du gehst in die siebte Klasse?«

»Nein!« Vincent schien verärgert. »In die zehnte. Ich kenne Annie ... von außerhalb der Schule.«

»Soso«, sagte George.

»Vincents Vater ist Filmregisseur«, sagte Annie schüchtern, aber George merkte ihr deutlich an, dass sie von Vincent schwer beeindruckt war. »Er kennt meinen Dad. Er hat Dads neue Fernsehserie gemacht.«

»Filmregisseur«, sagte George, der sich unterlegen fühlte. »Wie nett. Mein Vater ist Biogärtner«, sagte er trotzig zu Vincent.

»Jetzt komm, Annie«, sagte Vincent. »Wir sollten allmählich losrollen.«

»Mum fährt uns in den Skate-Park«, erklärte Annie. »Vincent ist ein fantastischer Skater.«

»Dann rollt mal los«, sagte George und gab sich Mühe, normal zu klingen. »Lasst euch von mir nicht aufhalten.« Er drehte sich um und ging den Gartenweg zurück bis zu dem Loch im

Zaun. Annie und Vincent standen noch immer in der Tür und sahen ihm nach.

George versuchte, lässig durch das Loch im Zaun zu springen, wie er es schon so oft gemacht hatte. Aber es klappte nicht recht; er blieb an den Holzlatten hängen und fiel mit einem dumpfen Knall zu Boden. George konnte nicht umhin, sich umzudrehen. Annie und Vincent standen noch immer da, was er höchst ärgerlich und unfair fand. Als er vor der Tür gestanden hatte, wollten sie nicht aufmachen. Und jetzt wollten sie nicht weggehen.

Mit einem letzten Rest Würde rappelte er sich auf und stieg betont gelassen durch die Lücke, als wäre nichts geschehen. Doch innerlich war er verletzt und fühlte sich ausgeschlossen. Es war der allererste Tag des Schuljahres, und schon hatte Annie einen neuen Freund, mit dem sie coole Sachen machte.

Und was bedeutete das für George?

Er hatte jetzt kein Schwein mehr und auch keine Annie. Auf einmal fühlte er sich einsam und verlassen. Unglücklich trottete er ins Haus.

Etwas später an diesem Nachmittag, nachdem George seine häuslichen Pflichten erledigt und seine Hausaufgaben gemacht hatte, beschloss er, noch einmal kurz nach nebenan zu springen, nur für den Fall, dass Eric vor Annie und dem fantastischen Skater nach Hause gekommen war.

Die Hintertür war angelehnt. George drückte sie auf und schlich sich ins Haus. Drinnen war es ruhig, dunkel und ungewöhnlich kalt, als hätte dort der Winter begonnen, während draußen erst Herbstanfang war. Anscheinend war niemand zu Hause. Aber wenn die Hintertür nicht abgeschlossen ist, dachte George, muss jemand da sein. Er lauschte auf ein Lebenszeichen. Nichts.

Im Dunkeln bemerkte er plötzlich ein mattblaues Licht, das unter der Tür zu Erics Arbeitszimmer hervorschimmerte. Er klopfte leise.

»Eric!«, rief er. »Eric?« Er legte ein Ohr an die Tür. Man hörte kein anderes Geräusch als hin und wieder einen automatischen Piepston, der anzeigte, dass Cosmos drinnen im Arbeitszimmer in Betrieb war.

George zögerte. Sollte er die Tür aufmachen? Er wollte Eric nicht stören, wenn dieser an einer wichtigen Theorie arbeitete, aber womöglich war das die einzige Gelegenheit, ihn allein zu erwischen. Behutsam öffnete er die Tür zum Arbeitszimmer.

Sofern man Cosmos, den Supercomputer, nicht als Person betrachtete, befand sich niemand in Erics Arbeitszimmer. Cosmos stand auf seinem üblichen Platz auf dem Schreibtisch, und alle seine Lämpchen blinkten einsatzbereit.

Aus seinem Bildschirm ragten leuchtend die beiden Lichtstrahlen, mit denen Cosmos das Weltraumportal zu erzeugen pflegte – jenen Durchgang, durch den George und Annie schon mehrere Reisen ins Weltall angetreten hatten. In der Mitte des Arbeitszimmers hing eben dieser Durchgang ins All, gehalten von den beiden Lichtstrahlen; ein eingeklemmter Wildlederhalbschuh sollte ihn daran hindern, sich zu schließen.

Durch den Spalt sah George unter einem tiefschwarzen Himmel eine trostlose, mit Kratern durchsetzte Oberfläche. Er beugte sich vor und wollte die Tür etwas weiter aufdrücken, um besser sehen zu können, war aber geblendet von gleißendem Sonnenlicht und musste seine Augen mit dem Arm abschirmen.

Er trat von dem Lichtportal zurück und sah sich in Erics Arbeitszimmer um. Plötzlich entdeckte er seinen alten Raumanzug, der zerknautscht auf einem Sessel in der Ecke lag. Rasch zog er ihn an, prüfte die Anzeige am Sauerstoffbehälter, schloss alle Schnallen, wie Eric es ihm gezeigt hatte, und näherte sich dem Durchgang ins Weltall.

Mit seinen gut in den Raumhandschuhen verpackten Händen schob George das Lichtportal auf und blickte aus unmittelbarer Nähe auf die Oberfläche des Mondes, des der Erde nächsten Himmelskörpers. Eine ausgedehnte gräuliche Fläche aus staubigem Untergrund erstreckte sich bis in weite Ferne; sie war in grelles Sonnenlicht getaucht, das kräftige Schatten auf die Geländespalten warf.

Zwischen dem Portal und den Bergen konnte George eine winzige Gestalt ausmachen, die übermütig auf einen Krater in der Ferne zuhüpfte. Obwohl sie einen weißen Raumanzug mit dazu passendem Helm trug, erkannte George an den ungleichmäßigen, fröhlichen Sprüngen, dass es sich um Eric handeln musste. Auf der Erde neigte Eric dazu, zerstreut und gedankenverloren durch die Gegend zu schlurfen, aber im Weltraum benahm er sich, als wäre er frei von allen irdischen Sorgen und könnte die Wunder des Universums genießen und sich daran freuen.

Mit einem kühnen Schritt überquerte George die Schwelle und setzte erst einen und dann den zweiten Stiefel auf den Mond. Sobald er den Planeten Erde hinter sich gelassen hatte, schwebte er vom Boden weg nach oben, und als er wieder landete, knirschte die Mondoberfläche unter seinen Füßen. Dank der geringen Schwerkraft auf dem Mond konnte er ohne Anstrengung fast einen Meter hoch in die Luft springen.

»Hallo, Erdbewohner«, rief George, während er ein paar Sprünge vorwärts machte. Er wusste, dass niemand auf der Erde ihn hören konnte, musste aber einfach etwas sagen, um seinen ersten Schritten auf dem Mond Gewicht zu verleihen. Vor der Schwärze des Himmels hob sich sein Heimatplanet ab wie ein blau-grüner, mit weißen Wolken gesprenkelter Edelstein. Obwohl Annie und George schon früher aufregende Weltraumausflüge unternommen hatten, sah George seinen Heimatplaneten zum ersten Mal aus solcher Nähe.

Vom Mars aus war die Erde nur ein winziger weißer Fleck am Himmel gewesen.

Der Mond

Frage: Wann ist unser Mond entstanden?
Antwort: Schätzungen zufolge ist der Mond vor
über 4 Milliarden Jahren entstanden.

F: Wie ist er entstanden?
A: Wissenschaftler glauben, dass ein Körper von der
Größe eines Planeten auf die Erde aufgeschlagen ist
und dabei eine heiße Staubwolke aus Felsbruchstücken
in eine Erdumlaufbahn katapultiert hat. Als diese Wolke
abkühlte, verklebten die einzelnen Stückchen miteinander und bildeten schließlich den Mond.

F: Wie groß ist der Mond?
A: Der Mond ist viel kleiner als die Erde. Er hätte 49-mal
in der Erde Platz. Er hat auch eine geringere Schwerkraft. Wenn
du hier auf der Erde 40 Kilo wiegst, würdest du auf dem Mond
weniger als 7 Kilo wiegen.

F: Hat der Mond eine Atmosphäre?
A: Nein. Das erklärt auch, warum der Himmel auf
dem Mond immer dunkel ist, was bedeutet, dass man,
wenn man im Schatten bleibt, zu jeder Tages- und
Nachtzeit die Sterne sehen kann.

F: Welche Erklärungen hatten die Menschen für den Mond, bevor
Wissenschaftler entdeckten, wie er entstanden ist?
A: Vor langer Zeit glaubten die Menschen, der Mond sei ein
Spiegel oder vielleicht eine Schale mit Feuer am Nachthimmel.

Jahrhundertelang schrieben sie ihm magische Kräfte zu, mit denen er das Leben auf der Erde vermeintlich beeinflusste. In gewisser Weise hatten sie recht: Der Mond hat tatsächlich Einfluss auf die Erde, aber daran ist nichts Magisches. Die Schwerkraft des Mondes übt einen Einfluss auf die Meere aus, wodurch Ebbe und Flut entstehen.

F: Könnte es auf dem Mond Leben geben?
A: Auf dem Mond ist kein Leben möglich – es sei denn, es trägt einen Raumanzug. Doch als Trostpreis häufen sich die Nachweise, dass es auf dem Mond sehr viel mehr Wasser gibt – die Hauptzutat für Leben, wie wir es kennen –, als Wissenschaftler noch vor wenigen Jahren annahmen. Es ist jedoch gefroren, und wer von der Erde zum Mond auswandert, wird sich ungeheuer anstrengen müssen, um es in seine lebensfreundliche flüssige Form umzuwandeln.

F: Hat unser Mond jemals Besuch von anderen Zivilisationen bekommen?
A: Den Himmelskörper, der uns am nächsten ist, haben Astronauten von der Erde aus 12-mal besucht. Zwischen 1969 und 1972 sind 12 NASA-Astronauten auf der Mondoberfläche umherspaziert. Könnten Außerirdische auf dem Mond gewesen sein, bevor es auf der Erde überhaupt Menschen gab, und dort Spuren hinterlassen haben? Könnten Außerirdische quasi bis »nebenan« gelangt sein? Das ist eine sehr, sehr weit hergeholte Vermutung, aber einige Wissenschaftler untersuchen erneut Mondgestein, um festzustellen, ob es irgendwelche Hinweise enthält.

Von Titan aus, jenem merkwürdigen eisigen Saturnmond, hatten George und Annie durch die dicken Gaswolken nichts von der Erde sehen können.

Und als sie schließlich das 55-Cancri-Sonnensystem erreicht hatten, war die Erde ihren Blicken ganz und gar entzogen. Dass sie trotzdem da war, hätten sie aus dieser Entfernung selbst mit einem Riesenteleskop nur daran erkennen können, dass das Licht unserer Sonne, des Sterns im Zentrum unseres Sonnensystems, kaum merklich immer wieder seine Farbe veränderte.

Auf dem Mond jedoch war George nahe genug an seinem Heimatplaneten, um Einzelheiten erkennen zu können, aber auch weit genug weg, um über seine Schönheit staunen zu können.

Nachdem er die Aussicht bewundert hatte, hüpfte er in Erics Richtung davon. Er legte die Strecke zwischen ihnen ziemlich rasch zurück. Als er bei Eric ankam, war dieser gerade in einem flachen Krater verschwunden und betrachtete ein staubiges Gerät, das auf dem Grund festsaß.

»Eric!«, rief George in das Funkgerät in seinem Helm. »Eric! Ich bin's, George!«

»Bei allen grandiosen Gravitationswellen!«, rief Eric erschrocken aus und sah von dem liegen gebliebenen Mondfahrzeug auf. »Du hast mir vielleicht einen Schrecken eingejagt! Ich habe nicht damit gerechnet, jemanden hier oben anzutreffen.« Den lauten Freudenschrei, den George beim Betreten des

Mondes ausgestoßen hatte, hatte er nicht gehört, weil Georges Funkgerät da noch außer Reichweite gewesen war.

»Ich bin in dein Arbeitszimmer gegangen, und da stand das Portal offen«, erklärte George. »Was machst du hier eigentlich?«

»Ich wollte nur mal kurz auf dem Mond vorbeischauen«, sagte Eric ziemlich schuldbewusst, »und mir ein bisschen Mondgestein holen, um es genauer unter die Lupe zu nehmen. Ich habe da so eine Theorie über außerirdische Zivilisationen, an der ich weiterarbeiten möchte. Ich denke mir, wenn wir irgendwann in der Vergangenheit – sagen wir, vor hundert Millionen Jahren – Besuch von Außerirdischen bekommen haben, hätten die doch wohl irgendwo Spuren hinterlassen. Ich glaube nicht, dass schon jemand Mondgestein daraufhin untersucht hat, ob es Spuren von außerirdischen Besuchern aufweist. Ich möchte mir dieses Mondgestein noch einmal ganz unvoreingenommen anschauen, um festzustellen, ob es irgendeinen Hinweis auf Leben enthält. Bisher hat niemand Mondgestein unter diesem Gesichtspunkt untersucht, also dachte ich, ich hole mir welches und versuche es selbst mal. Und schau, was ich beim Sammeln von Gesteinsproben entdeckt habe! Das ist ein Mondauto!«

»Funktioniert es noch?«, fragte George, während er rasch zu Eric hinunterkletterte. Das Fahrzeug sah aus wie ein verunglückter Strandbuggy, den man auf dem Mond entsorgt hatte. Eric kletterte auf den Fahrersitz, während George das Auto nachdenklich betrachtete.

»Kannst du es zum Laufen bringen?«

»Vermutlich sind die Akkus inzwischen ziemlich leer«, sagte Eric und wischte mit dem Arm seines Raumanzugs eine Ladung Staub vom Mondfahrzeug.

»Es hat kein Lenkrad«, bemerkte George. »Wie können wir dann damit fahren?«

»Gute Frage.« Eric wischte sich den Ärmel an den Oberschenkeln ab und hinterließ dabei lange graue Spuren von Mondstaub auf dem weißen Raumanzug. »Es muss eine Möglichkeit geben, es einzuschalten ...« Er hantierte an einem T-förmigen Joystick herum, der auf einer Konsole zwischen den Sitzen angebracht war. Aber nichts rührte sich. Mit dem Daumen seines Raumhandschuhs wischte Eric den Staub rings um den Joystick weg und entdeckte eine Reihe von Schaltern, beschriftet mit *Power*, *Drive Power* und *Drive Enable*. »Ah-ha«, sagte Eric fröhlich. »Houston, wir haben die Lösung!«

George sprang neben Eric in das Fahrzeug. »Was passiert, wenn du diese Schalter umlegst?«, fragte er ganz aufgeregt.

»Können wir das ausprobieren?« Hoffentlich kehrte Eric jetzt nicht den Erwachsenen heraus und sagte, sie sollten lieber nicht an anderer Leute Mondauto rummachen. Aber Eric enttäuschte ihn nicht.

»Klar können wir das«, antwortete Eric. Er legte nacheinander die drei Schalter um, dann schob er den Joystick nach vorn, worauf der Rover abrupt einen Satz nach vorn machte. Durch die unverhoffte Bewegung wurden sie beide aus dem Fahrzeug in die Luft katapultiert.

»Es funktioniert!«, rief Eric und kletterte wieder hinein. »Könntest du hinten anschieben, George, dann fahre ich das Ding aus dem Krater. Bei der geringen Schwerkraft auf dem Mond müsste das leicht gehen.«

»Warum muss *ich* schieben?«, maulte George. »Warum darf ich nicht fahren?« Aber er stellte sich hinter das Mondfahrzeug und stemmte sich dagegen. Eric schob den Joystick wieder nach vorn, und jetzt gruben sich die Reifen des Fahrzeugs in den Boden und bespritzten George mit einer Ladung Mondstaub und Mondgestein.

»Du musst fester schieben!«, rief Eric.

George nahm all seine Kräfte zusammen und das Mondfahrzeug kämpfte sich aus dem Krater hinaus auf ebenen Boden.

»So«, sagte Eric, rieb sich fröhlich die Hände in den dicken Handschuhen und sprang vom Fahrersitz. »Schon besser!« Bewundernd tätschelte er das Mondauto. »Was für ein nettes Maschinchen! Wurde seit vierzig Jahren nicht mehr benutzt und funktioniert trotzdem! Also das nenne ich ein Auto.«

»Wem gehört es eigentlich?«, fragte George, der jetzt über und über mit Mondstaub bedeckt war.

»Das haben wohl die Apollo-Astronauten auf dem Mond zurückgelassen«, sagte Eric. »Schau mal, da drüben! Das muss die Abstiegsstufe der Mondlandefähre sein.« Er deutete auf einen vierbeinigen Gegenstand, der in der Ferne wie eine Spinne auf dem Boden hockte. »Das ist ein Stück Weltraumfahrtgeschichte.«

Staunend über das, was sie entdeckt hatten, hielten beide einen Moment lang schweigend inne. Dann schien Eric plötzlich bewusst zu werden, dass er in Gesellschaft seines Nachbarn, eines Schuljungen namens George, auf dem Mond stand.

»Was hast du dir bloß dabei gedacht, George, mir auf den Mond zu folgen?«, fragte er.

»Ich wollte dich eigentlich wegen Freddy fragen«, erklärte George. »Du hast mir nicht gesagt, wo sein neues Zuhause ist. Ich weiß nicht mal, auf welchem Planeten er sich befindet.«

»Ach du qualliger Quasar!«, rief Eric und schlug sich mit dem Raumhandschuh auf seinen Helm. »Das weiß ich auch nicht. Da werden wir Cosmos fragen müssen. Aber mach dir keine Sorgen. Wir wissen, dass er in Sicherheit ist und dass es ihm gut geht, wir müssen nur noch rausfinden, wo. Hab ich sonst noch was vergessen?«

Eric war berühmt dafür, dass er Sachen vergaß, wie er freimütig eingestand. Wichtige Dinge wie seine Theorien über das Universum vergaß er nie, aber alltägliche Dinge, wie zum Beispiel Socken anzuziehen oder zu Mittag zu essen, vergaß er häufig.

»Na ja, es ist weniger, dass du was vergessen hast«, meinte George. »Eher hatte ich keine Gelegenheit, dich zu fragen.«

»Was denn?«, sagte Eric.

»Deine Arbeit... dass du den Ursprung des Universums erforschst... ist das denn gefährlich?«

»Nein, George«, sagte Eric energisch. »Es ist nicht gefährlich. Tatsächlich würde ich es für gefährlich halten, *nicht* über den Ursprung des Universums nachzudenken. Wenn wir uns bei der Frage, wo wir herkommen und was wir hier tun, mit Spekulationen zufriedengeben würden, statt nach den Fakten zu suchen – das wäre gefährlich.

Im Grunde versuchen wir zu verstehen, wie es zu diesem großartigen Universum gekommen ist.« Eric schwenkte einen Arm und zeigte auf die zerklüfteten Bergketten, die unendliche Weite des schwarzen Himmels und den fernen, wie ein Spielzeug anmutenden Planeten Erde, der über der Mondlandschaft hing. »Wir wollen wissen, wie und warum diese Milliarden Sterne, die unendlichen vielen prachtvollen Milchstraßen, die Planeten, die schwarzen Löcher und die unglaubliche Vielfalt des Lebens auf dem Planeten Erde zustande gekommen sind. Wie alles angefangen hat. Um das herauszufinden, versuchen wir bis zum Urknall zurückzugehen. Genau darum geht es in der Kosmologie, dieser Wissenschaft, die die Ursprünge des Universums erforscht. Mithilfe des Large Hadron Collider versuchen wir, den Zustand in den ersten paar Augenblicken der Zeit wiederherzustellen, um besser zu verstehen, wie das Universum entstanden ist.

Was wir tun, ist nicht gefährlich, und der Large Hadron Collider ebenso wenig. Die eigentliche Gefahr geht von den Leuten aus, die uns aufhalten wollen. Aber warum wollen sie nicht, dass die Geheimnisse des frühen Universums enthüllt werden? Warum wollen sie, dass Menschen vor der Wissenschaft Angst haben und sich vor dem fürchten, was sie für uns leisten könnte? Das ist mir ein großes Rätsel, George.« Eric klang ziemlich frustriert.

»Aber glaubst du denn, dass diese Leute versuchen werden, dir und den anderen Wissenschaftlern zu schaden?«, fragte George.

»Nein, das glaube ich nicht«, sagte Eric. »Sie schleichen nur durch die Gegend und machen Ärger. Sie haben nicht einmal den Mut, ihre Gesichter zu zeigen, deshalb glaube ich auch nicht, dass wir viel von ihnen zu befürchten haben. Vergiss sie, George, sie sind nur ein Haufen Versager.«

Jetzt war George viel wohler zumute, sowohl was Freddy anging als auch den Ursprung des Universums. Auf einmal erschien ihm alles nicht mehr so schlimm. Er und Eric kehrten dem Mondfahrzeug den Rücken und hüpften zurück zum Lichtportal, das nach wie vor in der Ferne schimmerte. Normalerweise schlossen sie den Durchgang, wenn sie sich auf einen Ausflug ins All begaben, doch da Eric nur ein paar Minuten hatte wegbleiben wollen, hatte er es mit einem alten Schuh offen gehalten.

Bevor sie das Portal erreichten, holte Eric seine Weltraumkamera aus der Tasche. »Wir sollten ein Foto von uns machen. Sag: ›Cheese!‹ Daraus ist der Mond gemacht«, sagte er, während er die Kamera auf sie beide richtete und einen Schnappschuss machte, auf dem George beide Daumen hochreckte.

»Ob irgendjemand bemerkt, dass wir das Mondfahrzeug bewegt haben?«, fragte George, als Eric die Kamera wieder einsteckte.

»Da müsste einer schon sehr genau hinschauen«, sagte Eric. »Dieser Teil des Mondes steht nicht unter ständiger Beobachtung. Deshalb erschien mir diese Stelle für einen Besuch auch unbedenklich.«

»Jedenfalls dürften sie sich freuen«, bemerkte George. »Wir haben ihr Auto aus einem Loch im Boden rausgeholt und wieder zum Laufen gebracht.«

»Warte einen Moment«, sagte Eric, der zum Himmel hinaufsah. »Dieses Licht da drüben ... ein Komet ist das nicht.« Ein stecknadelkopfgroßes Licht bewegte sich am dunklen Himmel auf sie zu.

»Was ist das?«

»Keine Ahnung ... Aber was immer es ist, es ist Menschenwerk, also höchste Zeit, von hier zu verschwinden. Ich habe das Gestein, das ich brauche, und jetzt nichts wie weg!«

Zusammen sprangen Eric und George durch Cosmos' Lichtportal, zurück an den Ort, an dem alle ihre Weltraumabenteuer begonnen hatten.

Die Entstehung des Universums

Es gibt viele verschiedene Geschichten, die erzählen, wie die Welt entstanden ist. Das Volk der Bushongo in Zentralafrika beispielsweise glaubt, dass es am Anfang nur Dunkelheit, Wasser und den mächtigen Gott Bumba gab. Eines Tages hatte Bumba Bauchweh und erbrach daraufhin die Sonne. Die Sonne trocknete einen Teil des Wassers aus, sodass Land entstand. Bumba, der

noch immer Bauchweh hatte, erbrach den Mond, die Sterne und dann ein paar Tiere – den Leoparden, das Krokodil, die Schildkröte und schließlich den Menschen.

Andere Völker haben andere Geschichten. Schon früh versuchten die Menschen, Antworten auf die großen Fragen zu finden:

• Warum sind wir hier?
• Woher sind wir gekommen?

Die ersten wissenschaftlichen Belege für eine Antwort auf diese Fragen fand man vor etwa 80 Jahren, als man entdeckte, dass sich andere Galaxien von unserer wegbewegen. Das Universum dehnt sich aus und die Galaxien entfernen sich voneinander. Das bedeutet, dass sie in der Vergangenheit näher beisammen waren. Vor fast 14 Milliarden Jahren befand sich das Universum in einem extrem heißen und dichten Zustand, den wir als Urknall bezeichnen.

Kurz nachdem das Universum mit dem Urknall begonnen hatte, dehnte es sich zunächst immer rascher aus. Diese Phase bezeichnet man als *Inflation*, weil die immer schnellere Expansion mit den fortwährend steigenden Preisen in den Geschäften vergleichbar ist. Doch die Inflation zu Beginn des Universums verlief viel rasanter als jede Preissteigerung. Verdoppeln sich die Preise innerhalb eines Jahres, sprechen wir bereits von einer starken Inflation. Doch das Universum hat sich innerhalb eines winzigen Sekundenbruchteils viele Male verdoppelt.

Durch die Inflation wurde das Universum sehr groß und gleichförmig. Aber es war nicht völlig gleichförmig, sondern hier und da
gab es winzige Abweichungen. Diese Abweichungen führten zu
winzigen Temperaturunterschieden. Sehen können wir sie heute
noch in der sogenannten kosmischen Hintergrundstrahlung, die
vor allem aus Mikrowellen besteht. Die Abweichungen bewirk-
ten, dass sich einige Regionen etwas weniger schnell ausdehnten
als andere. Irgendwann dehnten sich die langsameren Regionen
sogar gar nicht weiter aus, sondern kollabierten und bildeten
Galaxien und Sterne. Daher verdanken wir den winzigen Abweichungen unsere Existenz: Wäre das Universum in seiner frühen
Phase völlig glatt gewesen, gäbe es keine Galaxien oder Sterne,
und folglich hätte kein Leben entstehen können.

Stephen

KAPITEL 5

S IE PURZELTEN zurück in das unaufgeräumte Arbeitszimmer des Naturwissenschaftlers. Um ja nicht von dem geheimnisvollen Satelliten entdeckt zu werden, hatten sie sich so sehr beeilt, dass sie in ihren schmuddeligen Raumanzügen, die früher einmal weiß gewesen waren, ineinander verknäult auf den Boden fielen.

»Das Portal ist geschlossen«, teilte Cosmos ihnen mit. »Ihr seid auf den von der Sonne aus dritten Gesteinsbrocken zurückgebracht worden.«

»Cosmos, dein Intelligenzquotient reicht bis zur Unendlichkeit und noch viel weiter«, sagte George, der wusste, wie sehr sich der Supercomputer über Komplimente freute.

»Das ist zwar technisch unmöglich«, antwortete Cosmos, dessen Bildschirm sich zartrosa färbte, wie immer, wenn er errötete, »aber ich gebe dir dennoch recht.«

Sobald George wieder auf die Beine gekommen war, wurstelte er sich aus seinem Raumanzug. Wie er da so am Boden lag, sah er aus wie der leere Kokon einer Raupe, aus dem der Schmetterling geschlüpft war. Eric wickelte seine kostbaren Brocken Mondgestein sorgfältig ein und trug noch immer seinen Raumanzug, als sie Schritte vor der Tür hörten.

»Beeil dich!«, zischte Eric. »Versteck deinen Raumanzug.« George stopfte ihn in den großen Schrank in der Ecke des Arbeitszimmers. Die Luft war erfüllt von schwebenden Staubteilchen, die sie vom Mond mitgebracht hatten.

»Hallo!«, rief Eric mit ziemlich hoher Stimme. »Bist du das, Susan?« Nach dem letzten Abenteuer, bei dem sie um ein Haar nicht mehr von einem einundvierzig Lichtjahre entfernten Sonnensystem zurückgekehrt wären, hatte Annies Mutter, Susan, verboten, dass die Kinder Eric in den Weltraum begleiteten.

»Hallo, ja, ich bin's«, sagte Susan. Sie kam nicht herein, sondern ging am Arbeitszimmer vorbei in die Küche. Polternde Schritte verkündeten, dass auch Annie wieder da war.

»Es war richtig cool!«, rief sie, während sie die Tür zum Arbeitszimmer aufriss. »Dad, krieg ich ein Skateboard zum Geburts...?« Verwundert brach sie ab. »Wieso hast du einen Raumanzug an?«, fragte sie. »Und warum ist George hier?«

»Schsch«, machte ihr Vater rasch.

»Nein! Ihr wart doch nicht etwa ... Doch! Ihr wart ohne mich im Weltraum?« Sie funkelte George wütend an.

»Du bist in den Skate-Park gefahren«, sagte er honigsüß. »Das war ... sicher cool. Vermutlich viel cooler als auf dem Mond.« Annie sah aus, als würde sie jeden Augenblick explodieren. Eric schaute die beiden Kinder verblüfft an, als sprächen sie die Sprache der Vulkanier und er hätte vergessen, sein Übersetzungsmodul einzustöpseln.

»Ich muss los«, sagte George. »Abendessen. Bye, Annie. Bye, Eric. Bye, Susan.«

Als er zur Hintertür hinausrannte, rief ihm Susan nach: »Vergiss nicht, George, du wolltest morgen Abend mit uns zu dem Vortrag gehen. Wir haben dir eine Eintrittskarte besorgt ...«

Am nächsten Tag ging George wie abgemacht vor Erics Vortrag in der Universität hinüber ins Nachbarhaus. Annie war nicht sonderlich erfreut, ihn zu sehen.

»Na, wie war's auf dem Mond?«, fragte sie angesäuert, als sie die Fahrradhelme aufsetzten. »Ach nein, sag es mir lieber nicht. Ich wette eine Milliarde Pfund, dass es total doof war.«

»Aber du bist doch in den Skate-Park gefahren«, protestierte George. »Mit Vincent. Du hast mich auch nicht gefragt, ob ich mitkommen will.«

»Du hast nichts gesagt«, murmelte Annie und sprang auf ihr Fahrrad. »Du hast nie was davon gesagt, dass du gern Skateboard fährst. Aber du wusstest genau, dass ich auf den Mond möchte. Mehr als alles andere! Es gibt keinen Ort im ganzen

Universum, wo ich lieber hinmöchte. Und du bist ohne mich losgezogen. Du bist nicht mehr mein Freund.«

Obwohl George wusste, dass Annie sich ausgesprochen unfair verhielt, war er mit einer Antwort überfordert. Warum nahm sie es ihm übel, dass er etwas mit Eric unternommen hatte, wo sie es doch so wichtig gehabt hatte, etwas Vergnügliches mit Vincent-dem-Sohn-des-Filmregisseurs zu unternehmen? Aber diese Frage konnte George ihr nicht stellen. Stattdessen kurvte er auf seinem Fahrrad missmutig vor den beiden Häusern herum, bis Susan mit einem großen Pappkarton herauskam, den sie unbeholfen auf dem Lenker balancierte.

»Kommt schon, ihr zwei«, sagte sie fröhlich, fest entschlossen, die Tatsache zu ignorieren, dass Annie und George einander anscheinend nicht grün waren.

Zusammen radelten die drei in Richtung Stadtzentrum. Seit mehreren Jahrhunderten war das Institut für Theoretische Physik in einem prachtvollen Gebäude in einer schmalen Straße mitten im alten Teil von Foxbridge untergebracht. Doch als sie vom Radfahrweg in diese Straße abbogen, stellten sie fest, dass ihnen angesichts der vielen Leute nichts anderes übrig blieb, als abzusteigen und ihre Räder zu schieben.

»Wer sind all diese Leute?«, fragte Annie, während sie sich den Weg durch die Menge bahnten.

»Stellen wir unsere Räder lieber hier ab«, sagte Susan und deutete auf einen Fahrradständer. »Ich glaube, ohne sie kommen wir besser voran.« Sie sperrten ihre Fahrräder ab und schoben sich durch die Menschenmenge auf den Eingang zu, wo eine breite Treppe zu einer zweiflügeligen Glastür hinaufführte, die auf beiden Seiten von Säulen flankiert war. Vor der Tür stand ein Wachmann der Universität, der den Blick beunruhigt über die Menge schweifen ließ.

»Die wollen alle zum Vortrag deines Vaters«, sagte George zu Annie, während er sich hinter Susan zur Treppe vorarbeitete. »Schau! Sie versuchen reinzukommen.« Die Menge ringsum wogte und drängte auf das alte Steingebäude zu, über dessen Portikus die Inschrift AD EUNDEM AUDACTER stand.

»Wieso das denn?«, murmelte Annie, die Mühe hatte, mit George Schritt zu halten. »Wieso sollten so viele Leute den Wunsch haben, meinen Dad über Physik reden zu hören!«

Sie duckten sich und schlängelten sich die Treppe hinauf bis zu dem Wachmann. Sofort streckte er den Arm aus, um sie am Weitergehen zu hindern.

»Kein Zutritt zum Vortrag des Professors!«, herrschte er sie an.

»Entschuldigen Sie«, sagte Susan höflich, »aber ich bin Professor Bellis' Frau, und das sind seine Tochter Annie und ihr Freund George. Wir sind gekommen, um beim Vorbereiten des Hörsaals mitzuhelfen.«

»Oh, tut mir leid, Mrs Professor«, entschuldigte sich der Mann. »Normalerweise haben wir keine Sicherheitsvorkehrungen am Institut für Theoretische Physik. Ganz und gar untypisch, dass es so viel Aufsehen erregt.« Er zog ein Taschentuch hervor und wischte sich über die Stirn. »Aber wie es scheint, ist Ihr Mann mittlerweile ziemlich berühmt.«

Als Susan und die beiden Kinder sich umdrehten, um einen Blick auf die wartenden Leute zu werfen, hörten sie plötzlich hinten in der Menge erregte Rufe.

»Stoppt diesen kriminellen Wissenschaftler!«, schrien die Menschen im Chor. Ein kleines Häufchen schwarz gewandeter Personen mit Masken vor den Gesichtern schwenkte Transparente. »Lasst nicht zu, dass der wissenschaftliche Fortschritt unser Universum zerstört!«

Der Wachmann erschrak sichtlich und sprach hastig in sein Funkgerät. »Mathematisches Institut ... schickt Verstärkung. Gehen Sie rein, Mrs Professor«, sagte er, machte die Tür auf und schob Susan und die Kinder hinein. »Mit Leuten wie euch werden wir schon fertig«, murmelte er grimmig. »So ein Verhalten dulden wir in Foxbridge nicht. So führt man sich hier einfach nicht auf.«

KAPITEL 6

SOBALD SIE im Gebäude waren, schleifte Susan die ungläubig dreinschauenden Kinder weg von der Tür durch die Eingangshalle. Sie steuerten auf den großen Hörsaal zu. »Kümmert euch nicht um das, was da draußen vorgeht. Legt jeweils eine von denen auf jeden Platz«, sagte Susan ruhig und reichte jedem von ihnen eine Schachtel mit dunklen Brillen.

Im Hörsaal war schon fast alles dafür vorbereitet, dass Eric aufs Podium steigen und seine erste öffentliche Vorlesung als neuer Professor für Theoretische Physik an der altehrwürdigen, renommierten Universität von Foxbridge halten konnte.

Annie und George gingen durch die Stuhlreihen und legten vorsichtig eine Brille auf jeden Platz. Annie hatte vor den Demonstranten draußen ausnahmsweise richtig Angst bekommen und zitterte noch immer leicht.

»Was ist da los, Mum?«, fragte sie. »Sind das die Leute von GEVAHR, dieser Organisation, von der Dad uns erzählt hat?«

»Ich weiß es nicht genau«, antwortete ihre Mutter behutsam. »Aber anscheinend haben sie was gegen die Experimente deines Vaters, mit denen er den Ursprung des Universums erforschen will. Sie halten sie für äußerst gefährlich und wollen, dass sie abgebrochen werden.«

»Aber das ist doch verrückt«, sagte George. »Wir wissen, dass Erics Experimente ungefährlich sind. Und womöglich zeigen sie uns, wie das Universum wirklich angefangen hat. Sie sind so eine Art letztes Stück in einem Puzzle, an dem Wissenschaftler schon seit ewigen Zeiten arbeiten. Wir können doch nicht einfach das letzte Puzzleteilchen wegwerfen, bevor wir das ganze Bild gesehen haben.«

Inzwischen hatten sie sich von der großen Flügeltür an der Rückwand des Hörsaals bis nach vorne durchgearbeitet, wo Eric sprechen würde. Plötzlich flogen die Türen auf und ein hochgewachsener Junge schoss auf sie zu. Er sprang von seinem Skateboard, dessen Räder noch weiter kreiselten, als er es mit beiden Händen auffing, und kam neben George zum Stehen.

»Ta-da!«, schmetterte er.

»Vincent!«, quiekte Annie entzückt. »Ich wusste gar nicht, dass du kommst. Wenigstens habe ich jetzt *einen* Freund hier«, sagte sie betont in Georges Richtung.

»Ich dachte, die Türen sind zugesperrt«, murmelte George missmutig und wünschte sich, es wäre so gewesen.

»Sie haben sie gerade aufgemacht, und ich« – Vincent deu-

79

tete auf sein Skateboard – »bin schnurstracks an die Spitze der Schlange gerollt.«

»Sind die Leute in Schwarz alle weg?«, fragte Annie.

Erics Bewunderer strömten jetzt in den Hörsaal, nahmen ihre Plätze ein, inspizierten die auf den Sitzen liegenden dunklen Brillen und fragten sich, wozu sie die wohl brauchen würden.

»Ja, sie haben die Beine in die Hand genommen«, sagte Vincent. »Diese Knallköpfe. Was sollte denn das bedeuten – ›Krimineller Wissenschaftler‹? Diese Trottel!«

Annie lächelte Vincent auf eine Art an, dass George sie am liebsten fest an ihrem Pferdeschwanz gezogen hätte, um ihr diesen Gesichtsausdruck auszutreiben.

»Einer von denen hat versucht, mit mir zu reden«, fügte Vincent hinzu, während er sein Brett mit dem linken Fuß auf und ab schnellen ließ.

»Und was hat er gesagt?«, wollte George wissen.

»Das konnte ich nicht genau verstehen«, gestand Vincent. »Er trug eine Maske, deshalb klang es ungefähr so, wie wenn man durch eine Wollsocke spricht. Aber es hat sich angehört, als wollte er ein bestimmtes Wort sagen.«

»Welches Wort?«, fragte George neugierig.

Vincent musterte ihn vorsichtig. »Um ehrlich zu sein, Kumpel«, sagte er, »hörte es sich an, als würde er deinen Namen sagen. Es hörte sich an wie ›George‹.«

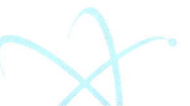

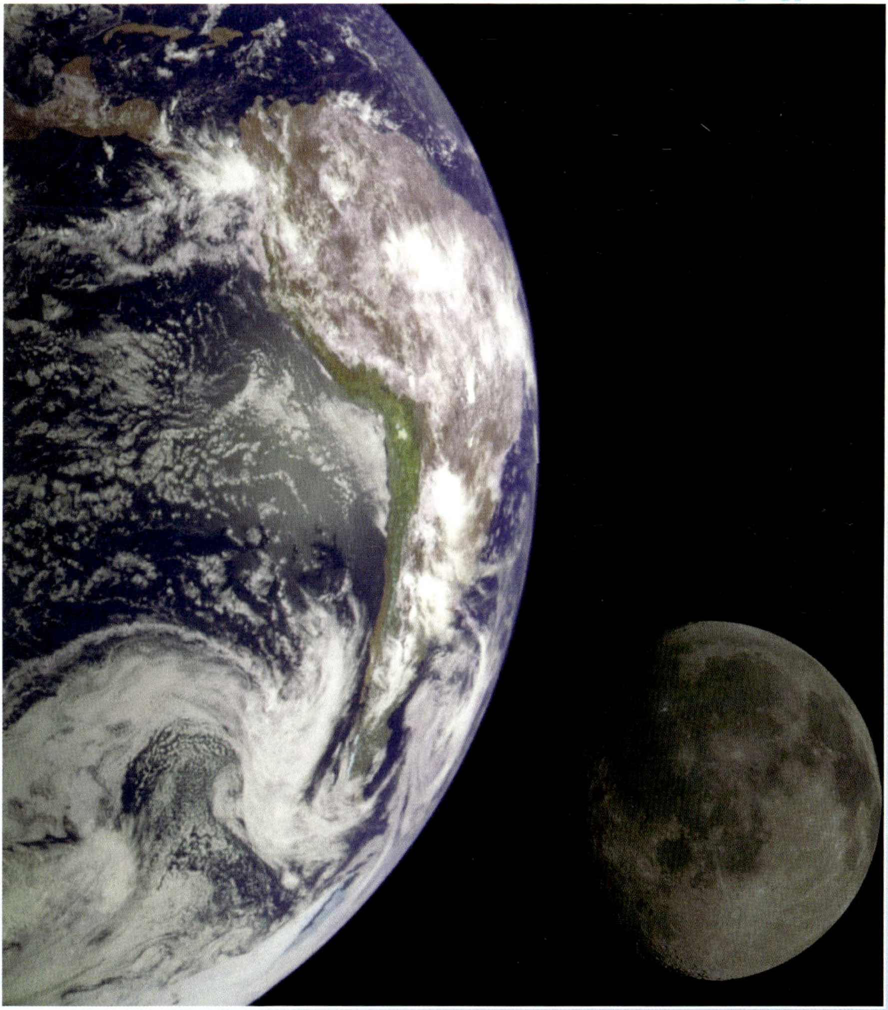
NASA/COURTESY OF NASAIMAGES.ORG.

Unsere wunderschöne Erde mit ihrem einen Mond

Das Space Shuttle ist bereit zum Start, während ein Meteor über die Erde hinwegrast und uns an die gewaltige Größe des Universums erinnert, das wir erforschen wollen.

Oben:
Die schmale Sichel des unter-
gehenden abnehmenden Mondes
und das dünne Band der Erdatmosphäre. Das Foto wurde von der
Internationalen Raumstation aus
aufgenommen.

Rechts:
Erkundungsfahrt auf dem Mond
in einem Mondfahrzeug

Unsere Sonne

Zwillingssonden übermitteln
Bilder unserer Sonne – von der
Vorderseite und gleichzeitig
von der Rückseite!
Diese erstaunliche zusammen-
gesetzte Aufnahme entstand
im Februar 2011.

Blick auf unsere Erde vom Weltall aus

Das Semiengebirge in Äthiopien, Afrika

Der Vulkan Cosigüina in
Nicaragua, Zentralamerika

Hurrikan Danielle im August 2010

NASA/COURTESY OF NASAIMAGES.ORG.

Der Great-Sand-Dunes-Nationalpark in Colorado, USA

NASA/COURTESY OF NASAIMAGES.ORG.

Die entsetzlichen Folgen des
Erdbebens und des Tsunamis im
März 2011 in Japan

»Warum sollte einer der Demonstranten ›George‹ sagen?«, fragte Annie verwirrt.

»Vielleicht hat er ja auch nicht ›George‹ gesagt«, meinte Vincent. »Vielleicht hat es sich nur so ähnlich angehört. Oder vielleicht bedeutet dieses Wort etwas ganz anderes in der Sprache dieser Spinner, die sich ohne guten Grund schwarz anziehen. Mein Dad kriegt auch immer Ärger bei seinen Filmpremieren«, prahlte er. »Im Grunde ist man ein Niemand, wenn man nicht ein paar durchgeknallte Anhänger hat. Das gehört einfach dazu, wenn man berühmt ist.«

»O ja«, sagte Annie bewundernd. »Filmpremieren. Die sind sicher faszinierend!«

»Ja«, wiederholte George abwesend. »Faszinierend.« Er meinte es nicht einmal ironisch. Er war zu sehr mit der Frage beschäftigt, weshalb einer der Demonstranten seinen Namen hätte erwähnen sollen. Es musste eine Verbindung zwischen den merkwürdigen Leuten in dem verlassenen Keller unter dem Turm im College und der Demonstration draußen geben. Wer außer dieser gesichtslosen Schar dunkler Gestalten, die glaubten, Erics Arbeit hätte die Kraft, das Universum binnen Minuten in Stücke zu reißen, hätte ihn als bösen, kriminellen Wissenschaftler bezeichnet? Aber wie konnte irgendjemand aus dieser Gruppe Georges Namen kennen? Wie konnte …?

In diesem Augenblick gingen die Lichter im Hörsaal ein paar Mal an und aus, und eine körperlose Stimme – in der George und Annie die Stimme von Cosmos erkannten – forderte alle auf, ihre Plätze einzunehmen.

»Ladys, Gentlemen, Kinder und Weltraumreisende«, fuhr die Stimme fort. »Heute begeben wir uns auf eine Reise, die anders ist als alle, die Sie je erleben werden. Machen Sie sich bereit, Ladys, Gentlemen und alle jungen Reisenden! Macht euch bereit, euer Universum kennenzulernen!«

Damit wurde es im ganzen Saal dunkel.

KAPITEL 7

GEORGE, ANNIE und Vincent setzten sich rasch auf ihre Plätze. Diese befanden sich am Rand der ersten Reihe, nur der letzte Stuhl neben George war noch frei. Der Hörsaal war gerammelt voll mit Leuten, es gab keinen einzigen freien Platz mehr im Raum. In der Dunkelheit hörten sie, wie die Zuhörer kurz unruhig wurden und dann verstummten.

»Liebe Weltraumreisende«, sagte Cosmos, dessen Stimme imponierend durch den vollgestopften Saal schallte. »Wir haben viele Milliarden Jahre vor uns. Machen Sie sich bereit! Bereit, zurück an den Anfang zu gehen, bereit, zu verstehen, wie alles angefangen hat.

Bitte setzen Sie jetzt die dunklen Brillen auf«, fuhr er fort. »Wir werden Ihnen kosmischen Glanz und strahlende Helligkeit zeigen und wollen vermeiden, dass Ihre Augen Schaden nehmen.«

Über den Köpfen der Zuhörer erschien ein klitzekleiner, extrem heller weißer Lichtpunkt, der mitten in der pechschwarzen Dunkelheit hing. Schlagartig bemerkte George, dass der Stuhl neben ihm nicht mehr leer war. Ein Mann hatte sich hereingeschlichen und hingesetzt. Gerade als George sich ihm zuwandte, sandte Cosmos einen gewaltigen Lichtblitz aus, der den ganzen Hörsaal erleuchtete. Er hielt gerade so lange an, dass George den Mann neben sich sehen und feststellen konnte, dass dieser eine sehr ungewöhnliche Brille trug; ihre Gläser waren nicht etwa durchsichtig oder dunkel getönt, sondern hellgelb.

George hatte erst einmal im Leben eine solche Brille gesehen. Als er, Annie und Cosmos Eric aus dem Inneren eines schwarzen Lochs gerettet hatten, war Annies Vater mit genauso einer Brille mit gelben Gläsern zurückgekehrt. Sie hatte nicht ihm gehört, und die rätselhafte Frage, was diese eigenartige Brille mitten in einem supermassereichen schwarzen Loch zu suchen hatte, war nie geklärt worden.

»Woher haben Sie diese Bri...?«, wollte George fragen, aber seine Stimme wurde von Cosmos übertönt.

»Unsere Geschichte beginnt vor 13,7 Milliarden Jahren.« Während Cosmos sprach, versank der Hörsaal abermals in Dunkelheit und der winzige Lichtfleck schwebte über den Köpfen der Zuhörer. »Zu jener Zeit begann alles, was wir jetzt im Universum sehen können – und alles, was wir nicht sehen können, weil es unsichtbar ist –, zu einem winzigen Körnchen zusammengedrängt, viel kleiner als ein Proton.

Der vorhandene Raum war ebenfalls winzig, sodass alles ganz dicht zusammengeballt war. Wenn wir in der Zeit so weit zurückschauen, wie wir können, waren die Bedingungen so extrem, dass die Physik nicht mehr genau beschreiben kann, was in jenem Augenblick geschah. Aber es sieht ganz danach aus, als hätte das Weltall, so wie wir es kennen, vor 13,7 Milliarden Jahren bei null angefangen und sich dann ausgedehnt.«

Ganz plötzlich vergrößerte sich das Lichtpünktchen, wie ein Ballon, der aufgeblasen wird. Der Ballon war durchscheinend, und man konnte sehen, dass sich über seine ganze Oberfläche helle wirbelnde Muster bewegten; und allem Anschein nach war er im Innern leer.

»Aus dieser heißen Suppe«, fuhr Cosmos fort, »entsteht unser Universum. Beachten Sie, dass das Universum in diesem Bild nur die Oberfläche des Ballons ist – das hier ist ein zweidimensionales Modell eines dreidimensionalen Raums. In dem Maß, in dem der Ballon wächst, dehnt sich die Oberfläche aus und all die Materie, die es im Universum – auf der Oberfläche des Ballons – gibt, verteilt sich.

Zugleich mit dem Raum beginnt auch die Zeit. Das ist die traditionelle Vorstellung vom Urknall, bei dem zu Beginn der Geschichte alles, Raum und Zeit eingeschlossen, ganz plötzlich zu existieren beginnt.«

Über ihren Köpfen dehnte sich der Ballon explosionsartig aus und die Zuhörer betrachteten gebannt seine heiße, wirbelnde

Oberfläche. Die Farbschlieren trieben dahin, verblassten dann und zerfaserten wie eine Wolke, sodass wieder völlige Dunkelheit im Saal herrschte. Staunende Oohs und Ahhs ertönten.

Einen Augenblick später erschienen nach und nach matte, sich bewegende Lichtflecken an der dunklen Decke; die Flecken nahmen die Gestalt von Milchstraßen an, breiteten sich aus und entfernten sich voneinander, bis alle verschwunden waren und wieder Dunkelheit einkehrte.

»War es wirklich so?«, fragte Cosmos. »Einige Wissenschaftler fragen sich, ob der Urknall wirklich der Anfang der Geschichte war. Wir wissen es nicht mit Sicherheit, aber lassen Sie uns die Geschichte einen Sekundenbruchteil nach dem Urknall aufgreifen, als das gesamte Universum noch zu einem winzigen bisschen Raum zusammengeballt war, kleiner als ein Proton.«

»Stellen Sie sich vor ...«, sagte eine andere Stimme, und ein Scheinwerfer richtete sich auf Eric, der mit breitem Lächeln auf dem Podium stand. Die Zuhörer klatschten stürmisch Beifall. »Stellen Sie sich vor, Sie sitzen zu diesem ganz frühen Zeitpunkt im Inneren des Universums ...«

Der Urknall – ein
wissenschaftlicher Vortrag

Stell dir vor, du sitzt in jener allerfrühesten Zeit im Innern des
Universums (außerhalb könntest du ja schlecht sitzen). Du
müsstest ziemlich robust sein, weil die Temperatur und der
Druck in dieser Urknall-Suppe enorm hoch sind. Damals war
sämtliche Materie, die wir heute ringsum sehen, auf so engem
Raum zusammengequetscht, dass sie viel weniger Platz
einnahm als heute ein einziges Atom.

Wir befinden uns einen winzigen Sekundenbruchteil nach
dem Urknall, aber alles sieht in alle Richtungen ziemlich
gleich aus. Wir haben es nicht mit einem Feuerball zu tun, der
sich in den umgebenden leeren Raum ausdehnt, sondern der
ganze Raum wird von einem heißen Meer an Materie ausge-
füllt. Woraus besteht diese Materie? Wir wissen es nicht
genau. Vielleicht aus einer Art von Teilchen, die heute nicht
mehr anzutreffen ist; vielleicht sogar aus einer Art winziger
Fäden, sogenannten Strings. Aber jedenfalls aus »exotischem«
Zeug, das wir heute wohl selbst in den größten Teilchenbeschleunigern nicht mehr zu sehen bekommen.

Diese Suppe aus extrem heißer exotischer Materie dehnt sich
in dem Maß aus, in dem sich der Raum ausdehnt, den sie
erfüllt. Materie strömt in alle Richtungen von dir weg und die
Dichte der Materie-Suppe nimmt immer weiter ab. Je weiter
die Materie dabei von dir entfernt ist, desto mehr Raum dehnt
sich zwischen ihr und dir aus und desto schneller bewegt sich
die Materie daher von dir weg. Tatsächlich bewegt sich die am

weitesten entfernte Materie in dieser Suppe schneller als mit Lichtgeschwindigkeit von dir weg.

Dann finden in Windeseile eine Menge komplizierter Veränderungen statt, alle in den ersten Sekunden nach dem Urknall. Durch die Ausdehnung des winzigen Universums kann die heiße exotische Flüssigkeit der Materiesuppe abkühlen. Dies führt zu plötzlichen Veränderungen, wie bei Wasser, das abkühlt und zu Eis wird.

Als das frühe Universum noch viel kleiner ist als ein Atom, bewirkt eine dieser Veränderungen der Flüssigkeit, dass das Tempo der Ausdehnung ganz gewaltig zunimmt. Das nennt man *Inflation*. Die Größe des Universums verdoppelt sich, verdoppelt sich dann nochmals und nochmals, und so weiter, bis sie sich rund 90-mal verdoppelt hat – von subatomarer zu mit dem Auge deutlich wahrnehmbarer Größe. Durch diese gewaltige Dehnung werden wie bei einem Betttuch, das man straff zieht, alle größeren Unebenheiten in der Materieverteilung ausgeglichen, sodass das Universum, das wir schließlich sehen können, sehr glatt und in alle Richtungen nahezu gleich ist.

Andererseits werden auch die mikroskopisch kleinen Wellen in der Flüssigkeit gedehnt und enorm vergrößert; sie werden später die Entstehung von Sternen und Galaxien einleiten.

Die Inflation endet sehr plötzlich und setzt eine große Menge Energie frei, die eine Flut neuer Teilchen erzeugt. Die exotische Materie ist verschwunden und ihren Platz nehmen gewöhnlichere Teilchen ein: Quarks (die Bausteine von Protonen und Neutronen, auch wenn es für deren Entstehung noch zu heiß ist), Antiquarks, Gluonen (die zwischen Quarks und auch Antiquarks umherfliegen), Photonen (die Teilchen, aus denen das Licht besteht), Elektronen und andere den Physikern wohlbekannte Elementarteilchen. Vielleicht sind auch Teilchen Dunkler Materie dabei, doch obwohl es so aussieht, als müssten diese auftauchen, verstehen wir noch nicht, was sie eigentlich sind.

Und wohin ist die exotische Materie verschwunden? Ein Teil davon wurde während der Inflation von uns weg in Regionen des Universums geschleudert, die wir vielleicht nie zu sehen bekommen; ein Teil ist in weniger exotische Teilchen zerfallen, als die Temperatur abnahm. Die Materie ringsum ist jetzt viel weniger heiß und dicht als früher, aber immer noch viel heißer und dichter als derzeit irgendwo sonst (das Innere von Sternen eingeschlossen). Jetzt ist das Universum von einem heißen leuchtenden Nebel (oder Plasma) erfüllt, der hauptsächlich aus Quarks, Antiquarks und Gluonen besteht.

Die Expansion geht weiter – wenn auch viel langsamer als während der Inflation –, und schließlich sinkt die Temperatur so weit, dass sich Quarks und Antiquarks zu Zweier- oder Dreiergrüppchen verbinden und Neutronen und weitere sogenannte Hadronen bilden; außerdem Antiprotonen, Antineutronen und weitere Antihadronen. Als das Universum eine Sekunde alt wird, ist durch das leuchtende, neblige Plasma hindurch allerdings noch sehr wenig zu sehen.

In den nächsten paar Sekunden löscht sich ein Großteil der bisher entstandenen Materie und Antimaterie in einem wahren Feuerwerk gegenseitig aus und erzeugt Unmengen neuer Photonen. Der Nebel besteht jetzt hauptsächlich aus Protonen, Neutronen, Elektronen, Dunkler Materie und vor allem Photonen, doch die geladenen Protonen und Elektronen hindern die Photonen daran, sich ungestört über längere Strecken hinweg zu bewegen, sodass die Sicht in diesem sich ausdehnenden abkühlenden Nebel noch immer sehr schlecht ist.

Als das Universum ein paar Minuten alt ist, vereinen sich die überlebenden Protonen und Neutronen zu Atomkernen, vorwiegend von

Wasserstoff und Helium. Da diese noch immer geladen sind, bleibt der Nebel undurchsichtig. Zu diesem Zeitpunkt ähnelt die neblige Materie dem, was man heutzutage im Inneren eines Sterns antreffen würde, nur dass sie das gesamte Universum ausfüllt.

Nach dem hektischen Geschehen in den ersten paar Minuten bleibt das Universum die nächsten paar hunderttausend Jahre ziemlich unverändert; es dehnt sich weiterhin aus und kühlt ab, der heiße Nebel wird nach und nach durchsichtiger, schwächer und außerdem röter, weil auch die Wellenlänge des Lichts durch die Expansion des Raums gedehnt wird. Als dann nach 380 000 Jahren derjenige Teil des Universums, den wir später von der Erde aus sehen, auf einen Durchmesser von vielen Millionen Lichtjahren angewachsen ist, lichtet sich der Nebel endlich. Der Grund: Elektronen werden von den Wasserstoff- und Helium-Atomkernen eingefangen und bilden mit ihnen ganze Atome. Da sich die elektrischen Ladungen der Elektronen und Atomkerne gegenseitig aufheben, sind die kompletten Atome elektrisch ungeladen, sodass sich die Photonen jetzt weitgehend ungehindert bewegen können. Das Universum ist durchsichtig geworden.

Und was sieht man nach dieser langen Wartezeit im Nebel? In alle Richtungen nur einen verblassenden roten Schimmer, der dunkler rot und matter wird, je mehr mit der Ausdehnung des Raums die Wellenlängen der Photonen gedehnt werden. Schließlich ist das Licht gar nicht mehr zu sehen, und überall herrscht Dunkelheit. Das ist der Beginn des dunklen Zeitalters der Kosmologie.

Die Photonen dieses letzten Schimmers bewegen sich seitdem durchs Universum und werden dabei fortwährend immer röter. Inzwischen sind sie als sogenannte kosmische Hintergrundstrahlung wahrzunehmen und gelangen noch immer aus allen Himmelsrichtungen auf die Erde.

Das dunkle Zeitalter des Universums dauert ein paar hundert Millionen Jahre; während dieser Zeit ist buchstäblich nichts zu sehen. Das Universum ist nach wie vor mit Materie gefüllt, aber das meiste davon ist Dunkle Materie und der Rest Wasserstoff- und Heliumgas – also insgesamt nichts, was neues Licht erzeugen würde. Doch in der Dunkelheit vollziehen sich still und leise Veränderungen.

Die mikroskopisch kleinen Wellen, die durch die Inflation vergrößert wurden, bewirken, dass einige Regionen etwas mehr Masse enthalten als der Durchschnitt. Dadurch verstärkt sich die Schwerkraft der in diesen Regionen enthaltenen Materie so, dass noch weitere Materie aus der Umgebung herangezogen wird und die Materiedichte sowie der vorhandene Wasserstoff und das Helium in diesen Regionen noch weiter zunehmen. Über Millionen Jahre hinweg bilden sich infolge solcher Prozesse langsam dichte Wolken aus Dunkler Materie und Gas. Diese werden fortwährend größer, weil sie mehr Materie anziehen, und wachsen außerdem immer rascher, weil sie zunehmend häufiger mit anderen, ähnlichen Wolken zusammenstoßen und sich mit ihnen verbinden. Je dichter sich das Gas dieser Wolken zusammenzieht, umso schneller bewegen sich seine Atome; die Wolken werden immer heißer. Hin und wieder wird das Gas dabei so heiß, dass sein Innendruck weiteren Kollaps aufhalten kann – es sei denn, dass es durch das Aussenden von Photonen abkühlen kann oder durch die Kollision mit einer anderen Wolke noch weiter zusammengedrückt wird.

Wenn die Gaswolke weit genug kollabiert ist, dann bilden sich Regionen aus, die so dicht sind, dass die Hitze aus ihrem Innern nicht mehr schnell genug entweichen kann. Irgendwann sind die Wasserstoffkerne in diesen Regionen so heiß und so dicht zusammengepresst, dass sie zu Heliumkernen verschmelzen (fusionieren) und dabei Kernenergie freisetzen. Du sitzt also in einer dieser kollabierenden Wolken aus Dunkler Materie und Gas (viel, viel später wird hier unsere Milchstraße sein) und bist wahrscheinlich überrascht, als die erste dieser Regionen inmitten dieser Dunkelheit hell zu leuchten beginnt. Die ersten Sterne sind entstanden und das dunkle Zeitalter ist vorüber. Die ersten Sterne verbrennen ihren Wasserstoff vergleichsweise schnell. In ihren Endstadien verschmelzen alle Atomkerne, die gerade da sind, zu schwereren Atomen als Helium: zu Kohlenstoff, Stickstoff, Sauerstoff und den anderen schwereren Arten von Atomen, die heute überall um uns (und ein Teil von uns!) sind. Diese Atome sind so etwas wie die Asche des Kernfusionsfeuers. Sie werden durch gewaltige Sternexplosionen in die umliegenden Gaswolken geschleudert und bei der Entstehung der nächsten Generation Sterne geschluckt. Dieser Prozess geht weiter: Aus dem sich ansammelnden Gas und dem Staub bilden sich neue Sterne, sterben und erzeugen mehr Asche. Während die neuen Sterne jüngerer Generationen entstehen, bildet sich die vertraute Spiralform unserer Galaxie, der Milchstraße. Genau das Gleiche geschieht in ähnlichen Wolken aus Dunkler Materie und Gas, die über das sichtbare Universum verstreut sind.

Neun Milliarden Jahre sind seit dem Urknall vergangen. Ein junger Stern, umgeben von Planeten, die aus Wasserstoff, Helium und der Asche erloschener Sterne entstanden sind, nimmt Gestalt an und entzündet sich.

Weitere viereinhalb Milliarden Jahre später wird der dritte Planet dieses Sterns der einzige Ort in dem uns bekannten Universum sein, an dem Menschen gut und angenehm leben können. Diese Menschen werden überall am Himmel Sterne sehen, Wolken aus Gas und Staub, Galaxien und kosmische Hintergrundstrahlung, nicht aber die Dunkle

Materie, die das meiste
von dem ausmacht,
was dort ist. Sie
werden auch nichts
von jenen Regionen
sehen können, die so
weit entfernt sind, dass
selbst die Photonen
der Hintergrundstrah-
lung von dort noch
nicht bis zu ihnen
gelangt sind; und
vielleicht gibt es auch
Teile des Universums,
von denen das Licht
überhaupt nie bis zu
ihrem Planeten gelan-
gen wird – zu unserer
wunderschönen Erde.

KAPITEL 8

ALS ERIC seinen Vortrag beendet hatte und die Lichter angingen, sprangen die Zuhörer von ihren Plätzen auf, und tosender Applaus hallte von den Wänden des Hörsaals wider.

Bescheiden verbeugte sich Eric ein paar Mal und stolperte dann vom Podium. Sofort war er von begeisterten Anhängern umringt, Fotoblitze zuckten und Fernsehkameras verfolgten jede seiner Bewegungen. Das Gedränge um ihn herum war so dicht, dass Annie und George keine Chance hatten, in seine Nähe zu gelangen. Der Druck der Menge trieb sie langsam nach hinten, weg von der Stelle, an der Eric stand.

Annies Wangen waren vor Aufregung gerötet. »Faszinierend«, sagte sie zu niemand Bestimmtem. »Das war faszinierend«, wiederholte sie, jetzt an Vincent gerichtet, der ganz benommen wirkte, als hätte er ins Innere eines brennenden Sterns geblickt und könnte nicht mehr in die Wirklichkeit auf dem Planeten Erde zurückkehren.

Auf einmal hörte George ein höfliches, gezieltes Hüsteln neben sich, und als er sich umdrehte, sah er den Mann, der zuvor neben ihm gesessen hatte. Er war schon ziemlich alt, hatte weißes Haar und einen weich nach unten hängenden Schnurrbart. Er trug einen gebügelten Tweedanzug mit Weste, in der eine Taschenuhr steckte. Der alte Mann packte George am Arm.

»Du hast neben Erics Tochter gesessen«, flüsterte er eindringlich. »Kennst du Eric?«

»Ja ...« George versuchte zurückzuweichen. Der Schnauzbart des alten Mannes kitzelte ihn beinahe im Gesicht.

»Wie heißt du?«, fragt der alte Mann.

»George«, sagte George und versuchte immer noch, nach hinten auszuweichen.

»Du musst ihn holen«, sagte der schnauzbärtige Mann eindringlich. »Ich muss mit ihm reden. Es ist sehr wichtig.«

Jetzt trug der Mann eine ganz gewöhnliche durchsichtige Brille, sodass George sich fragte, ob er sich die gelben Brillengläser vorhin nur eingebildet hatte.

»Aber wer sind Sie?«, fragte er.

Der alte Mann zuckte zusammen. »Soll das heißen, du weißt es nicht?«

George überlegte angestrengt. War er diesem Mann schon einmal begegnet? Wahrscheinlich nicht. Aber irgendetwas an ihm kam ihm bekannt vor und rief eine vage Erinnerung wach.

»Du erkennst mich doch, oder?«, beharrte der alte Mann. »Mach schon, sag meinen Namen.«

George zermarterte sich das Gehirn, kam aber nicht dahinter, wer dieser Mann sein könnte. Verlegen schüttelte er den Kopf.

»Wirklich nicht?« Der Mann machte ein langes Gesicht. Er war offensichtlich enttäuscht. »Zu meiner Zeit war ich sehr bekannt«, sagte er traurig. »Jedes Schulkind kannte meine Theorien. Willst du damit sagen, du hast noch nie von Professor Zuzubin gehört?«

George verzog das Gesicht. Er fühlte sich elend. »Nein, tut mir leid, Professor Zuzubin...« Er konnte den Satz nicht beenden.

»Es macht mich traurig, das zu hören«, sagte der alte Professor geknickt. »Ich war Erics Tutor, musst du wissen.«

»Ja, stimmt!«, rief George erleichtert, weil er jetzt etwas Positives sagen konnte. »Jetzt weiß ich, wo ich Sie schon mal gesehen habe: auf einem Foto zusammen mit Eric! Sie waren sein Mentor und Lehrer!«

Professor Zuzubin sah keineswegs fröhlicher drein. »Erics Mentor und Lehrer...«, murmelte er. »Ja, so würde man mich in Erinnerung behalten. Das würde man von mir denken, wenn...« Er schien sich am Riemen zu reißen. »Aber egal«, sagte er entschlossen. »Bring Eric zu mir. Ich warte in seinem Büro auf ihn. Und jetzt beeil dich, George!«

George kämpfte sich mühsam zu Eric durch, der vollauf damit beschäftigt war, Fragen seiner Fans zu beantworten, die sich in begeisterten Trauben um ihn geschart hatten. »Hör auf zu schubsen!«, zischten sie George zu, der sich durchzuwühlen versuchte. Er sah, dass Eric Cosmos' Stecker gezogen, den Computer zusammengeklappt und ihn sich unter den Arm geklemmt hatte.

Endlich kam George nahe genug heran, um ihm ins Ohr zu flüstern: »Eric, Professor Zuzubin ist da und möchte mit dir reden. Er behauptet, es sei sehr wichtig.«

»Zuzubin ist da?«, sagte Eric und wandte sich George erstaunt zu. »Hier? In diesem Hörsaal? Bist du sicher? *Der* Zuzubin?«

»Zuzubin«, bestätigte George, während die Leute, die mit Eric reden wollten, ihn anrempelten und wegschoben. »Er wartet auf dich in deinem Büro. Er sagt, es ist dringend.«

»Dann muss ich los«, sagte Eric. Er klatschte laut in die Hände. Die Leute ringsum wurden still. »Vielen Dank Ihnen allen fürs Zuhören«, sagte er zu seinen begeisterten Zuhörern. »Bitte kommen Sie nächsten Monat wieder, dann werden wir über schwarze Mini-Löcher und das Ende des Universums reden. Guten Abend, Ladys, Gentlemen und Kinder!«

Begleitet von tosendem Applaus verließ Eric den Hörsaal und George folgte ihm stirnrunzelnd. Dieser Professor Zuzubin hatte etwas an sich, was George Unbehagen bereitete –

sei es die gelbe Brille oder der merkwürdige Ton, mit dem er Erics Namen ausgesprochen hatte. Was immer Eric bevorstand, George musste es unbedingt wissen ...

»Was hat das zu bedeuten?« Professor Zuzubin knallte mit solcher Wucht ein Foto auf Erics Schreibtisch, dass sämtliche halb ausgetrunkenen Teetassen, ungeöffneten Briefkuverts, wissenschaftlichen Abhandlungen und Bücherstapel erschrocken wackelten.

»Professor Zuzubin«, sagte Eric, der rot anlief und ganz zappelig wurde. »Ich ... ich ...«

George beobachtete ihn erstaunt. Er hatte noch nie erlebt, dass Annies Vater zurechtgewiesen wurde.

Professor Zuzubin stand einfach nur da und betrachtete seinen ehemaligen Schüler. »Ich weiß, dass das etwas mit Ihnen zu tun hat, Eric Bellis. Seien Sie so freundlich und erklären Sie es mir.«

George warf einen verstohlenen Blick auf das Foto. Darauf sah man eine von Kratern durchzogene gräuliche Oberfläche. Und mitten auf dem verschwommenen Foto standen zwei undeutliche Gestalten in Raumanzügen.

»O je«, murmelte Eric.

»In der Tat, o je«, sagte Professor Zuzubin.

»Das ist alles meine Schuld«, sagte Eric hastig. »Sie dürfen nicht George die Schuld geben.«

»George!«, explodierte Professor Zuzubin. »Jetzt nehmen Sie schon Kinder mit hinaus in den Weltraum. Und was kommt als Nächstes? Eine Reise zum Mond mit einer ganzen Schulklasse? Was haben Sie sich bloß dabei gedacht?«

»Das war meine Idee«, sagte George tapfer. »Ich bin Eric auf den Mond gefolgt, weil ich ihn etwas fragen wollte. Er hat mich nicht dazu aufgefordert. Ich habe das auf eigene Faust getan.« Sobald George die Sätze ausgesprochen hatte, wurde ihm klar, dass seine Erklärung alles noch viel schlimmer machte.

»Sie haben also das Raumportal während einer Reise ungesichert gelassen«, sagte Zuzubin langsam, »sodass ein *Kind* die Möglichkeit hatte, den Durchgang unbeaufsichtigt zu benutzen, um sich zu Ihnen ins Weltall zu gesellen? Wissen Sie eigentlich, wie gefährlich das ist?«

»Es tut mir furchtbar leid«, sagte Eric zerknirscht. »Ich hatte keine Ahnung, dass ein Satellit in dieser Gegend ist.«

»Sie waren sehr unvorsichtig«, gab Zuzubin zurück. »Dieses Foto hat mir Dr. Ling von der chinesischen Abteilung des Bündnisses der Wissenschaft geschickt. Er möchte wissen, wie es einem chinesischen Satelliten gelingen konnte, ein Foto mit Datum und genauer Zeitangabe von zwei Astronauten auf dem Mond zu machen, obwohl seit 1972 kein bemanntes Raumschiff mehr dort gelandet ist.«

»So schlimm ist das doch nicht, oder?«, sagte George hoffnungsvoll. »Wenn die Leute in China das Portal nicht sehen

99

können, bleibt Cosmos nach wie vor ein Geheimnis, und vielleicht denken sie ja, das Foto ist nur ein Versehen.«

»Ein Versehen?«, schrie Zuzubin. »Du hast den Supercomputer dazu benutzt, einen kleinen Tagesausflug auf den Mond zu machen, und bist dabei erwischt worden, und jetzt bildest du dir ein, das zählt als Versehen?«

»Schreien Sie George nicht an«, sagte Eric, der sich etwas gefangen hatte. Er trank einen Schluck aus einer der Tassen mit kaltem Tee, der ihn offenbar stärkte. »Ich gebe zu, wir haben uns mithilfe von Cosmos auf den Mond begeben. Ich wollte eine Theorie überprüfen, an der ich arbeite. Dafür brauchte ich Mondgestein. Aber das ist auch alles. Ende der Geschichte.«

»Nein!«, erklärte Zuzubin mit puterrotem Gesicht. »Das ist nicht das Ende der Geschichte! Bisher ist diese Aufnahme streng geheim – darum hat Dr. Ling sich gekümmert –, aber wenn die Sache bekannt wird, kriegen wir alle gewaltigen Ärger. Sie haben gewusst, Eric, dass Cosmos nur dann ein wirksames Instrument für die wissenschaftliche Forschung sein kann, wenn wir seine Existenz absolut geheim halten. Sie haben gewusst, was passieren kann, wenn die Öffentlichkeit von ihm erfährt. Sie sind der Hüter des intelligentesten Supercomputers der Welt. Und trotzdem haben ... haben Sie ...«

Er war so wütend, dass George befürchtete, sein Kopf könnte gleich explodieren wie ein Vulkan.

»Für das Bündnis der Wissenschaft zum Wohle der Menschheit kommt das zum denkbar ungünstigsten Zeitpunkt«, fuhr Zuzubin etwas ruhiger fort.

Das Bündnis der Wissenschaft zum Wohle der Menschheit war eine ganz besondere Gruppe herausragender Wissenschaftler, die sich zusammengeschlossen hatten, um sicherzustellen, dass wissenschaftliche Erkenntnisse nur für gute und nicht für schlechte Zwecke eingesetzt wurden. Eric war dort Mitglied und auch George gehörte dem Bündnis an. Er war im Verlauf seiner Abenteuer mit Eric und dem schwarzen Loch als jüngstes Mitglied aller Zeiten aufgenommen worden.

»Bestimmt haben Sie heute die Demonstranten vor dem Hörsaal gesehen«, schimpfte Zuzubin weiter. »Sie müssen sich klarmachen, dass die Gegner des Echten Vakuums derzeit an Einfluss gewinnen.«

George bemerkte, dass sich der alte Mann große Mühe gab, die Protestierenden nicht als GEVAHR zu bezeichnen, was ihm ziemlich merkwürdig vorkam. Schließlich passte der offensichtliche Name ausgesprochen gut zu ihnen. Warum wollte der geheimnisvolle Weltraumforscher ihn dann nicht benutzen?

»Sie werden mutiger«, fuhr Zuzubin fort. »Bis heute haben sie sich nie in der Öffentlichkeit gezeigt. Aber sie wissen, dass sich die Menschen auf der ganzen Welt von der Naturwissenschaft abwenden, und deshalb gewinnen sie Selbstvertrauen. Wenn die Öffentlichkeit in dieser Situation dank Ihrer törichten Aktionen herausfindet, dass wir einen Supercomputer geheim gehalten haben, wird sie sich fragen, was wir ihr noch alles verheimlichen. Vielleicht ist der Large Hadron Collider in Wirklichkeit ja doch gefährlich, werden sie sagen. Vielleicht sollte man uns allen verbieten, unsere Arbeit fortzusetzen? Unser Leben als Wissenschaftler könnte vorbei sein. Mit der ganzen Wissenschaft könnte es vorbei sein.«

George befürchtete, Eric würde gleich in Tränen ausbrechen. Er hatte ihn noch nie so aufgewühlt erlebt.

»Was kann ich nur tun?«, fragte Eric händeringend. »Wie kann ich das wiedergutmachen?«

»Wir haben eine Krisen-Vollversammlung des Bündnisses der Wissenschaft zum Wohle der Menschheit einberufen«, sagte Zuzubin mit einem prüfenden Blick auf die silberne Taschenuhr, die in seiner Westentasche steckte. »Sie müssen sofort aufbrechen und Cosmos mitnehmen. Man wird sämtliche Aktionen überprüfen, die Cosmos ausgeführt hat, solange er in Ihrer Obhut war, um festzustellen, ob Ihre Verwendung des Supercomputers gerechtfertigt war.«

George und Eric schluckten. Bei dem Gedanken, dass das Bündnis der Wissenschaft beim Durchforsten von Cosmos' Protokollen feststellen würde, dass man vor Kurzem mit seiner Hilfe ein Schwein transportiert hatte, war ihnen keineswegs wohl zumute.

»Sie werden dem Bündnis erklären müssen, was Sie getan haben«, sagte Zuzubin.

»Das könnte sehr peinlich werden …«, murmelte Eric, der noch immer an Freddy dachte.

»Und dann wird man entscheiden, ob Sie weiterhin Cosmos' Hüter und Wächter sein werden. Für Ihren Transport habe ich bereits gesorgt.«

Eric wurde blass. »Heißt das, man will mir Cosmos wegnehmen?«

»Das dürfen Sie nicht!«, rief George. »Das ist ungerecht!«

»Wir werden sehen«, sagte Zuzubin. »Und jetzt muss ich Sie verlassen, Eric. Man wird Sie von zu Hause abholen.«

»Und wohin fahre ich?«, fragte Eric.

»Zum großen Experiment.«

»Ich begleite dich«, sagte George. »Ich bin ein Mitglied des Bündnisses der Wissenschaft. Ich sollte dabei sein.«

»Ganz sicher nicht«, polterte Zuzubin. »Du bleibst hier. Das hier ist nichts für Kinder.«

»Professor Zuzubin hat recht«, sagte Eric freundlich. »Das geht dich wirklich nichts an, George.«

»Aber wohin fährst du?«, fragte er. »Wo ist die Versammlung? Wann kommst du wieder zurück?«

Eric schluckte. »Ich fahre zum Large Hadron Collider«, sagte er leise. »Ich gehe zurück zum Anbeginn der Zeit.«

Damit verließen die drei schweigend Erics Büro und gingen auf die Doppeltür am Eingang zu. Eric und George traten auf die Straße hinaus, doch als George durch die Glasscheibe zurückschaute, sah er, dass Zuzubin ihnen nicht folgte. Stattdessen ging der alte Professor die Treppe neben der Tür hinunter und verschwand. Eigenartig, dachte George. Wo mochte Zuzubin hingehen?

»Was ist eigentlich unter dem Institut für Theoretische Physik?«, fragte George, als Eric sein Fahrrad aufschloss.

»Darunter?«, fragte Eric noch ganz benommen. »Ich war seit meiner Zeit als Student nicht mehr da unten.«

»Was ist denn da unten?«, bohrte George nach.

»Vermutlich eine Menge altes Gerümpel. Hauptsächlich alte Computer. Ich weiß auch nicht ...« Eric schüttelte den Kopf. »Tut mir leid, George. Mir geht gerade ziemlich viel im Kopf herum. Hol dein Fahrrad, dann radeln wir nach Hause.«

KAPITEL 9

ZU HAUSE angekommen, war Annie voller Jubel und Begeisterung, wie gut der Vortrag ihres Vaters bei den Zuhörern angekommen war.

»Vincent hat gesagt, du warst beeindruckend«, sagte sie glücklich. »Er sagte, du bist ein absolutes Ass!«

Doch die fröhliche Stimmung hielt nicht lange an. Ein Blick auf Eric und George verriet Susan, dass etwas Unerwartetes geschehen sein musste. Sie schob Eric ins Arbeitszimmer und schloss die Tür. Es nützte nicht viel, denn durch die dünnen Wände konnten die beiden Kinder trotzdem jedes Wort hören, das Annies Eltern sprachen.

»Was soll das heißen?«, hörten sie Susan fragen, nachdem Eric ihr die Nachricht beigebracht hatte. »Wie kannst du heute Abend in die Schweiz aufbrechen? Das Semester fängt gerade an. Was ist mit deinen Studenten? Und was ist mit uns? Du hast versprochen, bei der Party zu unserem Hochzeitstag zu helfen.

Sie ist seit Ewigkeiten geplant. Lass mich jetzt nicht im Stich, Eric. Nicht schon wieder.«

»Was ist los?«, flüsterte Annie, die mit George in der Küche stand.

»Ein Satellit hat ein Foto von uns beiden auf dem Mond gemacht«, erklärte George. »Jemand von der chinesischen Abteilung des Bündnisses der Wissenschaft hat es an irgendeinen steinalten Professor geschickt. Und jetzt ist dein Dad in Schwierigkeiten. Er muss auf der Stelle zu einer Versammlung am Large Hadron Collider, um zu erklären, was passiert ist. Dann wird sich herausstellen, ob er Cosmos behalten darf.«

Annie wurde leichenblass. »Heißt das, womöglich verlieren wir Cosmos?«, zischelte sie.

»Susan«, sagte Eric nebenan, »es tut mir wirklich leid.«

»Du hast es mir versprochen«, sagte Susan. »Du hast mir versprochen, dass du unser Leben nicht mehr durcheinanderbringst.«

Annie und George wollten nicht horchen, konnten aber nicht verhindern, dass sie alles mitbekamen. Jedes einzelne Wort war erschreckend deutlich zu hören.

»Wenn ich jetzt nicht gehe, verliere ich Cosmos auf alle Fälle«, sagte Eric.

»Cosmos!«, gab Susan zornig zurück. »Ich habe diesen Computer endgültig satt! Er bedeutet nichts als Ärger.«

»Das stimmt nicht«, protestierte Eric schwach.

Annie lief aus der Küche und stürzte ins Arbeitszimmer. »Hört auf!«, rief sie theatralisch. »Ich halte das nicht länger aus! Streitet nicht mehr! Hört auf! Hört endlich auf!«

George stand wie erstarrt in der Küche. Zum ersten Mal, seit er die Nachbarsfamilie kannte, hätte er alles darum gegeben, bei sich zu Hause und bei seinen Eltern zu sein. Obwohl die Zwillingsbabys jede Menge Geschrei machten und seine Mutter komisches Essen kochte, wollte er nur noch aus dem Leben von Annie, Susan und Eric verschwinden und in sein eigenes zurückkehren.

»Bitte, Annie«, sagte Susan. »Das geht nur deinen Vater und mich etwas an.«

»Nehmen sie dir Cosmos denn weg?«, fragte Annie ihren Vater, der anscheinend in sein eigenes Universum abgetaucht war.

»Was?«, fragte Eric und schrak plötzlich auf.

»Du hast gar nicht zugehört, stimmt's?«, seufzte Susan. Plötzlich klang sie ganz niedergeschlagen. »Ich habe mit dir geredet und du hast an deine Wissenschaft gedacht.«

»Ich … ich …« Eric konnte es nicht leugnen.

»Vielleicht wäre es wirklich besser, wenn du Cosmos hergeben müsstest«, sagte Susan hastig. »Hoffentlich nehmen sie dir diesen verfluchten Computer weg, dann können wir endlich wieder eine normale Familie sein.«

»Aber Mum!«, schrie Annie entsetzt. »Das meinst du doch nicht ernst!«

»O doch«, sagte Susan. »Wenn das Bündnis der Wissenschaft diesen vermaledeiten Kasten nicht vernichtet, dann tue ich es selbst.«

Danach wurde es sehr unangenehm und frostig im Haus. Eric stapfte nach oben, um zu packen, gefolgt von Annie, die jede Menge Vorschläge machte, was er den Mitgliedern des Bündnisses sagen sollte. »Schluss jetzt, Annie! Damit werde ich allein fertig«, hörte George ihren Vater ungewöhnlich laut sagen. »Halte dich da raus! Das geht dich nichts an!«

George stand noch immer wie angewurzelt am selben Fleck in der Küche. Er hörte, wie Annie die Treppe herunterlief, in Erics Arbeitszimmer stürzte und die Tür hinter sich zuknallte. Dann drangen laute Schluchzer durchs Haus.

»Annie...« Susan klopfte behutsam an die Tür des Arbeitszimmers.

»Geh weg!«, schrie Annie. »Ich hasse dich! Ich hasse euch alle!«

Als Susan in die Küche kam, sah sie bleich und abgespannt aus. »Es tut mir sehr leid, George«, sagte sie erschöpft.

»Ist schon okay«, sagte George. Aber das stimmte nicht. Er hatte Erwachsene noch nie so streiten hören; ihm wurde ganz schlecht davon.

»Du gehst jetzt besser nach Hause«, sagte Susan liebevoll.

Eric erschien in der Tür. »Hier, das ist für dich«, sagte er und drückte George den Käfig mit Pooky, dem Hamster, in die

Hand. »Ach, und der auch. Als Andenken«, fügte er traurig hinzu. »Für den Fall, dass sie kommen und alle meine Weltraumsachen konfiszieren, während ich weg bin. Bestimmt möchtest du ihn gern behalten.« Es sah aus, als hätte jemand eine große schmutzig weiße Bettdecke in einen Rucksack gestopft. Aber George wusste genau, was es war: Eric schenkte ihm seinen Raumanzug.

»Bist du sicher?«, fragte George, während er den Rucksack schulterte und den Käfig in beide Hände nahm. Der Hamster Pooky war kein gewöhnliches Schmusetier. Tatsächlich war er der einzig existierende Nano-Supercomputer. Pooky, eine Schöpfung von Erics ehemaligem Kollegen Dr. Reeper, war beinahe so leistungsfähig wie der grandiose Cosmos.

Zumindest theoretisch war Pooky so leistungsfähig – praktisch gab es ein großes Problem: Eric hatte nämlich keine Ahnung, wie man ihn bediente. Der Nano-Computer war als täuschend lebensechtes Pelztierchen getarnt, hatte aber kein Bedienfeld und reagierte nicht auf irgendwelche Befehle oder Anweisungen. Ohne seinen Schöpfer Dr. Reeper war der Supercomputer Pooky völlig nutzlos. Eric hatte gehofft, ihn mit Cosmos verbinden zu können, aber sein Plan war gescheitert. Stattdessen hatte Pooky die Zeit in einem geräumigen Hamsterkäfig zugebracht, wo er seine Barthaare putzte, schlief und im Hamsterrad herumlief – keine große Herausforderung für den zweitintelligentesten Computer auf der Welt. Doch bis Dr.

Reeper von einem längeren Aufenthalt an einem weit entfernten Institut für Physik zurückkehrte, konnte Eric nichts mit Pooky machen. Außer ihn gut zu verwahren – und seine Existenz geheim zu halten.

Abgesehen von Dr. Reeper wussten nur George, Eric und Annie von Pooky. Was, wie George plötzlich aufging, bedeutete, dass die Mitglieder des Bündnisses der Wissenschaft zum Wohle der Menschheit nicht ahnen konnten, dass ein zweiter Supercomputer existierte. Sie wussten nur von Cosmos.

»Bye, George«, sagte Eric. »Viel Glück.«

»Was ist mit Annie?«, fragte George. Das Schluchzen hatte inzwischen aufgehört.

»Ich sag ihr, sie soll dir eine SMS schreiben«, sagte Susan, »sobald sich die Dinge hier beruhigt haben.«

George schlüpfte durch die Küchentür hinaus, durchquerte den Garten und sprang durch das Loch im Zaun. In der Dunkelheit leuchtete das Licht in seinem Elternhaus einladend und vertraut. Die Solarzellen, die sein umweltbewusster Vater aufgestellt hatte, lieferten keine großen Mengen Strom, und der Akku, der ihn speicherte, war abends oft ziemlich leer.

George öffnete die Hintertür und ging in die Küche, wo seine Mutter Daisy Gemüse für die Babys pürierte. Der Geruch von Zuhause überwältigte ihn. Seine Mutter drehte sich um und lächelte.

»Kommst du heim? Ich meine, richtig?«, fragte sie, als sie ihren Sohn mit einem großen Hamsterkäfig und einem Rucksack in der Tür stehen sah.

George bekam einen Kloß im Hals. Er nickte.

»Ich bin ja so froh«, sagte Daisy liebevoll. »Ich weiß, es ist schwierig für dich mit den beiden Mädchen ...« Die Zwillinge schlummerten in zwei Weidenkörben rechts und links vom Herd, und ihre langen dunklen Augenwimpern senkten sich über blütenblätterzarte Wangen. »Wenn sie ein bisschen älter sind«, fuhr sie fort, während sie George in die Arme schloss, »wird es einfacher. Und weniger laut.«

Eines der Zwillingsmädchen – George war nicht ganz sicher welches – lachte im Schlaf glöckchenhell.

»Du wirst dich wundern, wenn sie erst älter sind. Dann wirst du dir nicht mehr vorstellen können, wie das Leben ohne sie war.«

Georges Vater Terence stand in der Tür und betrachtete die beiden. George wurde bewusst, dass seine Eltern kein Wort darüber verloren hatten, dass er so viel Zeit bei den Nachbarn verbracht hatte, und plötzlich liebte er sie dafür umso mehr.

»Schön, dass du wieder da bist, George«, sagte sein Vater schroff. »Du hast uns gefehlt. Komm, ich helfe dir.« Er nahm ihm den Hamsterkäfig ab und schaute zu dem zweitleistungsfähigsten Computer der Welt hinein, der jetzt schlief, genau wie die Babys. »Wer ist ...?«

»Das ist Pooky«, sagte George. »Darf er in meinem Zimmer bleiben?«

Seine Eltern lächelten. »Aber natürlich«, sagte Daisy. »Was für ein süßer kleiner Kerl! Ein bisschen kleiner als dieses komische alte Schwein.«

»Ich trage ihn rauf«, sagte Terence.

Damit ging George die Treppe hinauf in sein eigenes Zimmer und schlief in seinem eigenen Bett. Die Vorhänge ließ er einen schmalen Spalt offen, für den Fall, dass er nachts aufwachen und eine Sternschnuppe sehen würde.

Mithilfe neuester Technik gelang es Astronomen, die Dunkle Materie – Materie, die nicht direkt zu sehen ist – im Galaxienhaufen Abell 1689 abzubilden.

Eine Zeitreise zum Anbeginn der Welt mit dem Teilchenbeschleuniger LHC (Large Hadron Collider), einem internationalen, in Europa angesiedelten Forschungsprojekt

KAPITEL 10

U NTEN IN der ruhigen, dunklen Straße hielt eine glänzend schwarze Limousine vor Erics Haus. Der Fahrer
stieg aus und drückte auf die Klingel. Hinter der Eingangstür
wartete ein bleichgesichtiger Eric, der einen sehr kleinen Kof-
fer und eine Laptop-Tasche umklammert hielt, in der Cosmos
steckte. Auf der Schwelle drehte er sich um, um sich zu verab-
schieden. Susan und Annie umarmten ihn fest.

»Ich muss jetzt gehen«, sagte er. Seine Augen glühten in dem
blassen Gesicht wie zwei sterbende Sterne.

»Viel Glück«, sagte Susan leise. »Und sei bitte vorsichtig,
Eric! Bitte! Pass gut auf dich auf. Da draußen laufen böse Menschen herum, die dich nicht mögen.«

»Mach dir keine Sorgen, ich komme schon zurecht«, sagte
Eric bemüht heiter. Jetzt, wo er wirklich losfuhr, konnten Susan
und Annie ihm nicht mehr böse sein. »In ein paar Tagen bin ich
wieder zurück und wir werden alle darüber lachen. Es ist nur

ein dummes Missverständnis, und wenn ich erst die Gelegenheit gehabt habe, es aufzuklären, ist wieder alles in Butter. Ehe ihr merkt, dass ich weg war, bin ich wieder da. Vielleicht sogar rechtzeitig zur Party.«

»Bye, Dad«, sagte Annie mit bebender Unterlippe.

»Kommen Sie, Professor.« Der Fahrer wurde allmählich ungeduldig. »Steigen Sie ein, Sir. Wir müssen den Zeitplan einhalten.«

Eric drehte sich um, stieg in den eleganten Wagen und der Fahrer schlug sanft die Tür hinter ihm zu. Die Fenster waren aus getöntem Glas, sodass Annie und Susan nicht sahen, dass ihm eine Träne über die Wange lief, als er sich, allein mit seinem Computer, in den weichen Ledersitz setzte.

Der Wagen rollte mit schnurrendem Motor die Straße hinunter. Schweigend fuhren sie zu einem Flugplatz in der Nähe, einer privaten Landepiste, auf der täglich nur wenige Flugzeuge landeten und abhoben. Der Fahrer sagte ein paar Worte zu dem Wächter am Tor, schon konnte der Wagen passieren und fuhr geradewegs auf das Rollfeld.

Im strahlend hellen Licht des Vollmonds wartete ein kleiner Düsenjet, dessen Treppe heruntergeklappt war, sodass Eric aus dem Wagen direkt ins Flugzeug steigen konnte. Er ging an Bord und stellte fest, dass er der einzige Passagier war.

Nach nur wenigen Minuten hörte man über Lautsprecher die Stimme des Piloten. »Guten Abend, Professor Bellis. Es ist uns eine große Ehre, Sie heute Abend zu fliegen. Wir werden in etwa eineinhalb Stunden auf einem Flugplatz in der Nähe des Large Hadron Collider landen. Dürfen wir Sie bitten, jetzt Ihren Sicherheitsgurt zu schließen?«

Damit rollte das kleine Flugzeug über die Startbahn, beschleunigte und hob dann sanft seine Nase. Durch den Nachthimmel flogen sie dem entgegen, was möglicherweise das Ende von Erics wissenschaftlicher Laufbahn bedeutete.

George fiel in einen tiefen Schlaf, sobald sein Kopf das Kissen berührt hatte, doch der dauerte nicht lange. Nach nur wenigen Sekunden, wie es ihm vorkam, saß er plötzlich kerzengerade im Bett und kalter Schweiß rann ihm den Rücken hinab. Er hatte lauter wirres Zeug geträumt, von Gestalten in Schwarz, die Freddy auf einem weit entfernten Planeten mit einer grünen Sonne durch dichtes orangefarbenes Gras jagten. »Haltet das kriminelle Schwein auf!«, hatten sie in seinem Albtraum geschrien. George versuchte ihnen zuzurufen, sie sollten Freddy in Ruhe lassen, aber er brachte nur ein entsetztes Krächzen heraus.

Als George so plötzlich aufwachte, kam ihm ein schrecklicher Gedanke. Sollte Eric ohne Cosmos zurückkommen, würde er nie erfahren, wo Freddy jetzt war. Eric hatte ihm nicht gesagt, wo sich das neue Zuhause des Schweins befand, weil er dazu erst noch Cosmos befragen musste. Wenn sie Cosmos verloren, dann galt das auch für Freddy! Was wäre, wenn der Computer ihn an den äußersten Rand des Universums geschickt hätte? Das würde bedeuten, dass Freddy sich weiter und immer weiter von ihm entfernte ... George würde ihn womöglich nie wiedersehen, und es wäre allein seine Schuld, weil er von Anfang an nicht besser auf sein Schwein aufgepasst hatte.

George lag in seinem Bett, fühlte sich elend und bemitleidete sich selbst – und Freddy. Da fiel ihm ein, dass ein Mitternachts-Muffin oder ein Glas Milch vielleicht ein kleiner Trost sein könnte. Er schlüpfte aus dem Bett und schlich im Schlafanzug auf Zehenspitzen nach unten, wohl wissend, dass seine Eltern nicht entzückt wären, wenn er die schlafenden Babys aufwecken würde.

Doch auf halber Treppe hörte er ein Geräusch; es kam aus dem dunklen Erdgeschoss, wo eigentlich niemand sein sollte. George blieb wie angewurzelt stehen, weil er Angst hatte, weiter hinunterzugehen, wollte aber auch nicht wieder hinaufgehen, damit man nicht auf ihn aufmerksam wurde. Er spitzte die Ohren und horchte angestrengt auf jedes noch so leise Geräusch.

Als er schon fast glaubte, er hätte sich das Geräusch nur eingebildet, hörte er es wieder. Es war leise, aber unverkennbar: Schritte, so verstohlen und behutsam wie seine eigenen. Draußen schien der Vollmond so hell, dass man bei dem silbrigen Licht, das durch die Fenster im Erdgeschoss drang, fast den Ein-

Die Expansion
des Universums

Der Astronom Edwin
Hubble erforschte mit dem 2,5-m-
Teleskop am Mount-Wilson-Observatorium
in Kalifornien den Nachthimmel. Er fand heraus,
dass einige Nebel – verschwommene leuchtende Flecken am Nachthimmel – in Wirklichkeit Galaxien (wenn
auch recht unterschiedlich große) wie unsere Milchstraße sind,
von denen jede Milliarden und Abermilliarden Sterne umfasst.
Und er machte eine bemerkenswerte Entdeckung: Andere Galaxien
bewegen sich offenbar von uns weg, und zwar mit umso größerer
Geschwindigkeit, je weiter sie von uns entfernt sind. Auf einmal
wurde das Universum für die Menschheit sehr, sehr viel größer.
Das Universum expandiert: Die Entfernungen zwischen Galaxien
nehmen mit der Zeit zu. Man kann sich das Universum wie die
Oberfläche eines Luftballons vorstellen, auf den jemand
Kleckse gemalt hat, die für die Galaxien stehen. Bläst
man den Ballon auf, entfernen sich die Kleckse oder
Galaxien voneinander, und je größer der Ab-
stand, desto rascher nimmt die Entfernung zwischen ihnen zu.

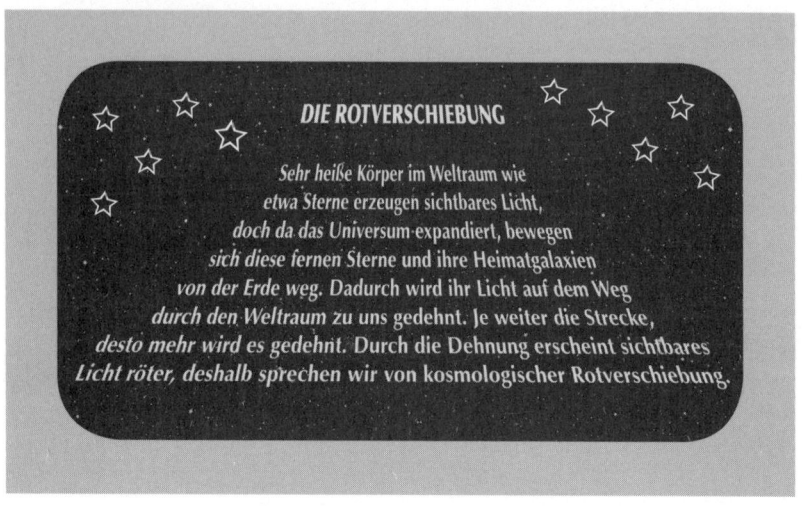

DIE ROTVERSCHIEBUNG

*Sehr heiße Körper im Weltraum wie
etwa Sterne erzeugen sichtbares Licht,
doch da das Universum expandiert, bewegen
sich diese fernen Sterne und ihre Heimatgalaxien
von der Erde weg. Dadurch wird ihr Licht auf dem Weg
durch den Weltraum zu uns gedehnt. Je weiter die Strecke,
desto mehr wird es gedehnt. Durch die Dehnung erscheint sichtbares
Licht röter, deshalb sprechen wir von kosmologischer Rotverschiebung.*

druck hatte, es sei Tag. Von der Stelle aus, an der George vor Angst wie festgenagelt an der Wand auf halber Treppe stand, sah er einen langen Schatten am Fuß der Treppe vorbei in die Küche gehen. Er hörte, wie die Hintertür aufging und sich wieder schloss, während die katzengleichen Schritte davontappten.

So geräuschlos wie möglich schlich George die Treppe hinauf, um aus dem Fenster in den Garten zu schauen. Beim Licht seines alten Freundes Mond sah George den langen Schatten ans Ende des Gartens huschen, wo er scheinbar über den Zaun schwebte und verschwand. Das Blut in Georges Ohren pochte so heftig, dass ihm schwindlig wurde. Er lief ins Schlafzimmer seiner Eltern und rüttelte seinen Vater wach.

»Grrrrr«, schnaubte sein Dad und drehte sich um.

»Dad!«, zischte George eindringlich. »Wach auf, Dad!«

»Grchch. Weg mit der Bombe!« Terence redete im Schlaf. »Rettet die Wale! Fleisch ist Mord!«

George schüttelte ihn nochmals.

»Weg mit den Walen! Ermordet die Bombe! Rettet das Fleisch!« Terence brabbelte weiter im Schlaf, während Daisy mit dem Kopf unter dem Kissen neben ihm leise schnarchte.

Endlich wachte er auf. »Was ist los, George?«, fragte er. »Ist was mit den Babys?« Er stöhnte. »Müssen sie schon wieder gefüttert werden?«

»Da war jemand, Dad«, sagte George. »Da war jemand im Haus! Ich habe ihn hinten im Garten über den Zaun klettern sehen.«

Terence ächzte unglücklich und stand schwerfällig auf. »Viel Glück dem, der hier was klauen will«, murmelte er vor sich hin. »Viel Glück bei der Suche.« Doch er ging hinunter, um nachzusehen, und kam mit todmüder, aber ernster Miene zurück.

»Die Hintertür war offen«, sagte er zu George. »Ich habe sie zugesperrt. Wahrscheinlich war es nur eine Katze. Und jetzt geh wieder schlafen, bevor die Babys ...«

In dem Augenblick hörten sie aus einem der Kinderbettchen leises Weinen. »O nein«, stöhnte Terence. »Jetzt fängt wieder eine an ...« Das zweite Baby begann zu schreien. »Und die andere auch. Ab ins Bett, Georgie. Wir sehen uns morgen früh.«

Am nächsten Tag in der Schule pochte Georges Schädel. Er hing schlaff in seiner Bank und konnte kaum die Augen offen halten. Sein Vater hatte beschlossen, keine Meldung bei der Polizei zu machen – schließlich war nichts gestohlen worden, und außerdem war Terence überzeugt, dass sich irgendein Tier, wahrscheinlich eine Katze, auf der Suche nach Futter Zugang zur Küche verschafft hatte.

George war nicht dieser Meinung. Die Schritte, die er gehört hatte, waren zu schwer gewesen, um von einer Katze zu stammen, es sei denn, sie hätte die Größe eines Leoparden gehabt. Sehr viel wahrscheinlicher war es ein Mensch gewesen. Aber er wollte nicht mit seinem Vater streiten. Er gähnte mit weit offenem Mund. Er versuchte, aus alledem schlau zu werden, aber es kostete ihn große Mühe.

»Halten wir dich wach?«, fragte Georges neuer Geschichtslehrer freundlich.

»Nein, Sir«, antwortete George.

»Dann sei so nett, hol dein Buch raus und schlag es auf Seite vierunddreißig auf.«

George wühlte in seiner Schultasche und holte das Buch hervor. Er schlug es auf der Seite auf, die er am Vorabend eingemerkt hatte, um den aufgegebenen Text zu lesen, was er aber bei all der Aufregung um Erics Vortrag völlig vergessen hatte.

Doch offenbar war jemand vor ihm da gewesen. Zwischen den Seiten klemmte ein einmal gefalteter Zettel, auf dem

in einer vertrauten, altmodisch geschwungenen Handschrift
Georges Name stand. Eingeschüchtert entfaltete George das
Blatt Papier und las:

Lieber George,
das Böse ist im Universum am Werk. Unser Freund Eric ist
in Gefahr. Wir müssen reden. Versuche auf keinen Fall,
Kontakt mit mir aufzunehmen. Ich komme zu dir.
Mit freundlichen Grüßen,
Dr. R.

George lief ein Schauder über den Rücken. Er hatte seine Schultasche am Abend zuvor unten auf dem Esszimmertisch liegen
gelassen. Das bedeutete, dass der Schatten, den er gesehen, und
die Schritte, die er gehört hatte, von niemand anderem stammen konnten als von Dr. Reeper, Erics früherem Feind.

Warum kommt er zu mir?, dachte George erschrocken. Warum nicht zu Eric?

Sobald er sich diese Frage gestellt hatte, wusste er die Antwort. Eric war nicht da. Gestern Abend war er schon fort gewesen und hatte Cosmos mitgenommen. Und Pooky, der Nano-Supercomputer, den der seltsame Dr. Reeper womöglich in Erics
Haus vorzufinden gehofft hatte, war oben in Georges Zimmer,
und da hatte Reeper sich nicht hingewagt. Hätte er die Absicht gehabt, Eric aufzusuchen, wäre es ohnehin zu spät gewe-

sen. Also kam er stattdessen zu George. Wenn Reeper nachts um sein Haus herumschlich, hatte er ihm bestimmt etwas sehr Wichtiges mitzuteilen. George musste Reeper unbedingt finden und ihn fragen, was hier vor sich ging. Aber konnte er ihm trauen?

George wusste, dass Annie gesagt hätte: »Auf keinen Fall!« Reeper hatte ihn, Annie und Eric schon zweimal in massive kosmische Bedrängnis gebracht. Doch am Ende hatte er alles zum Guten gewendet. Er hatte ihrer aller Leben gerettet, als sie auf einem fernen Mond ohne eine Möglichkeit zur Rückkehr festsaßen. Und sobald sie zum Planeten Erde zurückgekehrt waren, hatte Reeper geschworen, seine dunkle Vergangenheit hinter sich zu lassen. Er wolle wieder Erics Freund sein, hatte er gesagt. Er wolle wieder als richtiger Wissenschaftler arbeiten und nicht länger im Verborgenen leben.

Der Botschaft nach zu urteilen, die George in seinem Geschichtsbuch gefunden hatte, sah es so aus, als hätte Reeper Informationen, die Eric helfen könnten. Eine Menge Fragen schwirrten George durch den Kopf und die erste davon war: Wie in aller Welt sollte er Reeper finden?

»Wenn ich ein verrückter ehemaliger Wissenschaftler wäre, wo würde ich mich aufhalten?«, dachte er bei sich. Zumindest glaubte er zu denken, doch wie sich herausstellte, hatte er die Frage ausgesprochen.

»Ich weiß nicht, wo sich ein verrückter ehemaliger Wissenschaftler aufhalten würde«, antwortete sein Lehrer nachsichtig. »Aber wenn ich George Greenby wäre, würde ich mich in diesem Moment auf Seite vierunddreißig aufhalten und meinem Lehrer jetzt gleich die Frage beantworten, die an der Tafel steht.«

Der Rest der Klasse kicherte. »Tut mir leid, Sir«, sagte George und gab sich die nächste halbe Stunde alle Mühe, seine Gedanken zu drei-drei-drei und der berühmten Keilerei zurückkehren zu lassen, statt sich auf das Böse zu konzentrieren, das im Universum am Werk war. Aber es war nahezu unmöglich. Ein Gedanke zuckte immer wieder durch seinen Kopf, so kristallklar, als hätte Cosmos ihn in riesigen roten Großbuchstaben verkündet: *ERIC IST IN GEFAHR!*

KAPITEL 11

NACH DER Schule fuhr George mit dem Rad kreuz und quer durch Foxbridge, bevor er nach Hause radelte. Es war höchst unwahrscheinlich, dass er Reeper zufällig auf der Straße begegnen würde, aber er wusste nicht, was er sonst machen sollte. Und dann fiel ihm Cosmos' Landkarte von Foxbridge ein: der Keller! Wenn es ihm gelang, den Keller zu finden, in dem die geheime Versammlung stattgefunden hatte, konnte er vielleicht mehr über GEVAHR herausfinden. Er war überzeugt, dass Reepers Nachricht etwas mit diesen Leuten in Schwarz zu tun hatte.

War Reeper auch bei der Demonstration gewesen?

War Reeper die Gestalt in Schwarz gewesen, die mit Vincent zu sprechen versucht hatte?

George trat kräftig in die Pedale. Er kannte Foxbridge wie seine Hosentasche, und auf Cosmos' Karte hatte man genau gesehen, wo sich der geheime Keller befand.

Als er hinkam, wurde ihm klar, dass es sich bei dem Gebäude um Erics College handelte, in dem er und Reeper bei dem berühmten Zuzubin studiert hatten. Reeper, Zuzubin und Eric gehörten alle demselben College an.

Zuzubin, dachte George. Zuzubin. Warum war dieser Mann scheinbar gleichzeitig überall und nirgends? Die riesigen Eingangstore zu Erics College waren geschlossen und verriegelt, nur eine kleine, in ein Holztor eingelassene Tür hatte man offen gelassen, damit die Studenten ein und aus gehen konnten. George schlüpfte hinein und stand sogleich einem grimmig aussehenden Pförtner gegenüber, der das College bewachte.

»Ich habe etwas für Professor Bellis«, piepste George.

»Leg es da drüben auf den Tisch«, brummte der Pförtner, der gerade damit fertig geworden war, sämtliche Grashalme auf dem hellgrünen Rasen hinter sich einzeln aufzurichten. Er hatte die Blütenblätter der Tagetes aus den krautartigen Einfassungen gerecht, die vielen Pflastersteine sauber gefegt und die Türklopfer aus Messing poliert, und das Letzte, was er jetzt brauchten konnte, war ein schmuddeliger Schuljunge, der seinen makellosen Innenhof in Unordnung brachte. »Das College ist geschlossen.«

Der Pförtner stand da und starrte George so streng an, dass diesem keine andere Wahl blieb, als kehrtzumachen und nach Hause zu fahren.

Nach dem Fünf-Uhr-Tee ging er nach nebenan, um mit

Annie zu reden, traf aber nur ihre Mutter Susan an, die ausnahmsweise ziemlich erschöpft wirkte. Normalerweise war Georges Mutter diejenige, die aussah, als wäre sie mit dem linken Fuß zuerst aufgestanden. Diesmal war Susan die mit den wild abstehenden Haaren, der zusammengewürfelten Kleidung und dem besorgten Blick. »Annie ist nicht da«, sagte sie zu George. »Sie ist mit Vincent zum Karateunterricht gegangen. Anscheinend hat er den schwarzen Gürtel.«

Klar hat er den, dachte George. Typisch.

»Ich würde dich ja hereinbitten«, fuhr Susan sichtlich gestresst fort, »aber ich bin mitten in den Vorbereitungen für die große Party, die wir am Sonntag geben, also habe ich alle Hände voll zu tun. Und außerdem ... schau mal! Ein Fenster ist zerbrochen, und wir haben keine Ahnung, wie das passiert ist. Überall liegen Glassplitter.«

Georges Herz wurde schwer. »Ist das gestern Nacht passiert?«, fragte er. Er wollte Susan nicht sagen, dass sie zu Hause mitternächtlichen Besuch gehabt hatten. Sie sah ohnehin schon recht mitgenommen aus.

»Sieht ganz so aus«, antwortete sie. George hatte den Eindruck, als würde sie gleich zu weinen anfangen. »Wir haben nichts gehört und es wurde auch nichts mitgenommen. Schon sehr merkwürdig.«

»Kommt Eric denn bald zurück?«, fragte er, um sie aufzuheitern.

»Ich habe kaum was von ihm gehört. Nur dass die Vollversammlung morgen Abend stattfindet«, sagte Susan. »Und dass er hofft, sie können alles klären, damit er am nächsten Morgen zurückfliegen kann. Ich bin sicher, dass alles gut geht, George. Ich werde Annie von der Schule abholen und mit ihr bei meiner Schwester übernachten. Aber jetzt muss ich weitermachen, George. Die Zeit rennt mir davon.«

Damit schloss sie die Hintertür und George hörte, wie sich der Schlüssel im Schloss drehte, dann das scharfe Klacken von Riegeln, die vorgeschoben wurden. Er seufzte. Hier gab es absolut nichts mehr für ihn zu tun und so ging er widerstrebend nach Hause.

Als er in die Küche kam, hatte sein Vater gerade das Radio eingeschaltet, um Nachrichten zu hören.

»*Könnte das Universum von einer Blase der Zerstörung geschluckt werden, die am Large Hadron Collider erzeugt wird?*«, sagte der Nachrichtensprecher mit fröhlicher Stimme. »*Das ist die große Frage, die sich heute Abend jedermann stellt.*«

»George«, sagte Terence. »Weißt du irgendetwas darüber?«

»Pst, Dad«, sagte George. »Ich muss das unbedingt hören.«

Der Nachrichtensprecher fuhr fort: »*Aus einer dramatischen Erklärung, die die wissenschaftsfeindliche Gruppierung ›Gegner des Echten Vakuums am Hadronenring‹ abgegeben hat, geht hervor, dass das neue Experiment am Large Hadron Collider äußerst gefährlich sein könnte.*

Vakua

Was ist ein Vakuum?

Und was hat es mit einem Staubsauger – auf Englisch *vacuum cleaner* – zu tun? Als Vakuum bezeichnet man einen Raum, der so leer ist, dass er nicht einmal Luft enthält. Wenn wir also zum Beispiel die ganze Luft aus einem Zimmer herauspumpen, erzeugen wir ein Vakuum. Ein Staubsauger stellt mithilfe einer Luftpumpe eine Art mickriges Vakuum her, das ihm dabei hilft, beim Hausputz Staubteilchen anzusaugen. Doch um die Art von Vakuum zu erzeugen, von der hier die Rede ist, würde er nicht ausreichen. Dazu bräuchte man ein Gerät mit einer ungleich stärkeren Pumpe.

> Vakua ist die Mehrzahl von Vakuum.

> Das Vakuum in den Strahlröhren des Large Hadron Collider ist so frei von Gasmolekülen wie einige Regionen im Weltall.

Alle Luftpartikel aus einem Raum zu entfernen, ist gar nicht so leicht. Und selbst ein Raum ganz ohne Atome enthält immer noch *Strahlung*:

- infrarote Photonen, die von den warmen Wänden des Raums abgestrahlt werden

- Radiophotonen von Funktürmen

- vom Urknall übrig gebliebene Photonen im Mikrowellenbereich

- andere aus dem Weltraum durchhuschende Teilchen (z. B. von der Sonne erzeugte Neutrinos)

Auch Dunkle Materie würde der Raum noch enthalten. Und wenn wir die Strahlung entfernen könnten, indem wir die warmen Wände herunterkühlen? Dann wäre der Raum

leerer als der Raum zwischen den Galaxien. Aber er enthielte immer noch sogenannte Quantenfelder, die Photonen, Neutrinos, Elektronen und den anderen Teilchen zugrunde liegen. Physiker bezeichnen den niedrigsten Energiezustand der Quantenfelder als *Vakuumzustand*, und dieser Zustand ohne irgendwelche beobachtbaren Teilchen würde jetzt in unserem imaginären Raum herrschen.
Wenn wir ganz genau hinschauen könnten, wären wir imstande, auch winzige Kräuselungen der Raumzeit zu sehen, sogenannte *Gravitationswellen*.
Obwohl wir also vielleicht glauben, der Raum sei jetzt völlig leer, nachdem wir die Luftmoleküle hinausgepumpt haben, geht es bei genauer Betrachtung recht lebhaft in diesem Vakuum zu.

Führt man einem Vakuumzustand Energie zu (Physiker würden sagen, man *regt ihn an*), tauchen Teilchen (und Antiteilchen) auf. Die Physiker gehen üblicherweise davon aus, dass das Vakuum der Zustand niedrigster Energie ist. Möglicherweise gibt es zahlreiche andere Vakuumzustände mit ebenso niedriger Energie. Wenn man sie anregt, würden sie ähnliche wie die uns vertrauten Teilchen hervorbringen. Im frühen Universum, als die Temperatur noch viel höher war, existierte der Raum aber möglicherweise für kurze Zeit als etwas, das die Physiker *Falsches Vakuum* nennen:

in einem Vakuumzustand höherer Energiedichte, dessen Teilchen uns heute sehr exotisch vorkommen würden. Als die Temperatur sank, zerfiel dieses Falsche Vakuum wahrscheinlich zu unserem derzeitigen Vakuum mit seiner geringeren Energiedichte. Ein *Echtes Vakuum* ist das Vakuum mit der geringstmöglichen Energiedichte.

Es gibt keinen Grund, anzunehmen, dass irgendein Experiment auf der Erde uns in ein anderes Vakuum katapultieren könnte.

In einem offenen Brief an die Welt behaupten Wissenschaftler dieser Gruppe, dieses Experiment sei höchst leichtfertig und gefährlich, da dabei eine winzige Menge des sogenannten Echten Vakuums entstehen könnte.

Quellen der Gegner des Echten Vakuums zufolge hängt unsere Existenz im Universum vom Falschen Vakuum ab, das infolge der Hochenergie-Experimente, die demnächst planmäßig am Large Hadron Collider beginnen sollen, zerstört werden könnte. Innerhalb von acht Stunden, so die Schätzung der Gegner des Echten Vakuums, könnte die zerstörerische Blase unser gesamtes Sonnensystem auseinanderreißen. Professor Eric Bellis, der Leiter der Forschergruppe am LHC, stand heute Abend nicht für eine Stellungnahme zur Verfügung. Doch vor wenigen Minuten gaben seine Mitarbeiter die folgende Erklärung ab: ›Der Teilchenbeschleuniger ist absolut ungefährlich, und kein Mensch sollte sich vor dem Fortschritt der Wissenschaft fürchten.‹

Und nun zu weiteren Nachrichten …«

Terence schaltete das Radio aus. »Stimmt das?«, fragte er George ernst. »Bringen uns Erics Experimente wirklich in Gefahr?«

»Nein!«, rief George. »Garantiert nicht! Eric möchte der Menschheit helfen, nicht sie zerstören.«

»Warum sagen sie dann solche Sachen über ihn im Radio?«

»Das weiß ich auch nicht«, sagte George. »Jemand möchte ihn daran hindern, neue Erkenntnisse zu gewinnen, deshalb haben sie diese schwachsinnige Theorie über das Echte Vakuum erfunden. Und ich muss rausfinden, wieso. Ich muss Eric helfen.«

»Du musst deine Hausaufgaben machen«, sagte sein Vater ernsthaft. »Und vorerst hältst du dich von Eric und seiner Familie fern. Ich möchte nicht, dass du da mit hineingezogen wirst. Hast du mich verstanden, George? Wenn es eine vernünftige Erklärung gibt, warten wir ab, bis wir sie von Eric selbst hören. Bis dahin hältst du dich aus der Sache raus. Versprichst du mir das?«

»Ich verspreche es«, sagte George. Und obwohl es ihm zuwider war, seinen Vater zu hintergehen, kreuzte er hinter dem Rücken die Finger.

Der nächste Tag war ein Samstag. George lag am Morgen fertig angezogen auf seiner Steppdecke und überlegte, was er als Nächstes tun sollte, als sein Handy klingelte. Nachdem er jetzt auf die höhere Schule ging, hatten seine Eltern ihm endlich ein Handy zugestanden.

»Annie!« Nie hatte er sich mehr gefreut, von ihr zu hören. Am Abend zuvor hatte er ihr unzählige SMS geschrieben und sie angerufen, aber sie hatte sich nicht gemeldet.

»Hast du gehört, was sie in den Nachrichten über meinen Dad gesagt haben?«, fragte sie.

»Ääh ... ja«, sagte George vorsichtig. Es muss schrecklich sein, einen berühmten Vater zu haben, dachte er. »Hat er dich angerufen?«

»Nee«, schniefte Annie. »Er hat weder gesimst noch gemailt noch sonst was. Gar nichts. Aber überall im Internet behaupten die Leute, er ist ein gefährlicher Irrer und man muss ihn daran hindern, weitere Experimente zu machen, weil er drauf und dran ist, das ganze Universum zu zerstören. Das Einzige, was ich von Mum weiß, ist, dass er heute Abend um halb acht dieses wichtige Treffen mit dem Bündnis der Wissenschaft hat, und dass sie hofft, er kommt danach nach Hause.«

»Ich habe eine merkwürdige Nachricht bekommen«, gestand George. »Von Reeper.«

»Von Dr. Reeper?«, kreischte Annie. »Und was steht drin?«

»Dass dein Dad in Gefahr ist und dass das Böse im Universum am Werk ist.«

»Und was bringt uns das?«, rief sie. »Das wissen wir doch längst! Warum kann er nicht ausnahmsweise mal was Nützliches sagen? Hast du mit ihm gesprochen?«

»Nein«, sagte George. »Er hat mir keine Telefonnummer hinterlassen. Nur eine Nachricht, typisch Reeper, in verschnörkelter Handschrift auf Pergamentpapier. Sieht aus, als hätte er einen Federkiel in Blut oder so was getaucht.«

»Das ist typisch Reeper«, bestätigte Annie mit dumpfer Stimme.

»Ich habe versucht, Pooky zum Laufen zu bringen«, fuhr George fort.

»Und? Hast du's geschafft?«

»Mm-mm«, sagte George und warf einen Blick hinüber zu Pookys Käfig. Der Supercomputer in Gestalt eines Hamsters schnüffelte in der Streu herum, und seine blauen Äuglein blickten nichtssagend und völlig ausdruckslos. Ausnahmsweise lief er nicht wie verrückt im Hamsterrad herum, wo er sonst endlose Stunden lang seine Runden drehte. »Ich habe gestern Abend sogar mit Emmet Kontakt aufgenommen, und er hat versucht, eine Fernverbindung herzustellen, aber er sagte, er kommt auch nicht dahinter.« Emmet war Annies und Georges genialer Computerfreund in den USA.

»Mist!«, sagte Annie betrübt. »Genauer gesagt, Hamstermist! Wenn der Mega-Computerfreak es nicht schafft, dann haben wir keine Chance.«

»Eines hat Emmet über Pooky allerdings gesagt«, bemerkte George. »Er sagte, er glaubt, dass dieses ganze Herumgerenne im Rad dazu dient, seinen Hauptprozessor zu kühlen, während er Daten verarbeitet. Irgendwas von wegen Kühlmittel, das er in sein Gehirn pumpt, wenn er aktiv ist.«

»Dann ist Pooky also aktiv, aber wir kriegen ihn nicht zum Laufen«, seufzte Annie. »Wie frustrierend! Wieso will Pooky uns nicht helfen?«

Bevor George antworten konnte, ertönte aus dem Hamsterkäfig plötzlich schrilles Fiepen.

»Waren das die Babys?«, fragte Annie, die es durchs Telefon gehört hatte.

»Nein, nicht die Babys...«, sagte George langsam. »Ich glaube, das war Pooky.«

Pooky stand auf den Hinterbeinen und seine Nase zeigte senkrecht zur Decke. Seine Vorderpfoten wirbelten wie wild in der Luft herum und er kreischte wieder. Es war ein markerschütternder Schrei, unvorstellbar bei einem so kleinen Tier. Plötzlich schwenkte Pooky den Kopf und funkelte George mit seinen Hamsteräuglein an, die jetzt nicht mehr himmelblau, sondern leuchtend gelb waren.

»Was ist los?«, fragte Annie scharf.

»Pooky hat eine Art Anfall.«

Doch dann öffnete Pooky sein kleines Maul. »George«, sagte er mit einer Stimme, die sich anhörte wie ein rostiger Nagel, der über eine Tafel kratzt. »George.«

»Wer war das?«, kreischte Annie durchs Telefon.

»Pooky«, flüsterte George, bei dem sich die Nackenhaare aufstellten. »Pooky hat gerade gesprochen.« Soweit er wusste, hatte Pooky noch kein einziges Wort von sich gegeben. Im Gegensatz zu Cosmos war er ein stummer Supercomputer. Bis vor wenigen Sekunden. Doch die Stimme, mit der Pooky sprach, war nicht die eines Hamsters oder auch nur eines Computers. Es war eine menschliche Stimme, und zwar die eines Menschen, den sie beide gut kannten.

»Reeper!«, sagte Annie. »Pooky hat mit der Stimme von Dr. Reeper gesprochen!«

»George«, wiederholte Pooky, diesmal deutlicher, »du musst mir helfen.«

»Was soll ich tun?«, wollte George, der in Panik geriet, von Annie wissen.

»Du musst rausfinden, was er will«, drängte Annie. »Aber denk daran, was er uns angetan hat!«

»Wie kann ich dir helfen?«, fragte George, dem mit Schrecken bewusst wurde, dass er jetzt ein Gespräch mit einem elektronischen Hamster führte.

»Wir müssen uns treffen«, sagte Pooky mit blitzenden Augen. »Im Weltraum. Wir müssen reden.«

»Reeper, sind Sie das?«

»Wer denn sonst?«, antwortete der Hamster mit Dr. Reepers Stimme.

»Bei unserer letzten Begegnung«, sagte George tapfer, »wollten Sie uns auf einem Mond einundvierzig Lichtjahre von der Erde entfernt zurücklassen, bis uns der Sauerstoff ausgeht. Und das Mal zuvor haben Sie versucht, Eric in ein schwarzes Loch zu stürzen.«

»Ich habe mich geändert«, sagte Pooky schlicht. »Ich möchte euch helfen.«

»Und weshalb sollte ich Ihnen glauben?«

»Das brauchst du nicht, aber wenn du nicht kommst und herausfindest, was ich zu sagen habe, wird Eric nie mehr nach Hause kommen ...«

Auch der Gedanke an Freddy, der für immer allein und verlassen an einem fremden Ort bleiben würde, durchzuckte George.

»Warum können Sie es mir nicht jetzt sagen?«, fragte er und nahm den kleinen Hamster in beide Hände. »Was geschieht mit Eric?«

»Eric ist in großer Gefahr. Nur du kannst ihn retten, George. Du allein. Wir müssen uns treffen. Pooky wird dich zu mir bringen. Ich habe nicht viel Zeit. Du musst dich sofort auf den Weg machen. Auf Wiedersehen, George. Wir sehen uns im Weltraum.«

»Reeper!«, schrie George den Hamster an. »Reeper! Kommen Sie zurück!«

Aber Pookys Augen hatten sich wieder blau gefärbt, und George begriff, dass die Verbindung getrennt war.

»Was hat er gesagt?«, schrie Annie durchs Telefon.

In dem Augenblick begann der Hamster zu zittern, und aus seinem pelzigen Hinterteil fiel ein winziger Köttel.

»Er hat gesagt« – das Handy in Georges Hand bebte – »dass ich ihn im Weltraum treffen muss.«

»Aber wo?«, schrie Annie. »Wo im Weltraum sollst du ihn treffen?«

»Das hat er nicht gesagt. Er hat mir weder gesagt, wo ich hinsoll, noch wie ich da hinkomme.«

»Versuch's noch mal mit Pooky!«, befahl Annie.

Georgie nahm den kleinen Hamster hoch und tastete behutsam den winzigen pelzigen Körper ab, um festzustellen, ob es einen verborgenen Schalter gab, den er bisher übersehen hatte. Aber der Hamster sah ihn nur mit derselben ausdruckslosen Miene an wie zuvor.

»Ich bin gleich bei dir drüben«, sagte Annie.

»Nein, komm nicht!«, sagte George. »Dafür ist keine Zeit.« Er hob den winzigen Köttel auf, den Pooky auf dem Boden seines Käfigs deponiert hatte. Es war ein zusammengeknülltes Papierkügelchen. Als George es auseinanderpulte, entpuppte es sich als langer Papierstreifen mit einer Ziffernfolge, die mit einem großen H endete. »Anscheinend noch eine Nachricht... Vielleicht mein Reiseziel...«, sagte er langsam, denn er musste an den Brief denken, in dem Dr. Reeper Eric einst die Koordinaten eines fernen Planeten mitgeteilt hatte, den Eric hatte aufsuchen wollen. Die Zahlenreihe erinnerte ihn daran, wie Reeper die Position jenes Planeten notiert hatte. Der Haken dabei war nur, dass dieser Planet, wie sich herausstellte, gar nicht existierte und Reeper Eric in Wirklichkeit auf direktem Weg in ein supermassereiches schwarzes Loch geschickt hatte. »Vielleicht ist das der Ort, wo ich Reeper treffen soll...«

»Aber wie willst du da hinkommen?«, fragte Annie. »Und woher sollen wir wissen, dass es nicht riskant ist? Vielleicht fällst du ja in ein schwarzes Loch.«

»Ich kann jetzt nicht reden«, sagte George, der sich das

Handy zwischen Schulter und Ohr geklemmt hatte, sprang vom Bett und riss den Schrank auf, um den Raumanzug herauszuholen, den Eric ihm als Andenken an ihre Ausflüge ins Weltall geschenkt hatte.

Pooky regte sich wieder. Seine blauen Augen wechselten langsam die Farbe. Wie George inzwischen wusste, war das das Zeichen dafür, dass er gleich in Aktion treten würde.

»Ich komm rüber«, sagte Annie entschlossen. »Ich bin gleich da. Ich habe das Rad dabei. Geh nicht weg, bevor ich da bin.«

»Tut mir leid, Annie«, sagte George. »So viel Zeit habe ich nicht.«

Pooky richtete sich kerzengerade auf und jetzt blinkten seine Augen rot. Zwei dünne Lichtstrahlen schossen daraus hervor bis in die Mitte des Zimmers, begannen zu rotieren und bildeten eine leuchtende Scheibe, die um ihre Achse kreiselte wie Pookys Hamsterrad.

»George!«, rief Annie durch den Hörer. »Leg nicht auf!« George zwängte sich bereits in seinen Raumanzug. »Geh nicht allein ins All!«

»Ich habe keine andere Wahl!«, rief George, ehe er den Raumhelm aufsetzte, um noch mit normaler Stimme sprechen zu können statt durchs Funkgerät. »Wenn ich jetzt nicht gehe, werden wir nie erfahren, was Reeper uns zu sagen hat. Ich muss los, Annie ...«

Er legte das Handy aufs Bett. Pookys Lichtkreis, der vor ihm schwebte, war größer geworden. Dahinter tat sich ein silbriger Tunnel auf, der in die Ferne führte. Es gab keinerlei Hinweis darauf, was am anderen Ende lag. George setzte seinen Raumhelm auf und nahm einen tiefen Atemzug aus dem Sauerstoffbehälter. Durch das Funkgerät hörte er abermals Reepers Stimme.

»George«, krächzte er, »begib dich jetzt in den Lichttunnel.«

»Wo sind Sie?«, fragte George und gab sich alle Mühe, mutig zu klingen. Dabei hatte er noch nie im Leben solche Angst gehabt. Es kam ihm vor, als wäre das Blut in seinen Adern erstarrt, und sein Herz klopfte so laut, dass er meinte, die Ohren müssten ihm zerspringen.

»Ich bin am anderen Ende und erwarte dich«, sagte Reeper. »Folge dem Tunnel, George. Komm zu mir.«

Wenn George bei seinen früheren Reisen ins Weltall durch Cosmos' Lichtportal getreten war, hatte er meistens sehen können, was ihn auf der anderen Seite erwartete. Doch diesmal lag nur der silbern schimmernde Tunnel vor ihm, der eine Biegung machte, ohne dass man sah, wohin er führte.

Was würde ihn am anderen Ende erwarten? Ein Paralleluniversum? Würde er in eine andere Zeit reisen? Machte der Tunnel eine Biegung, weil er der Krümmung der Raumzeit folgte, die ihn zu einem geheimnisvollen Ziel weit weg vom Gravitationsfeld der Erde führen würde? Was mochte am anderen Ende auf ihn lauern? Es gab nur eine Möglichkeit, das herauszufinden.

»Wenn du Eric retten möchtest«, flüsterte Reeper, »musst du dich auf diese Reise begeben. Mach einfach den Schritt, George. Der Tunnel wird dich zu mir bringen.«

»George!«, schrie Annie aus dem Handy auf dem Bett. Durch das Außenmikrofon in seinem Helm konnte George nach wie vor die Geräusche ringsum hören. »Ich kann Reeper auch hören. Geh nicht!«

George zögerte. Dann hörte er eine andere Stimme aus dem Handy. Sie gehörte Vincent.

»He, George, alter Kumpel«, sagte er. »Geh nicht allein! Es ist zu gefährlich. Annie hat mir von dem Portal und von Dr. Reeper erzählt. Du darfst nicht gehen.«

Was?, dachte George erbost. Was hatte Vincent im Haus von Annies Tante zu suchen? Während er mit Annie sprach, hatte Vincent also die ganze Zeit mitgehört? Vincent wusste über das Portal und Cosmos und Dr. Reeper Bescheid? Vincent kannte sämtliche Geheimnisse, von denen er und Annie hoch und heilig geschworen hatten, sie niemandem zu erzählen? Und jetzt wollte Vincent, der Karate-Champion und das Skateboard-Ass sowie Annies neuer allerdickster Freund, ihm vorschreiben, was er zu tun hatte?

Vincent glaubte also, er würde das nicht auf die Reihe kriegen? Vincent glaubte, er hätte nicht den Mut, Eric zu retten, seinen Mentor und Lehrer und Annies Vater? »Dir werd ich's zeigen, Vincent«, murmelte er. »Und ich werde dich retten,

Eric, auch wenn es sonst niemand tut. Adieu, ihr Erdenmenschen«, fuhr er überheblich fort. »Ich begebe mich ins Weltall. Kann sein, dass ich eine Zeit lang weg bin.«

Er trat auf Pookys Lichtrad zu, das ihn sogleich in den Tunnel saugte, als hätte er sich im Schwimmbad die Wasserrutsche hinuntergestürzt. Mit dem Kopf voraus zischte er durch den silbernen Tunnel und drehte sich mit vorgestreckten Armen mal hierhin, mal dorthin, während er aus seinem Schlafzimmer an einen unbekannten Ort entführt wurde.

George blieb keine Zeit zum Nachdenken. Er raste mit ungeheurer Geschwindigkeit durch strahlendes, verschwommenes Licht, um irgendwo da draußen in der unendlichen Weite unseres Universums seinen ehemaligen Todfeind Dr. Reeper zu treffen.

Aus einer Entfernung von Lichtjahren meinte er Annie so laut schreien zu hören, dass es in seinem Raumhelm widerhallte: »Neiiiiin!«

Aber es war zu spät. George war fort.

Raum, Zeit und Relativität

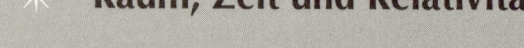

Vierdimensionale Raumzeit

Wenn wir auf der Erde irgendwohin gehen wollen, denken
wir normalerweise nur in zwei Dimensionen: so und so weit
nach Norden oder Süden und so und so weit nach Osten oder
Westen. So funktionieren Landkarten. Wir verwenden ständig
zweidimensionale Richtungsangaben. Um irgendwohin zu
fahren, braucht man nur vorwärts (oder rückwärts) zu fahren
und nach links oder rechts abzubiegen. Das liegt daran, dass
die Erdoberfläche ein zweidimensionaler Raum ist.

Ein Pilot hingegen sitzt nicht auf der Erdoberfläche fest.
Sein Flugzeug kann auch nach oben und nach unten fliegen,
kann also außer seiner Position über der Erdoberfläche auch
die Höhe verändern. Für den Piloten sind Angaben wie
»Nord«, »Ost« oder »aufwärts« abhängig von der Position
des Flugzeugs. »Aufwärts« etwa bedeutet, weg vom Erd-
mittelpunkt, was über Australien einer völlig anderen
Richtung entspricht als über Deutschland.

Dasselbe gilt für den Kommandanten eines Raumschiffs
fern von der Erde. Er kann nach Belieben drei Bezugsrich-
tungen wählen, nur müssen es immer drei sein, weil der
Raum, in dem wir, die Erde, unsere Sonne, die Sterne und

sämtliche Galaxien existieren, dreidimensional ist.

Wenn wir irgendwohin müssen, etwa zu einer Party oder einer Sportveranstaltung, genügt es nicht, zu wissen, wo sie stattfindet. Wir müssen auch wissen, *wann*. Deshalb braucht jedes Ereignis in der Geschichte des Universums *vier* Koordinaten, drei räumliche und eine zeitliche. Das bedeutet: Wenn wir das Universum und die Ereignisse darin beschreiben, haben wir es mit einer vierdimensionalen *Raumzeit* zu tun.

Relativität

Einsteins Spezielle Relativitätstheorie besagt, dass die Naturgesetze und speziell die Lichtgeschwindigkeit gleich bleiben, egal wie schnell man sich bewegt. Es ist leicht einzusehen, dass zwei Personen, die sich relativ zueinander bewegen, die Entfernung zwischen zwei Ereignissen nicht gleich einschätzen. Ein Beispiel: Zwei Ereignisse, die an der gleichen Stelle in einem Düsenjet stattfinden, erscheinen einem Beobachter auf dem Erdboden getrennt durch die Entfernung, die der Jet zwischen den Ereignissen zurückgelegt hat. Wenn also diese beiden Personen versuchen, die Geschwindigkeit eines Lichtimpulses zu messen, der sich vom Heck des Flugzeugs zu dessen Nase bewegt, werden sie sich nicht einig sein über die Entfernung, die das Licht von seinem Austritt bis zur Ankunft an der Nase zurückgelegt hat. Und weil gilt: Geschwindigkeit ist gleich zurückgelegte Strecke geteilt durch benötigte Zeit, werden sie sich auch nicht einig sein über die Zeitspanne zwischen Austritt

und Ankunft – sofern sie sich über die Lichtgeschwindigkeit einig sind. Und Einsteins Theorie zufolge sind sie das.

Damit wird deutlich, dass Zeit nicht absolut sein kann, wie Newton glaubte. Das heißt, man kann einzelnen Ereignissen keine Zeitdauer zuschreiben, über die sich alle einig sind. Vielmehr hat jeder Mensch sein eigenes Zeitmaß, und die Zeiten, die von zwei Menschen gemessen werden, die sich relativ zueinander bewegen, stimmen nicht notwendigerweise überein.

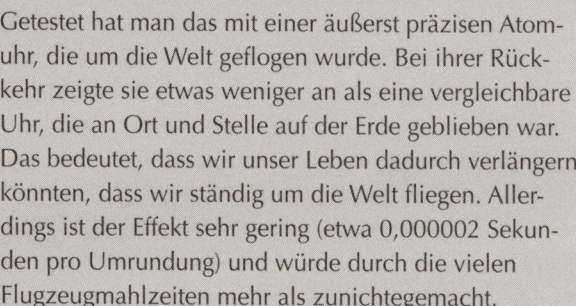

Getestet hat man das mit einer äußerst präzisen Atomuhr, die um die Welt geflogen wurde. Bei ihrer Rückkehr zeigte sie etwas weniger an als eine vergleichbare Uhr, die an Ort und Stelle auf der Erde geblieben war. Das bedeutet, dass wir unser Leben dadurch verlängern könnten, dass wir ständig um die Welt fliegen. Allerdings ist der Effekt sehr gering (etwa 0,000002 Sekunden pro Umrundung) und würde durch die vielen Flugzeugmahlzeiten mehr als zunichtegemacht.

KAPITEL 12

GEORGE SCHOSS aus dem anderen Ende des Tunnels und schlitterte bäuchlings über ein Stück blanken Fels. Sein Sehvermögen war von dem grellen, kreiselnden Licht im silbrigen Tunnel noch stark getrübt. Eine Sekunde lang sah er Sterne vor den Augen; dann hob er den Kopf und sah noch viele andere tausend Sterne am schwarzen Himmel ringsum hell leuchten.

Und er sah noch etwas. Vor ihm tauchte ein großer schwarzer Stiefel auf und dann noch einer. George rollte sich auf den Rücken und blickte zu einer bedrohlich wirkenden Gestalt in einem schwarzen Raumanzug auf, deren Gesicht hinter dem getönten Glasvisier des Raumhelms verborgen war. Aber das spielte keine Rolle. George brauchte das Gesicht nicht zu sehen, um zu wissen, dass es Dr. Reeper gehörte, dem verrückten verhinderten Wissenschaftler, der wieder einmal den Weltraum unsicher machte.

Hinter Reepers Kopf erstreckte sich ein unermesslicher Himmel, so dunkel, dass seine Gestalt damit zu verschmelzen schien. Neben ihm konnte George nichts anderes erkennen als nackten grauen, von riesigen Kratern durchlöcherten Fels. Mühsam setzte er sich auf. Nach dieser Reise fühlte sich sein Körper an wie Wackelpudding.

»Du kannst aufstehen«, sagte Reeper kühl. »Ich habe einen Asteroiden ausgesucht, der so viel Masse hat, dass man nicht davonfliegt.«

Als George bei seiner ersten Weltraumreise mit Annie auf einem Kometen gelandet war, mussten sich die beiden auf dem kartoffelförmigen Brocken aus Fels und Eis fest verankern, weil die Schwerkraft nicht ausreichte, um sie auf dem Boden zu halten. Jener Komet bestand hauptsächlich aus Staub, Eis und gefrorenem Gas, dieser Asteroid hingegen war größer und aus viel dichterem Material. Seine Schwerkraft sorgte dafür, dass George an Ort und Stelle blieb.

»Wo sind wir?«, fragte er, als er leicht schwankend auf die Beine kam.

»Siehst du nichts, was dir bekannt vorkommt?«, fragte Reeper. »Keinen hübschen blau-grünen Planeten, der in der Ferne schwebt und nur darauf wartet, dass du ihn rettest?«

George sah nichts außer Sterne. Die Tunnelöffnung war verschwunden, sodass er keine Möglichkeit hatte, Reeper und dieser merkwürdigen felsigen Umgebung zu entfliehen.

»Kein Wunder«, fuhr Reeper fort. »Auch wenn ich dich an irgendeinen zufällig ausgewählten Ort in unserer Milchstraße gebracht hätte, würde dir dort nicht viel bekannt vorkommen. Aber du bist gar nicht mehr in unserer Heimatgalaxie. Du hast einen weiteren Weg zurückgelegt als je zuvor.«

»Sind wir in einem anderen Universum?«, fragte George. »War das ein Wurmloch?«

»Nein«, sagte Reeper. »Das ist meine aktualisierte Version des Portals. Eine Tür ist doch schrecklich altmodisch, findest du nicht? Eric war ja immer so traditionsbewusst. Möchte man gar nicht meinen, oder? Seine Theorien haben alles auf den Kopf gestellt, was wir über das Universum zu wissen glaubten, aber wenn es darum geht, einen Durchgang zu entwickeln, dient ihm die eigene Haustür als Vorbild. Das hier, George, ist Andromeda.«

»Eine andere Galaxie...«, sagte George ehrfürchtig.

»Unser Nachbar«, bestätigte Reeper und legte einen Arm um George. »Wenn man so will, entspricht diese Galaxie dem Nachbarhaus. In Anbetracht der Größe des Universums könnte das sogar zutreffen. Fällt dir was auf?«

»Die Sterne sehen genauso aus...«, sagte George langsam. »Dieser Asteroid sieht aus wie ein Asteroid. Vermutlich kreisen wir um einen Stern, also befinden wir uns in einem anderen Sonnensystem. Gar kein so großer Unterschied zur Milchstraße.«

Andromeda

Die Andromeda-Galaxie (auch M31 genannt) ist die unserer Milchstraße nächste große Galaxie; sie und die Milchstraße sind die größten Objekte in der Lokalen Gruppe von Galaxien. Die Lokale Gruppe besteht aus mindestens 40 Galaxien in unmittelbarer Nähe, die sich durch ihre Gravitation gegenseitig merklich beeinflussen.

Mit einer Entfernung von 2,5 Millionen Lichtjahren ist Andromeda von uns aus streng genommen nicht die nächste Galaxie (dieser Titel gebührt wahrscheinlich der *Canis-Major*-Zwerggalaxie), aber doch die nächste mit vergleichbarer Größe und Masse.

Derzeitigen Schätzungen zufolge hat die Milchstraße eine größere Masse (Dunkle Materie eingeschlossen), Andromeda hingegen mehr Sterne.

Andromeda ist eine *Spiralgalaxie*, genau wie die Milchstraße.

Wie die Milchstraße hat Andromeda im Zentrum ein supermassereiches schwarzes Loch.

Und wie die Milchstraße wird Andromeda von mehreren (mindestens 14) Zwerggalaxien umkreist.

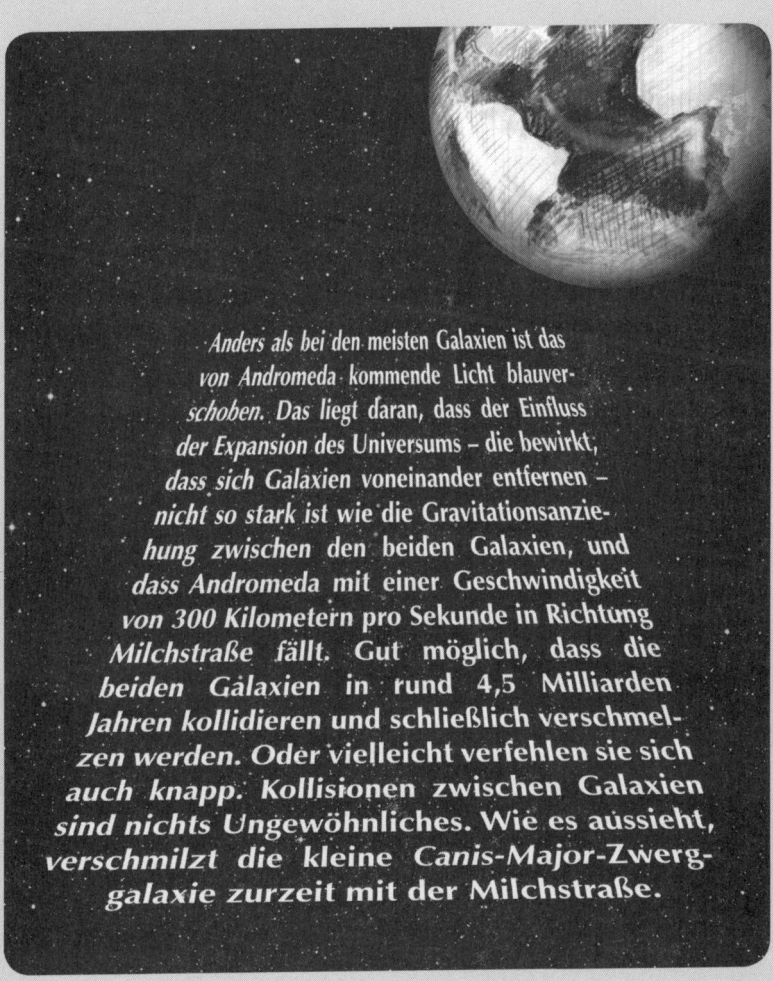

*Anders als bei den meisten Galaxien ist das
von Andromeda kommende Licht blauver-
schoben. Das liegt daran, dass der Einfluss
der Expansion des Universums – die bewirkt,
dass sich Galaxien voneinander entfernen –
nicht so stark ist wie die Gravitationsanzie-
hung zwischen den beiden Galaxien, und
dass Andromeda mit einer Geschwindigkeit
von 300 Kilometern pro Sekunde in Richtung
Milchstraße fällt. Gut möglich, dass die
beiden Galaxien in rund 4,5 Milliarden
Jahren kollidieren und schließlich verschmelzen werden. Oder vielleicht verfehlen sie sich
auch knapp. Kollisionen zwischen Galaxien
sind nichts Ungewöhnliches. Wie es aussieht,
verschmilzt die kleine Canis-Major-Zwerg-
galaxie zurzeit mit der Milchstraße.*

»Ganz recht«, pflichtete Reeper ihm bei. »Bemerkenswert, findest du nicht? Aus der Nähe betrachtet sind keine zwei Felsbrocken genau gleich. Keine zwei Planeten, keine zwei Sterne, keine zwei Galaxien. Einige Regionen im Weltraum enthalten nur Gaswolken und Dunkle Materie, aber anderswo gibt es Sterne, Asteroiden und Planeten. Eine unglaubliche Vielfalt! Und doch sind wir hier, zweieinhalb Millionen Lichtjahre von der Erde entfernt, und es sieht nicht viel anders aus. Dieser Asteroid könnte sich auch in unserem Sonnensystem befinden. Diese Sterne könnten auch zu unserer Milchstraße gehören. Die Varianten hier sind dieselben wie in unserer Galaxie. Was, glaubst du, hat das zu bedeuten, George? Beantworte mir diese Frage, und dann sage ich dir, warum wir hier sind.«

»Es bedeutet«, sagte George, während er an Erics Vortrag dachte, »dass alles überall auf dieselbe Weise entstanden ist, aus demselben Material und nach denselben Gesetzmäßigkeiten, dass aber die winzigen Schwankungen zu Beginn der Zeit dazu geführt haben, dass alles ein bisschen anders wurde als alles andere.«

»Gut gemacht! Es freut mich, dass man wenigstens bei einem meiner ehemaligen Schüler merkt, dass ihm die Schulbildung etwas nützt.«

»Warum haben Sie mich hierher gebracht?«, fragte George tapfer. »Was ist es diesmal?«

 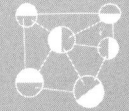

Gleichförmigkeit

Um die Allgemeine Relativitätstheorie auf das Universum als Ganzes anwenden zu können, gehen wir für gewöhnlich von zwei Annahmen aus:

> Der Kosmos hat an jedem Ort im Raum die gleichen Eigenschaften (*Homogenität*).

> Das Universum sieht im Wesentlichen in alle Richtungen gleich aus (*Isotropie*).

Daraus ergibt sich folgendes Bild:
Das Universum

> ist räumlich gleichförmig,

> beginnt mit dem Urknall,

> und dehnt sich dann überall in gleicher Weise aus.

Astronomische Beobachtungen, also das, was wir durch Teleskope auf der Erde und Weltraumteleskope im All sehen können, stützen dieses Bild.

Dennoch kann das Universum nicht völlig gleichförmig sein, denn das würde bedeuten, dass Strukturen wie Galaxien, Sterne, Sonnensysteme, Planeten und Menschen nicht existieren könnten. Nur damit, dass die Gleichförmigkeit durch winzige Unregelmäßigkeiten ein wenig gestört wird, lässt sich erklären, dass die ersten Wolken aus Gas und Dunkler Materie kollabierten, worauf, den Gesetzen der Physik folgend, Sterne und Planeten entstanden sind.

Weil das Gas und die Dunkle Materie anfangs nahezu gleichmäßig im Raum verteilt waren und weil wir glauben, dass überall dieselben physikalischen Gesetze gelten, gehen wir davon aus, dass sich Galaxien überall auf ähnliche Weise bilden. Demnach müsste es in fernen Galaxien ähnlich geartete Sterne, Planeten, Asteroiden und Kometen geben wie in unserer Milchstraße.

Woher diese winzigen Unregelmäßigkeiten ursprünglich kamen, wissen wir noch nicht genau. Die derzeit schlüssigste Theorie besagt, dass sie als mikroskopisch kleine Quantenfluktuationen entstanden sind, die zu einem frühen Zeitpunkt durch eine sehr rasche Ausdehnungsphase, *Inflation* genannt, vergrößert wurden. All das ereignete sich einen winzigen Sekundenbruchteil nach dem Urknall.

»Ich glaube nicht, dass mir dein Ton gefällt.« Jetzt klang Reeper eher wie damals, als er noch Lehrer in Georges alter Schule gewesen war.

»Und ich glaube nicht, dass es mir gefällt, von einem sprechenden Hamster in den Weltraum katapultiert zu werden«, antwortete George schlagfertig.

»Ja, sicher«, sagte Reeper hastig. »Ich kann mir vorstellen, dass das eine ziemliche Überraschung war. Aber ich hatte keine andere Möglichkeit, Kontakt mit dir aufzunehmen.«

»Ach wirklich?«, sagte George. »Sind Sie nicht nachts in unser Haus eingebrochen und haben eine Nachricht in meinem Geschichtsbuch hinterlassen?«

»Doch, ja, stimmt«, sagte Reeper. Er wirkte ungewöhnlich nervös, ganz anders als der alte Reeper, der von seinen bösen Fähigkeiten stets völlig überzeugt gewesen war. »Es war der Versuch, dich auf mich aufmerksam zu machen. Nachdem ich Eric nebenan nicht angetroffen habe, wollte ich dir eine Nachricht hinterlassen.«

»Wenn es so wichtig war – warum sind Sie dann nicht einfach zu mir gekommen und haben mit mir geredet?«

»Weil das nicht geht«, sagte Reeper frustriert. »Ich kann nirgendwo hingehen und nichts tun. Ich sitze in der Falle. Seitdem ich in dieser Nacht zu dir nach Hause geschlichen bin, überwachen sie mich noch viel stärker. Sie wissen nicht, dass ich bei dir war, aber sie wissen, dass ich irgendwo hingegangen bin, und das hat ihr Misstrauen geweckt. Deshalb musste ich mich mit dir im Weltraum treffen. Das ist der einzig sichere Ort, um zu reden. Ich hätte dich – und vor allem Eric – unmöglich auf Erdenwegen kontaktieren können. Damit hätte ich die einzige Chance verspielt, sie aufzuhalten.«

»Wer überwacht Sie denn?«, fragte George.

»Sie«, sagte Reeper. »GEVAHR. Sie sind überall.« Während er sprach, sah er sich um, als könnten seine Überwacher an dem Asteroiden in diesem unbekannten Teil der Andromeda-Galaxie vorbeischweben. »Sie sind nicht zu sehen, die dunkle Macht. Sie sind überall ringsum.«

»Ich glaube, Sie denken eher an Dunkle Materie«, sagte George. »An das unsichtbare Material, das dreiundzwanzig Prozent des bekannten Universums ausmacht.«

»Du hast ja so recht, George«, sagte Reeper ernst. »Sie sind die Dunkle Materie der Menschheit. Man kann sie nicht sehen, aber aufgrund der Auswirkung, die sie auf ihre Umgebung haben, weiß man, dass sie da sind.« Ausnahmsweise schienen seine Worte von Herzen zu kommen – sofern er überhaupt ein Herz hatte.

»Waren sie die schwarz gekleideten Leute bei Erics Vortrag?«, wollte George wissen.

»Das waren nur ein paar von ihnen. Es gibt sehr viel mehr, ein riesiges Netzwerk. Ich war auch dort bei der Demonstration, aber ich konnte nicht an dich herankommen, also wollte ich dich über diesen Jungen auf mich aufmerksam machen, aber es hat nicht funktioniert.«

»Ich hab's doch gewusst!«, sagte George. »Ich wusste, dass Sie es sind. Aber ich kam nicht dahinter, weshalb. Ich verstehe nicht, warum GEVAHR das macht. Warum wäre es so schlimm, wenn Eric die Theorie von Allem entdecken würde? Warum wäre es so gefährlich, die Ursprünge des Universums zu verstehen?«

»Für dich und mich wäre das ein gewaltiger Schritt nach vorn. Für GEVAHR wäre es ein furchtbar schmerzlicher Schlag.«

»Wegen des Echten Vakuums und dem, was es anrichten könnte?«, fragte George.

»In Wirklichkeit glauben ihre Anführer nicht, dass das Universum von einer sich ausdehnenden Blase der Zerstörung, die am Large Hadron Collider erzeugt wird, in Stücke gerissen wird«, erklärte Reeper. »Das ist nur eine apokalyptische Schreckensvision, die sie verbreiten, um den Leuten Angst einzujagen und sie dazu zu bringen, ihrer Organisation beizutreten, um damit ihr Netzwerk zu vergrößern. Im Grunde haben sie vor etwas ganz anderem Angst.«

»Nämlich?«

Der Asteroid raste auf seiner Umlaufbahn weiter und umkreiste dabei einen extrem hellen jungen Stern, der ein paar Milliarden Jahre jünger war als unsere Sonne. George beobachtete, wie zwei hundert Meter dicke Felsbrocken mit der Wucht einer Kernexplosion zusammenkrachten. Eine Wolke von pulverisiertem Staub breitete sich aus. In diesem Sonnensystem, in dem viele solche Brocken um das Zentralgestirn kreisen, ging es recht gewalttätig zu. Irgendwann würden sich Planeten bilden und all den Schutt aufsaugen, den diese Zusammenstöße hinterlassen hatten, aber vorerst war die Umgebung hier chaotisch und gefährlich. Obwohl es sich nach allem, was Reeper gesagt hatte, so anhörte, als wäre im Moment jeder andere Ort im Universum sicherer als der Planet Erde.

»Die Anführer von GEVAHR sind überzeugt, dass Erics Experimente irgendwann andere Ergebnisse hervorbringen werden«, sagte Reeper. »Sie glauben, sobald wir die Theorie von Allem haben, werden Wissenschaftler in der Lage sein, dieses Wissen auf vielfältige Art und Weise zu nutzen. Zum Beispiel glauben sie, dass es dann möglich ist, neue Quellen für saubere und billige erneuerbare Energie zu erschließen.«

»Aber wer wollte das denn nicht?«, rief George.

»Ich habe mich in ihre geheimen Mitgliederlisten gehackt«, erklärte Reeper. »Und damit bin ich einer der wenigen Leute, die die Anführer von GEVAHR identifizieren können. Sie gehören hauptsächlich großen Unternehmen an, denen es lieber wäre, wenn wir weiterhin Kohle, Öl, Gas oder Kernenergie verbrauchen, statt nach Quellen für erneuerbare Energie zu suchen. Sie glauben, dass uns die Experimente am LHC vielleicht eines Tages Hinweise darauf liefern, wie man saubere, billige Energie erzeugen kann, und das passt ihnen nicht.«

»Ach so ist das«, sagte George. »Sie meinen die Leute, die Öl in die Weltmeere laufen lassen und die Atmosphäre durch Treibhausgase zerstören?« Er dachte an seine Eltern, die als aktive Umweltschützer engagiert für den Schutz des Planeten kämpften. Sie waren ganz normale, freundliche Menschen, die die zukünftigen Lebensbedingungen auf der Erde verändern wollten. Doch welche Chance hatten sie gegen derart mächtige Gegner?

»Nicht nur die«, sagte Reeper. »Innerhalb von GEVAHR gibt es auch eine Gruppe, die glaubt, sobald wir eine einheitliche Theorie für die vier Grundkräfte finden – eine einzige Theorie, die auf einfache Weise alle physikalischen Wechselwirkungen beschreiben kann –, hat das zur Folge, dass keine Kriege mehr geführt werden. Diese Leute glauben, wir würden dann begreifen, dass wir alle gleich sind, alle Teil derselben menschlichen Rasse. Dadurch könnte unser Bewusstsein für die Probleme auf dem Planeten Erde zunehmen, der Wettkampf um die Ressourcen könnte aufhören, und es könnte dazu führen, dass die reichen Länder den armen Staaten helfen wollen.«

»Wollen die denn keinen Frieden?« George war verblüfft.

»Nein«, sagte Reeper knapp. »Sie verdienen eine Menge Geld damit, Waffen und Kriegsgerät zu verkaufen, damit die Menschen sich gegenseitig umbringen können. Ihnen wäre es wirklich lieber, wenn wir weiterhin Kriege führen würden.«

»Noch jemand?«, fragte George.

»Na ja, es gibt da noch ein paar Astrologen, die glauben, ihre Vorhersagen würden wertlos, sobald Eric und die anderen Wissenschaftler alles erklären können. Dann könnten sie kein Geld mehr damit verdienen, dass sie anderen im Internet die Zukunft vorhersagen. Es gibt einen Fernsehprediger, der befürchtet, niemand möchte mehr von ihm errettet werden, wenn Eric Erfolg hat. Eine andere Gruppe ist aus Angst beigetreten – Angst vor der Wissenschaft und vor dem, was sie in der Zukunft anrichten wird. Und es gibt sogar ein paar Wissenschaftler.«

»Wissenschaftler?«, wiederholte George entsetzt. »Warum sollten die Mitglieder bei GEVAHR werden?«

»Na ja, nimm mich zum Beispiel«, sagte Reeper. »Ich bin kein echtes Mitglied geworden, sondern ich habe mich bei GEVAHR eingeschlichen, um sie auszuspionieren. Ich habe von dieser geheimen wissenschaftsfeindlichen Organisation gehört, und um mehr herauszufinden, bin ich einer von ihnen geworden. Mein Codename ist Isaac, nach Isaac Newton, einem der größten Naturwissenschaftler überhaupt.

Um aufgenommen zu werden, habe ich gelogen und erklärt, Eric und ich seien nach wie vor Erzfeinde. Da bisher niemand weiß, dass wir Frieden miteinander geschlossen haben, haben sie mir geglaubt und mich aufgenommen.«

»Weiß Eric, dass Sie ein Mitglied von GEVAHR sind?«, fragte George.

»Nein«, gestand Reeper. »Ich wünschte, er wüsste es. Ich wollte ihn über ihre Pläne informieren, doch dann wurde mir klar, dass ich ihn in noch größere Gefahr bringe, wenn ich mich direkt mit ihm in Verbindung setze.«

»Und wer sind die anderen Wissenschaftler?«

»Schwer zu sagen«, sagte Reeper. »Wir dürfen einander nicht treffen. Wir haben unterschiedliche Aufgaben zu erfüllen und unsere Wege kreuzen sich nie.«

»Was war Ihre Aufgabe?«

»Meine Aufgabe« – jetzt lag eine Spur Stolz in Reepers Stimme – »bestand darin, eine Bombe zu konstruieren. Eine ausgesprochen zerstörerische Bombe mit einem geradezu genialen Auslösemechanismus. Ich sollte eine Bombe bauen, die man unmöglich entschärfen kann. Bei den meisten Bomben ist es ja so, dass man die Drähte durchschneiden kann, um eine Explosion zu verhindern. GEVAHR wollte eine Bombe, deren Explosion sich auch dann nicht aufhalten lässt, wenn man die Drähte abknipst oder den Code kennt. Sie haben mir aber gesagt«, fügte Reeper hastig hinzu, »es handle sich lediglich um einen Prototyp für experimentelle Zwecke.«

»Das haben Sie doch nicht wirklich gemacht, oder?«, fragte George. »Ich meine, Sie haben doch nicht wirklich eine Bombe gebaut, die funktioniert, und sie einer gefährlichen, wissenschaftsfeindlichen Untergrundorganisation überlassen?«

»Natürlich habe ich das«, antwortete Reeper sichtlich verwundert. »Wie hätte ich eine Bombe bauen können, die nicht funktioniert?«

»Das müsste doch eigentlich sehr einfach sein«, sagte George. »Und dann könnte sie auch nichts in die Luft jagen. Problem gelöst.«

»Aber ich bin Wissenschaftler«, jammerte Reeper. »Ich kann doch nichts machen, was nicht funktioniert. Ich muss es richtig hinkriegen, sonst bin ich kein Wissenschaftler. Und das wäre …« Seine Stimme verlor sich.

»Erzählen Sie mir lieber was über diese Bombe«, sagte George und gab sich Mühe, geduldig zu bleiben.

»Also gut«, sagte Reeper wieder lebhafter. »Sie ist wirklich genial! Und sie kann alles in die Luft jagen – ich meine, wirklich alles!«

»Tja, das habe ich kapiert«, sagte George. »Reden Sie weiter.«

»Ja ja, tut mir leid«, sagte Reeper. »Also, ich habe eine Bombe mit acht Schaltern konstruiert. Um die Schalter zu aktivieren, gibt man auf einem numerischen Feld einen Code ein. Wenn man dann alle acht Schalter drückt, wird eine Überlagerung von acht Zuständen erzeugt. Sobald alle acht Schalter umgelegt sind, beginnt automatisch der Countdown.«

»Und was ist das besonders Superschlaue daran?«, fragte George.

»Da es sich um eine Bombe mit Quantenzünder handelt« – Reeper hörte sich fast etwas angeberisch an – »hat sie einen

Überlagerungszustand der verschiedenen Alternativen im Zünder erzeugt. Das bedeutet, dass jeder, der die Bombe zu entschärfen versucht, indem er eins der Kabel durchschneidet oder einen Schalter umlegt, höchstwahrscheinlich sich selbst und alle um ihn herum in die Luft jagt. Das ist der springende Punkt: Sie wollten eine Bombe, die sich nicht abschalten lässt – für den Fall, dass es innerhalb von GEVAHR Verräter gibt.«

»Das kapier ich nicht«, sagte George.

»Die Bombe ist auf eine Art und Weise scharf gemacht, dass sie sich nicht mit einem einzelnen Schalter abstellen lässt; sie befindet sich in einem Überlagerungszustand von acht verschiedenen möglichen Schaltern. Der Zünder ›entscheidet‹ erst, welcher Schalter tatsächlich verwendet wird, wenn jemand einen Schalter umlegt, um die Explosion der Bombe zu verhindern, und der Schaltkreis prüft, ob es der richtige ist. An diesem Punkt kollabiert die Wellenfunktion und wählt dabei willkürlich eine der acht möglichen Alternativen.

Selbst wenn man alle acht Schalter gleichzeitig betätigt, wird die Bombe wahrscheinlich sofort detonieren. Was ich damit sagen will: Sie explodiert, egal was man mit ihr anstellt.«

»Warum haben Sie das gemacht?«, fragte George grimmig.

»Weil ich wollte, dass jemand weiß, wie clever ich bin«, sagte Reeper trotzig. »Mir war nicht klar, dass sie vorhatten, von dem verdammten Ding Gebrauch zu machen. Sie haben behauptet, es sei nur ein Experiment.«

Teilchenkollisionen und Feynman-Diagramme

Gäbe es keine Wechselwirkungen, dann würden Teilchen, die in Beschleunigern wie dem LHC kollidieren, genauso herauskommen, wie sie eingespeist wurden. Die fundamentalen Wechselwirkungen sorgen dafür, dass sich Elementarteilchen bei Kollisionen gegenseitig beeinflussen (und sich sogar in andere Teilchen verwandeln!) können, indem sie bestimmte, verschiedene Kräfte übertragende Teilchen aussenden und aufnehmen. Diese nennt man *Eichbosonen*.

Physiker stellen solche Kollisionen mithilfe von *Feynman-Diagrammen* dar. Ein solches Diagramm zeigt, auf welche Weise Teilchen einander beeinflussen können. Ein Feynman-Diagramm beschreibt einen möglichen Teil einer solchen Kollision; um eine einzige Kollision vollständig zu beschreiben, muss man die Beiträge einer Vielzahl solcher Diagramme zusammenzählen.

Hier die einfachste Art eines solchen Diagramms: Zwei Elektronen nähern sich einander, tauschen ein einzelnes Photon aus und gehen anschließend ihrer Wege. In diesem Diagramm verläuft die Zeitachse von links nach rechts, die Schlangenlinie steht für das Photon und die geraden Linien stellen die Elektronen (e) dar. Dieses Diagramm umfasst alle Fälle, in denen sich das Photon von oben nach unten oder von unten nach oben bewegt (deshalb verläuft die Schlangenlinie senkrecht).

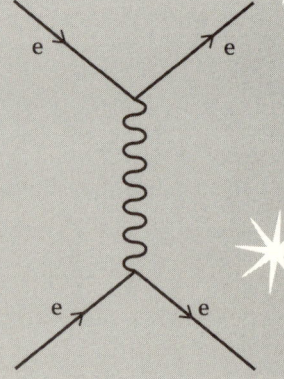

Bei komplizierteren Prozessen ist mehr als ein virtuelles Teilchen beteiligt; solche Reaktionen werden durch dementsprechend kompliziertere Feynman-Diagramme beschrieben. Hier im Beispiel haben wir zwei virtuelle Photonen und zwei virtuelle Elektronen:

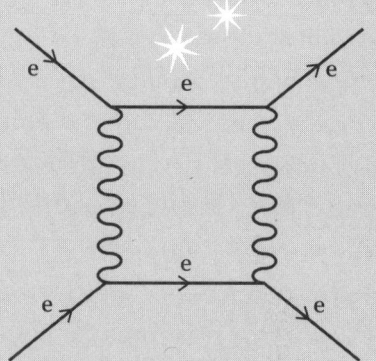

Um eine bestimmte Teilchenreaktion vollständig zu beschreiben, braucht man unendlich viele Diagramme, doch zum Glück lassen sich üblicherweise selbst dann sehr gute Näherungsaussagen treffen, wenn man nur die einfachsten Diagramme berücksichtigt. Dieses hier zeigt, was am Large Hadron Collider passieren könnte, wenn Protonen aufeinanderprallen. Die Buchstaben u, d und b stehen für Quarks, g für Gluonen.

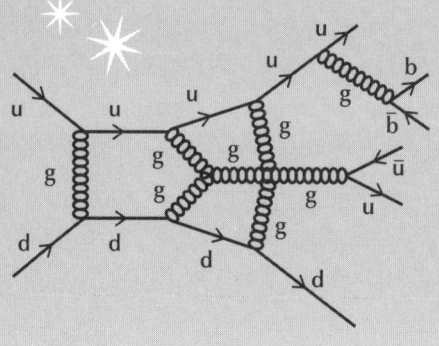

»Und wo befindet sich diese Bombe mit dem unentschärfbaren Quantenzünder?«

»Das weiß ich nicht«, sagte Reeper voller Panik. »Das ist ja das Problem. Sie ist verschwunden!«

»Wohin denn?«

»Sie haben sie fortgeschafft. Und soweit ich weiß, nachdem ich mich in ihre Computer gehackt habe, sieht es danach aus, als hätten sie die Absicht, sie einzusetzen. Wo ist eigentlich Eric?«

»Am Large Hadron Collider...«, sagte George zögernd, während ihm das Entsetzliche der Situation so richtig bewusst wurde. »Bei einem Treffen des Bündnisses der Wissenschaft zum Wohle der Menschheit. Sämtliche Vollmitglieder des Bündnisses werden da sein. Man hat sie zusammengerufen.«

»Das ist es!«, rief Reeper. »Da werden sie die Bombe zünden! Sie werden damit den LHC vernichten, und mit ihm nicht nur Eric, sondern sämtliche weltweit bedeutenden Physiker!«

»Aber... aber... aber woher konnten sie denn wissen, dass das Bündnis der Wissenschaft ein Treffen hat?«, keuchte George.

»Ich habe schon lange den Verdacht, dass es im Bündnis einen Verräter gibt«, sagte Reeper, der jetzt hastig sprach. »Einer der Wissenschaftler von GEVAHR muss auch Mitglied beim Bündnis der Wissenschaft sein. Er oder sie muss das Bündnis an GEVAHR verraten haben.«

»Und das sind garantiert nicht Sie?«, fragte George aggressiv.

»Ich bin nicht einmal mehr Mitglied des Bündnisses«, sagte

Reeper traurig. »Also kann ich es nicht sein. Man hat mir die Mitgliedschaft von vielen Jahren entzogen und ich durfte nicht wieder beitreten. Es ist jemand anderer, jemand ausgesprochen Gefährliches.«

»Warum versuchen Sie, Eric zu helfen?«, fragte George.

»Ich weiß, dass du keine gute Meinung von mir hast, George«, sagte Reeper. »Aber glaub mir, ich liebe die Wissenschaft über alles. Ich kann einfach nicht tatenlos zusehen, wie sie, nach so vielen Jahrhunderten harter Arbeit, von Idioten zunichtegemacht wird, die sich von Gier oder Vorurteilen leiten lassen. Ich bin GEVAHR beigetreten, um sie aufzuhalten. Deshalb bin ich hier.«

George schwirrte der Kopf. Konnte es sein, dass Reeper wirklich die Wahrheit sagte? Wenn ja, wäre es das erste Mal, dass sich dahinter keine tödliche Falle verbarg, die dazu diente, Eric zu vernichten und eine alte Rechnung zu begleichen. Er wandte sich wieder Reeper zu ... Aber während er in Gedanken versunken war, war etwas geschehen. Reeper schien zu verblassen und in der Schwärze der Andromeda-Galaxie zu verschwinden.

»George«, sagte er eindringlich. »Wir haben weniger Zeit, als ich dachte.«

»Was passiert mit Ihnen?«

»Ich bin nicht real.« Jetzt sprach Reeper sehr schnell.

George konnte seinen Umriss nicht mehr erkennen und Reepers Gestalt schien sich aufzulösen. »Ich bin ein computergenerierter Avatar meiner selbst. Das war die einzige Möglichkeit, mich mit dir zu treffen. Als ich weder Pooky noch Eric noch Cosmos finden konnte, bin ich in euer Haus eingedrungen und habe heimlich einen Re-Router im Erdgeschoss hinterlassen. Über diesen Re-Router habe ich Pooky dazu benutzt, mich hierher zu bringen und das Portal rechnerfern zu öffnen, um dich herzutransportieren.«

»Warum schicken Sie dann nicht Ihren Avatar zum LHC und sagen den Leuten alles?«, rief George. »Warum mich?«

»Ich kann nicht zum LHC«, sagte Reeper mit verzerrter Stimme. »Ich kann ihnen nicht noch einmal entfliehen.«

»Was ist mit der Quanten-Bombe?«, schrie George.

»Es gibt eine Möglichkeit. Ich bin ja schließlich kein Vollidiot. Ich habe eine Beobachtung gemacht. Pooky hat dir einen Code geschickt ...«

»Und was mache ich mit Pookys Code? Wie entschärfe ich die Bombe?«

Doch als einzige Antwort hörte George ein schwaches Flüstern in seinem Funkgerät: »George ...«

Und damit versank das Universum ringsum wieder in Schweigen. Wo zuvor Reeper gestanden hatte, tat sich wieder der silbrige Tunnel auf und zog George in seinen Lichtstrom.

Mit unverstellbarer Geschwindigkeit wirbelte er durch das Universum, flog Trillionen von Kilometern von Andromeda zurück in unsere Galaxie – die Milchstraße, die aus Materie und

Dunkler Materie besteht, jener geheimnisvollen dunklen Substanz, die uns umgibt, die wir aber weder sehen noch fühlen oder hören können. Während er so dahinflog, durchzuckte ihn ein Gedanke: Ich war auf der dunklen Seite, sagte er sich. Ich war im Dunkeln.

Die dunkle Seite des Universums

Eine der einfachsten Fragen, die wir stellen können, lautet: Woraus besteht die Welt?

Vor langer Zeit behauptete der griechische Philosoph Demokrit, dass alles aus unsichtbaren Bausteinen besteht, die er als *Atome* bezeichnete. Und er hatte recht. Im Lauf der letzten 2000 Jahre haben wir dann die Einzelheiten zusammengetragen.

Sämtliches Material in unserer Alltagswelt besteht aus Kombinationen der 92 verschiedenen Sorten von Atomen, die sich zum Periodensystem der Elemente anordnen lassen: angefangen bei Wasserstoff, Helium, Lithium, Beryllium, Bor, Kohlenstoff, Stickstoff, Sauerstoff bis hinauf zur Nummer 92, Uran. Pflanzen, Tiere, Gestein, Mineralien, die Luft, die wir atmen, und alles andere auf der Erde besteht aus diesen 92 Bausteinen. Wir wissen auch, dass unsere Sonne, alle anderen Planeten in unserem Sonnensystem und andere, weit entfernte Sterne aus denselben 92 chemischen Elementen bestehen. Wir kennen uns sehr gut mit Atomen aus und sind Meister darin, sie zu allem Möglichen umzuarrangieren, einschließlich meiner geliebten Pommes frites. Wie man mit Atomen die unterschiedlichsten Sachen zusammenbaut, lehrt uns die Chemie, eine Art »Lego mit Atomen«.

Inzwischen wissen wir aber, dass es da draußen sehr viel mehr gibt als nur unser Sonnensystem: ein schwindelerregend großes Universum mit Milliarden Galaxien, von denen jede aus Milliarden Sternen und Planeten besteht. Woraus besteht das Universum überwiegend? Hier kommt die Überraschung: Unser Sonnensystem und andere Sterne und Planeten bestehen zwar aus Atomen, doch das Universum als Ganzes besteht überwiegend aus ganz anderen, recht seltsamen Zutaten: aus Dunkler Materie und Dunkler Energie, die wir nicht annähernd so gut verstehen wie die Atome.

Zunächst die Zahlen: Im gesamten Universum machen die Atome 4,5 Prozent aus, die Dunkle Materie 22,5 Prozent und die Dunkle Energie 73 Prozent. Übrigens: Nur etwa ein Zehntel dieser Atome hat die Form von Sternen, Planeten oder lebenden Organismen angenommen, der Rest existiert in gasförmigem Zustand und ist zu heiß, um Sterne oder Planeten zu bilden.

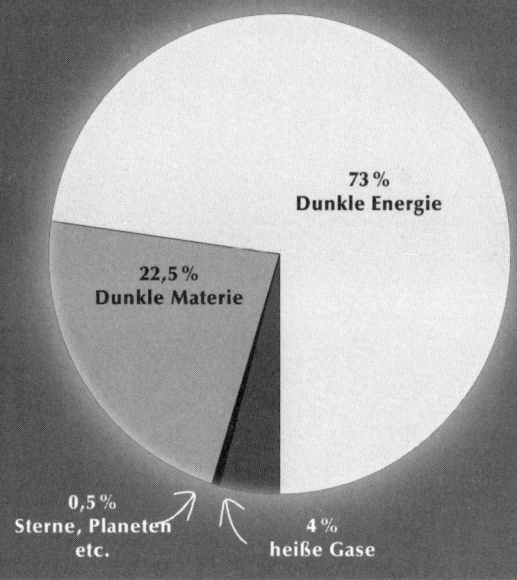

73 %
Dunkle Energie

22,5 %
Dunkle Materie

0,5 %
Sterne, Planeten etc.

4 %
heiße Gase

Beginnen wir mit der Dunklen Materie. Woher wissen wir, dass sie da ist? Was ist das überhaupt? Und wieso ist sie weder auf der Erde noch in unserer Sonne anzutreffen?

Dass sie da ist, wissen wir, weil ihre Schwerkraft unsere Galaxie, die Andromeda-Galaxie und alle anderen großen Gebilde im Universum zusammenhält. Der sichtbare Teil der Andromeda-Galaxie befindet sich in der Mitte einer zehn Mal so großen, ungefähr kugelförmigen Blase aus Dunkler Materie. Ohne die Schwerkraft der Dunklen Materie würden die Sterne, die Sonnensysteme und alles andere in den Galaxien in den Weltraum hinausfliegen.

Noch wissen wir nicht genau, woraus die Dunkle Materie besteht – ähnlich wie Demokrit, der zwar eine Vorstellung von Atomen hatte, aber keine Einzelheiten kannte. Aber einiges wissen wir doch.

Die Dunkle Materie setzt sich auf alle Fälle nicht aus denselben Bestandteilen zusammen wie die Atome (nämlich aus Protonen, Neutronen und Elektronen), sondern ist eine ganz neue Form von Materie. Es ist nicht allzu überraschend, dass wir diese Materiesorte nicht früher gefunden haben. Schließlich hat es fast 200 Jahre gedauert, die vielen unterschiedlichen Arten von Atomen nachzuweisen, und im Lauf der Zeit sind noch einige neuere Erscheinungsformen atomarer Materie entdeckt worden.

Weil die Dunkle Materie aus ganz anderen Bausteinen besteht als die Atome, nimmt sie praktisch keine Notiz von den Atomen (und umgekehrt). Und auch voneinander nehmen Dunkle-Materie-Teilchen keine Notiz. Ein Physiker würde sagen, dass Dunkle-

Materie-Teilchen sowohl mit Atomen als auch untereinander nur sehr schwach wechselwirken, wenn überhaupt. Deshalb behielt die Dunkle Materie, als die Milchstraße und andere Galaxien entstanden, die Form einer riesengroßen diffusen Wolke, während die Atome aufeinanderprallten, auf diese Weise nach und nach ins Innere der Dunkle-Materie-Wolke sanken und dort schließlich Sterne und Planeten bildeten, die fast ausschließlich aus Atomen bestehen.

Letztlich liegt es an der »Schüchternheit« der Dunkle-Materie-Teilchen, dass die Sterne, die Planeten und wir aus Atomen bestehen und nicht aus Dunkler Materie.

Trotzdem schwirren in unserer Umgebung Dunkle-Materie-Teilchen herum. So befindet sich in einer großen Teetasse zu jeder beliebigen Zeit etwa ein Teilchen Dunkle Materie. Nachprüfen lässt sich diese kühne Behauptung so: Dunkle-Materie-Teilchen sind zwar scheu, können aber in hochempfindlichen Teilchendetektoren gelegentlich verräterische Spuren hinterlassen. Mit riesigen Detektoren wollen Physiker feststellen, ob unsere Umgebung tatsächlich Dunkle-Materie-Teilchen enthält. Aufgebaut haben sie diese Detektoren tief unter der Erde, um sie von der kosmischen Strahlung, unter deren Beschuss die Erdoberfläche steht, abzuschirmen.

Noch aufregender wäre es, Dunkle-Materie-Teilchen in einem Teilchenbeschleuniger zu erzeugen, in dem entsprechend der berühmten Einstein-Formel $E = mc^2$ Energie in die Masse von Teilchen umgewandelt wird.

Am Large Hadron Collider in Genf in der Schweiz, dem leistungsfähigsten Teilchenbeschleuniger, der je gebaut wurde, versucht man, Dunkle-Materie-Teilchen zu erzeugen und nachzuweisen. Außerdem halten Satelliten am Himmel Ausschau nach Bruchstücken von Atomen, die entstehen, wenn, was äußerst selten vorkommt, Dunkle-Materie-Teilchen miteinander zusammenstoßen und dabei ganz normale Materie erzeugen (in gewisser Weise also das Gegenteil von dem, was man in den Teilchenbeschleunigern versucht).

Sollte eines oder mehrere dieser Verfahren Erfolg haben, was ich sehr hoffe, werden wir nachweisen können, dass ein Großteil der Materie im Universum aus etwas anderem besteht als aus Atomen. Wow!

Und jetzt sind wir bereit, über das größte Rätsel in der gesamten Wissenschaft zu sprechen: die Dunkle Energie. Dieses Rätsel ist so groß, dass es bestimmt auch noch diejenigen unter euch beschäftigen wird, die später Astrophysiker werden. Seine Lösung könnte selbst Einsteins Theorie der Schwerkraft, die Allgemeine Relativitätstheorie, über den Haufen werfen!

Wir wissen, dass das Universum expandiert und in den 13,7 Milliarden Jahren seit dem Urknall gewaltig gewachsen ist. Seit Edwin Hubble diesen Umstand vor über 80 Jahren entdeckte, haben Astronomen zu messen versucht, wie sehr sich die Expansion aufgrund der Schwerkraft verlangsamt. Die Schwerkraft ist die Kraft, die uns auf der Erde festhält und dafür sorgt, dass die Planeten auf ihren Kreisbahnen um die Sonne bleiben; sie ist quasi der natürliche kosmische Kitt. Die Schwerkraft ist eine Anziehungskraft: Sie zieht Dinge zueinander hin und verlangsamt daher beispielsweise den Flug von Bällen und Raketen, die von der Erde abgeschossen werden. Und deshalb müsste sich auch die Ausdehnung des Universums verlangsamen, weil schließlich alles, was da ist, alles andere anzieht.

1998 entdeckten Astronomen, dass dieser einfache, aber recht logische Gedanke völlig falsch ist; sie stellten fest, dass sich das Universum mit der Zeit nicht etwa immer langsamer ausdehnt, sondern immer *schneller*. (Dafür machten sie sich den Zeitreise-Aspekt von Fernrohren zunutze: Da das Licht Zeit braucht, um durchs Universum zu uns zu gelangen, sehen wir ferne Objekte so, wie sie vor langer Zeit waren. Mithilfe starker Teleskope wie dem Hubble-Weltraumteleskop ließ sich nachweisen, dass sich das Universum vor langer Zeit langsamer ausgedehnt hat.)

Wie ist das möglich? Nach Einsteins Theorie kann ein Universum eine Zutat haben, die noch eigenartiger ist als Dunkle Materie und eine Art abstoßender Schwerkraft erzeugt. Man nennt sie Dunkle Energie, und sie könnte etwas so Einfaches wie die Energie des Quantennichts oder etwas so Absonderliches wie der Einfluss zusätzlicher Raumzeit-Dimensionen sein. Oder vielleicht gibt es gar keine Dunkle Energie, und wir müssen lediglich Einsteins Allgemeine Relativitätstheorie durch etwas Besseres ersetzen. Die Dunkle Energie ist zum Teil deshalb ein so wichtiges Rätsel, weil sie das Schicksal des Universums bestimmt. Derzeit steigt die Dunkle Energie aufs Gaspedal und das Universum expandiert immer schneller, was darauf hindeutet, dass es sich immerzu ausdehnen wird und der Himmel in etwa 100 Milliarden Jahren wieder völlig dunkel sein dürfte.

Da wir die Dunkle Energie nicht verstehen, können wir nicht ausschließen, dass sie irgendwann in der Zukunft auf die Bremse tritt und damit dafür sorgt, dass das Universum erneut kollabiert. Diese Zusammenhänge zu erforschen und zu durchschauen, ist eine große Herausforderung für zukünftige Wissenschaftler – vielleicht sogar für dich.

Michael

KAPITEL 13

ERIC STAND im Kontrollzentrum des Large Hadron Collider vor den Monitoren der Überwachungskameras, auf denen ATLAS zu sehen war, einer der gewaltigen Teilchendetektoren am LHC, der sich hundert Meter tiefer in einer unterirdischen Halle befand. ATLAS war der größte Detektor seiner Art, der je gebaut worden war, ein kolossales Stück Technik, neben dem sich die Menschen, die dieses gewaltige Gebilde geschaffen hatten, wie Zwerge ausnahmen. Doch jetzt war der Zutritt zu dem 27 Kilometer langen Tunnel, in dem der Teilchenbeschleuniger untergebracht war, und den riesigen Hallen, in denen sich ATLAS und die anderen Detektoren befanden, verboten und sämtliche Türen waren fest verschlossen. Während der LHC in Betrieb war, durfte niemand diesen Teil der unterirdischen Anlage betreten.

Laut offiziellem Zeitplan waren es noch Wochen bis zum Beginn des großen Experiments, bei dem auch Politiker anwesend sein und den roten Knopf drücken würden. Das hier war als Generalprobe geplant, die den Wissenschaftlern dazu dienen sollte, festzustellen, ob sie auch alles bedacht hatten, und die letzten technischen Probleme aus dem Weg zu räumen, bevor das eigentliche Experiment begann. Doch alles hatte so gut geklappt, dass der Testlauf jetzt nicht mehr vom eigentlichen Experiment zu unterscheiden war. Die Protonenstrahlen kreisten bereits 11000-mal pro Sekunde in gegenläufiger Richtung durch die Röhren, wobei es zu 600 Millionen Kollisionen pro Sekunde kam, und ATLAS las unterdessen die Kollisionsdaten ein.

Obwohl der reibungslose Verlauf des gewaltigen Experiments für Eric ein Grund zur Freude hätte sein müssen, war er in einer merkwürdigen Lage und sehr allein. Seine Freunde und Kollegen waren ihm wohlgesonnen, verhielten sich aber distanziert. Bis das Bündnis die dunkle Wolke, die über seinem Ruf schwebte, beseitigt hatte, war Eric eine umstrittene Figur, der man lieber höflich aus dem Weg ging.

Noch schlimmer als das Abgeschnittensein von Seinesgleichen war für Eric die Erkenntnis, dass er drauf und dran war, seiner Arbeit entfremdet zu werden.

Der Large Hadron Collider (LHC)

CERN

CERN, die Europäische Organisation für Kernforschung, ist ein internationales Forschungszentrum für Teilchenphysik an der Grenze zwischen der Schweiz und Frankreich.

1990 begründete der CERN-Informatiker Tim Berners-Lee das World Wide Web, um es Teilchenphysikern zu ermöglichen, unkompliziert Informationen auszutauschen. Heutzutage ist das Internet für viele Menschen ein alltägliches Hilfsmittel.

CERN wurde 1954 gegründet. Seit über 50 Jahren betreibt es Teilchenbeschleuniger, mit denen Elementarteilchen erzeugt und erforscht werden.

1983 wurden bei Protonen-Antiprotonen-Kollisionen im Super Proton Synchrotron (SPS; Antiprotonen sind die Antiteilchen der Protonen) die W- und Z-Teilchen entdeckt, Überträger der schwachen Kernkraft. Das SPS ist in einem kreisförmigen Tunnel mit 7 Kilometer Durchmesser untergebracht und speist heute Protonen in den LHC ein.

1988 wurde nach drei Jahren Grabungsarbeiten 100 Meter unter der Erde ein neuer Ringtunnel mit 27 Kilometer Durchmesser fertiggestellt, in dem der Large Electron-Positron Collider (LEP) untergebracht wurde. Im LEP wurden Elektronen mit Positronen (den Antiteilchen der Elektronen) zur Kollision gebracht.

1998 begannen die Erdarbeiten für die Hallen des LHC. Im November 2000 wurde der LEP abgeschaltet; in seinem Tunnel fanden die Röhren und Magnete des neuen Teilchenbeschleunigers Platz.

Im September 2008 nahm der LHC seinen Forschungsbetrieb auf.

Der LHC

Der LHC (Large Hadron Collider, auf Deutsch: »Großer Hadronen-Speicherring«) ist der weltweit größte Teilchenbeschleuniger.

Durch den 27 Kilometer langen Ringtunnel des LHC verlaufen zwei Strahlröhren, in denen zwei Protonenstrahlen in gegenläufiger Richtung kreisen. Eine riesige elektromagnetische Rennbahn!

Aus den Rohren hat man nahezu alle Luft heraus-gepumpt und dadurch ein Vakuum wie im Weltraum erzeugt, sodass die Protonen dahinra-sen können, ohne auf Luftmoleküle zu prallen.

Weil der Tunnel gebogen ist, lenken mehr als 1200 starke Magnete die Protonen so ab, dass ihre Bahn der Biegung folgt und sie nicht gegen die Innenwände der Rohre prallen. Diese Magnete sind supraleitend; das bedeutet, dass sie mit extrem geringem Energieverlust sehr große Magnetfelder erzeugen können. Dafür ist es nötig, sie mit flüssigem Helium auf minus 271 Grad Celsius herunterzukühlen. So kalt ist es nicht einmal im Weltraum!

Insgesamt sind im LHC 9300 Magnete eingebaut.

Bei der höchsten vorgesehenen Energie werden die Protonen mit 99,99 Prozent der Lichtge-schwindigkeit 11 245-mal pro Sekunde durch den Ringtunnel rasen. Dabei wird es bis zu 600 Millionen Protonen-Kollisionen pro Sekunde geben.

Der LHC ist darauf ausgelegt, außer Protonen auch Blei-Ionen (die Kerne von Bleiatomen) kollidieren zu lassen.

Das Grid

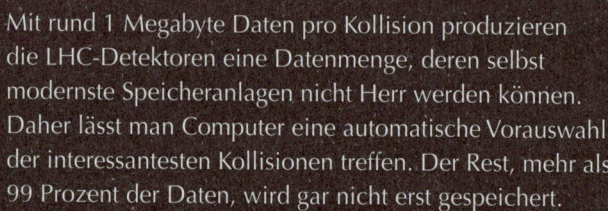

Mit rund 1 Megabyte Daten pro Kollision produzieren die LHC-Detektoren eine Datenmenge, deren selbst modernste Speicheranlagen nicht Herr werden können. Daher lässt man Computer eine automatische Vorauswahl der interessantesten Kollisionen treffen. Der Rest, mehr als 99 Prozent der Daten, wird gar nicht erst gespeichert.

Trotzdem rechnet man damit, dass die Kollisionsdaten vom LHC in einem Jahr 15 Millionen Gigabytes ergeben (damit wären 75 000 PCs mit je einer 200GB-Festplatte voll). Dadurch ergeben sich erhebliche Speicher- und Datenverarbeitungsprobleme, zumal die Physiker, die diese Daten benötigen, über die ganze Welt verstreut sind.

Das Speichern und Verarbeiten wird aufgeteilt, indem man die Daten über Internet blitzschnell an Computer in anderen Ländern schickt. Diese bilden zusammen mit den CERN-Computern das weltweite *LHC Computing Grid*.

Die Detektoren

Der LHC hat vier Hauptdetektoren, die an unterschiedlichen Stellen des Tunnels in unterirdischen Hallen
untergebracht sind. Spezielle Magnete dienen dazu, die
zwei Protonenstrahlen jeweils an den vier Stellen kollidieren zu lassen, an denen sich die Detektoren befinden.

ATLAS ist der größte Teilchendetektor, der je gebaut
wurde. Er ist 46 Meter lang, 25 Meter hoch und breit und
wiegt 7000 Tonnen. Er erlaubt die Identifikation der
Teilchen, die bei den hochenergetischen Kollisionen
entstehen, indem er die Bahn aufzeichnet, die sie durch
den Detektor nehmen, und ihre Energie bestimmt.

CMS (Compact Muon Solenoid) ist anders aufgebaut
und nutzt eine etwas andere Nachweistechnik als
ATLAS, untersucht aber ähnliche Vorgänge (mit zwei
etwas unterschiedlich arbeitenden Detektoren lassen
sich Ergebnisse besser überprüfen). Er ist 21 Meter lang,
15 Meter hoch und breit, wiegt aber 14 000 Tonnen,
also doppelt so viel wie ATLAS.

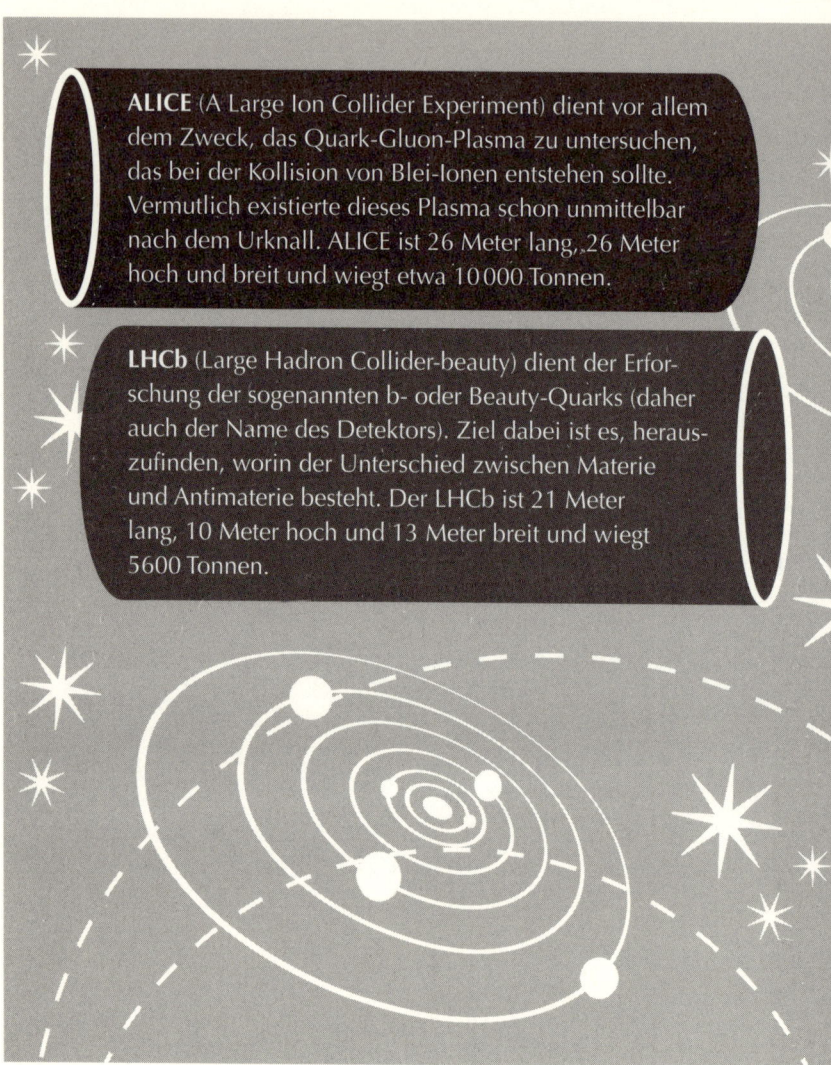

ALICE (A Large Ion Collider Experiment) dient vor allem dem Zweck, das Quark-Gluon-Plasma zu untersuchen, das bei der Kollision von Blei-Ionen entstehen sollte. Vermutlich existierte dieses Plasma schon unmittelbar nach dem Urknall. ALICE ist 26 Meter lang, 26 Meter hoch und breit und wiegt etwa 10 000 Tonnen.

LHCb (Large Hadron Collider-beauty) dient der Erforschung der sogenannten b- oder Beauty-Quarks (daher auch der Name des Detektors). Ziel dabei ist es, herauszufinden, worin der Unterschied zwischen Materie und Antimaterie besteht. Der LHCb ist 21 Meter lang, 10 Meter hoch und 13 Meter breit und wiegt 5600 Tonnen.

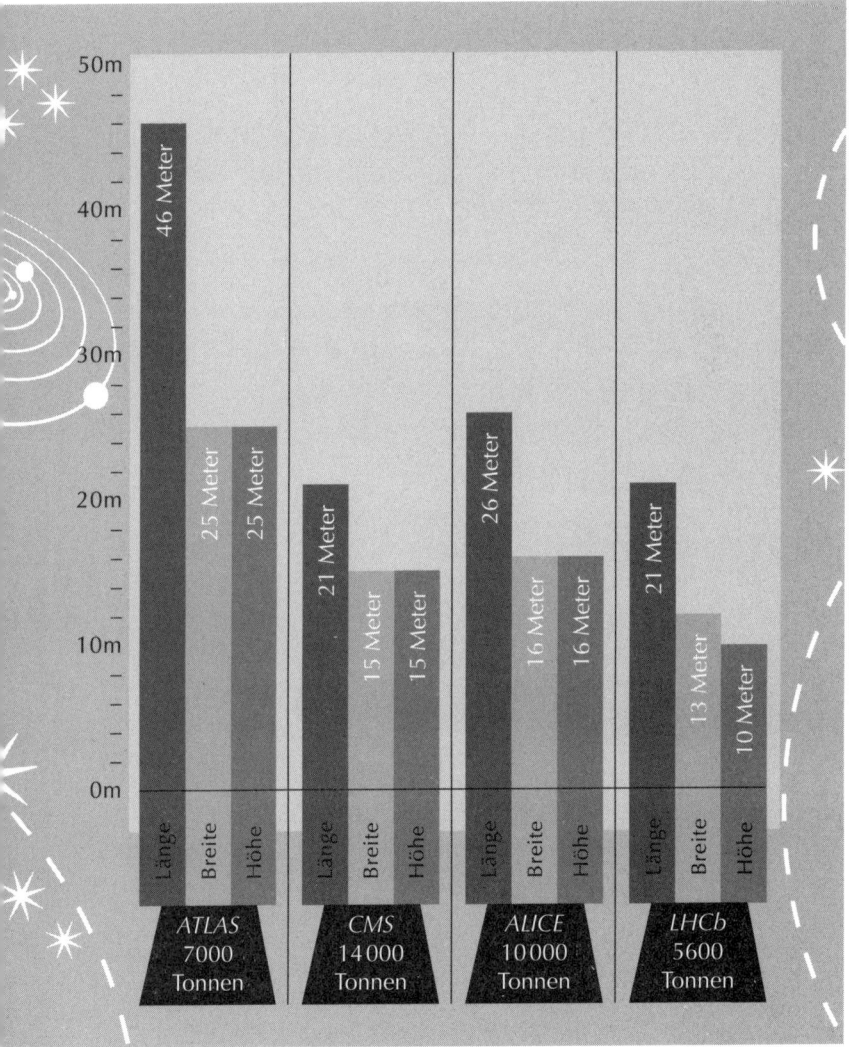

50m

40m

30m

20m

10m

0m

46 Meter
25 Meter
25 Meter

21 Meter
15 Meter
15 Meter

26 Meter
16 Meter
16 Meter

21 Meter
13 Meter
10 Meter

Länge
Breite
Höhe

Länge
Breite
Höhe

Länge
Breite
Höhe

Länge
Breite
Höhe

ATLAS
7000
Tonnen

CMS
14 000
Tonnen

ALICE
10 000
Tonnen

LHCb
5600
Tonnen

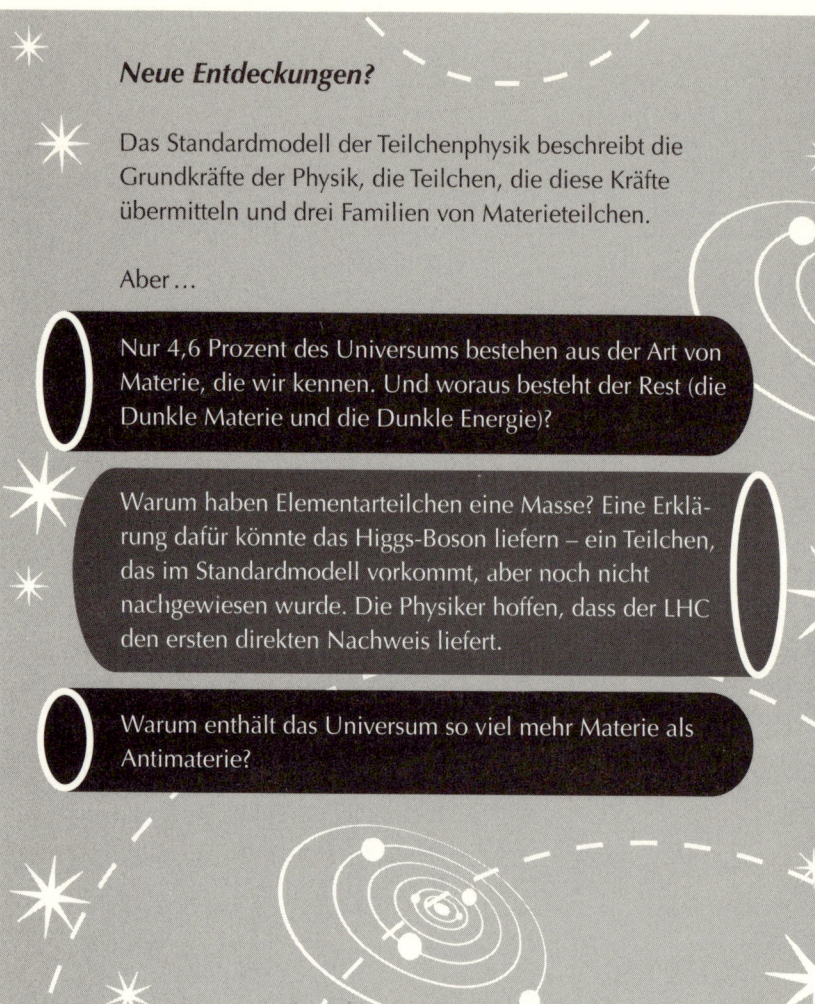

Neue Entdeckungen?

Das Standardmodell der Teilchenphysik beschreibt die Grundkräfte der Physik, die Teilchen, die diese Kräfte übermitteln und drei Familien von Materieteilchen.

Aber...

Nur 4,6 Prozent des Universums bestehen aus der Art von Materie, die wir kennen. Und woraus besteht der Rest (die Dunkle Materie und die Dunkle Energie)?

Warum haben Elementarteilchen eine Masse? Eine Erklärung dafür könnte das Higgs-Boson liefern – ein Teilchen, das im Standardmodell vorkommt, aber noch nicht nachgewiesen wurde. Die Physiker hoffen, dass der LHC den ersten direkten Nachweis liefert.

Warum enthält das Universum so viel mehr Materie als Antimaterie?

Unmittelbar nach dem Urknall waren Quarks und Gluonen für kurze Zeit so heiß, dass sie sich noch nicht zu Protonen und Neutronen verbinden konnten. Das Universum war von einem exotischen Materiezustand erfüllt, dem Quark-Gluon-Plasma. Am LHC soll dieses Plasma unter Laborbedingungen erzeugt und mit dem ALICE-Detektor nachgewiesen und untersucht werden. Auf diese Weise hoffen die Wissenschaftler, mehr über die starke Kernkraft und die frühesten Entwicklungsphasen unseres Universums zu erfahren.

Mithilfe neuer Theorien versuchen Physiker, die Gravitation (sowie Raum und Zeit) mit derjenigen Art von Quantentheorie in Einklang zu bringen, die bereits die anderen Grundkräfte und subatomaren Teilchen beschreibt. Einige Ansätze dazu gehen von der Annahme aus, dass es möglicherweise mehr als die vier bekannten Dimensionen der Raumzeit gibt. Vielleicht gelingt es durch Teilchenkollisionen am LHC, diese »Extradimensionen« sichtbar zu machen – sofern sie existieren.

Die Serie von Experimenten, die derzeit vorbereitet wurde, war von entscheidender Bedeutung und würde womöglich Antworten auf die großen Fragen der Physik liefern. Sollte sich die Versammlung jedoch gegen Eric aussprechen und ihn aus dem Bündnis der Wissenschaft ausschließen, würde er, wie ihm plötzlich bewusst wurde, sofort abreisen müssen. Dann wäre er womöglich nicht mehr hier, um den wichtigsten Augenblick in der Wissenschaft seit dem Urknall mitzuerleben. Unabhängig von den Ergebnissen des Experiments würde man ihm möglicherweise den Zugang zu den Daten verwehren. Bis sein Ruf als vertrauenswürdiger und verantwortungsvoller Kollege wiederhergestellt war, blieb er ein isoliertes, verdächtiges Individuum an den Rändern des Wissenschaftsbetriebs. Und er fragte sich, ob er selbst vor all den Jahren Dr. Reeper genau dasselbe angetan hatte. War Reeper ebenso zumute gewesen, als ihn damals alle seine Kollegen beschimpft und ausgestoßen hatten? Als Eric über seine Zukunft nachdachte, weit entfernt von der Arbeit, die er über alles liebte, wurde er ganz niedergeschlagen.

Sein Piepser meldete sich. *Versammlung heute um 19.30 Uhr. Unterirdischer Trigger-Kontrollraum*, verkündeten die aufleuchtenden Buchstaben. Eric schluckte. Endlich würde über sein Schicksal entschieden werden.

Eric hatte schon ziemlich lang warten müssen. Es hatte länger gedauert als ursprünglich gedacht, bis alle Mitglieder des Bündnisses der Wissenschaft eingetroffen waren. Und nicht einmal Cosmos leistete ihm Gesellschaft. Kaum war Eric in der Schweiz aus dem kleinen Jet gestiegen, wurde ihm der Supercomputer abgenommen. Dr. Ling, der chinesische Wissenschaftler, der Eric und George auf dem Mond entdeckt hatte, hatte ihn am Flugplatz erwartet.

»Es tut mir sehr leid, Eric«, hatte Dr. Ling gesagt, während es vom Nachthimmel herab wie aus Eimern schüttete, »aber Sie müssen mir Cosmos auf der Stelle aushändigen.« Es war ihm so peinlich, dass er Eric nicht in die Augen sehen konnte.

»Was geschieht mit ihm?«, fragte Eric.

»Er wird vom Grid eingehend untersucht werden«, sagte Ling. »Das Grid wird sämtliche Aktivitäten von Cosmos überprüfen, seit er in Ihre Obhut gegeben wurde.«

Vor Erics innerem Auge blitzte ein Bild von Freddy auf. Er fragte sich, was das Grid, dieses riesige, über die ganze Welt verteilte Rechnernetz, das die Daten vom Large Hadron Collider analysierte, davon halten mochte, dass Eric mit Cosmos' Hilfe ein Schwein von einer Farm in eine friedliche ländliche Idylle verfrachtet hatte. Und von seinem und Georges kürzlichem Ausflug auf den Mond, ganz zu schweigen von seinen diversen Reisen durchs Weltall mit nicht nur einem, sondern zwei Kindern im Schlepptau.

Das Grid war einer der mächtigsten Computer auf der Welt, aber er war nicht wie Cosmos. Comos besaß eine besondere Fähigkeit, die dem Grid völlig fehlte: Er hatte Einfühlungsvermögen, und das ermöglichte ihm, kreativ vorzugehen; damit war er der intelligenteste Computer auf der Welt. Obwohl das Grid eigentlich ein aus vielen Einzelcomputern zusammengeschaltetes Gebilde war, war es nicht in der Lage, zwischen unterschiedlichen Happen Information intuitiv Verbindungen herzustellen, wenn es dazu seine starren Regeln hätte umgehen müssen. Eric wusste, dass der schlaue kleine Cosmos in einem direkten Wettbewerb jederzeit gegen den gewaltigen Kerl gewinnen würde. Trotzdem stimmte es Eric traurig, mit ansehen zu müssen, wie man ihm seinen kleinen silbernen Freund wegnahm, um ihn einer so harten Prüfung zu unterziehen.

Während Eric im Kontrollzentrum wartete, schaute er auf die Uhr. Nicht mehr lange, bis die Versammlung über sein Schicksal entscheiden würde. Er war noch immer irritiert über die Geschwindigkeit, mit der sein Leben aus den Fugen geriet. War es denn wirklich so dramatisch, dieses Foto von ihm und George auf dem Mond? Rechtfertigte es wirklich diese außerordentliche Sitzung des Bündnisses? Machten sie da nicht aus einer kleinen Mondmücke einen Elefanten?

Ein Wissenschaftler ging an ihm vorbei, mit hoch erhobenem Kopf, um Erics Blick auszuweichen.

Eric hielt ihn auf. »Ist Professor Zuzubin da?«, fragte er besorgt. Vielleicht konnte er seinen alten Lehrer dazu bringen, den Vorfall mit Nachsicht zu beurteilen. Vielleicht könnte Zuzubin das Bündnis dazu auffordern, Eric glimpflich davonkommen zu lassen, vorausgesetzt, er versprach, so etwas nie wieder zu tun ...

»Zuzubin«, wiederholte der Wissenschaftler. »Der ist abgereist.«

»Abgereist?«, fragte Eric überrascht. »Aber ich dachte, er hat diese Sitzung einberufen. Warum ist er nicht hiergeblieben, wo das Ergebnis doch sicher sehr wichtig für ihn ist?« Der andere Wissenschaftler blieb nicht lange genug stehen, um ihm zu antworten, und so war Eric wieder allein mit seinen Gedanken.

Irgendetwas stimmte hier ganz und gar nicht. Die Zusammenkunft war zu hastig und unter einem zu fadenscheinigen Vorwand einberufen worden. Zuzubin, der anscheinend dafür verantwortlich war, hatte sich plötzlich aus dem Staub gemacht, und Cosmos war jetzt an das Grid gefesselt und wurde Schaltkreis für Schaltkreis überprüft. Plötzlich wurde Eric klar, dass hier etwas nicht so war, wie es sein sollte. Irgendetwas war hier oberfaul. Aber was konnte er tun?

Er holte sein Handy hervor. Das kleine Display war leer. Selbst hier im Kontrollzentrum wirkte sich das starke Sperrsignal des Grid aus, was bedeutete, dass man nur die internen Piepser-Verbindungen oder die LHC-Telefonanlage benutzen konnte. Plötzlich wurde ihm mit Schrecken bewusst, dass er ohnehin niemanden hätte anrufen können. Der einzige Mensch, der ihm blind geglaubt hätte, war George, und das war nun wirklich nicht der richtige Augenblick, um ein Kind in eine so schwierige und unangenehme Situation zu bringen.

Seufzend kam Eric zu der Erkenntnis, dass er sein Handy ebenso gut ausschalten konnte, ehe der Akku leer war. Er hing noch ein paar Minuten im Kontrollraum herum, hielt es dann aber plötzlich nicht mehr aus. Jetzt blieb ihm nur eines übrig. Konfrontiert mit der Reserviertheit seiner Kollegen, genervt von seiner isolierten Situation und dem Mangel an Betätigungsmöglichkeit und frustriert über die Art und Weise, wie seine Meinung ignoriert wurde, beschloss Eric, einen langen, entspannenden Spaziergang zu machen.

Rechts:
Die Pinwheel- oder Feuerrad-
Galaxie ist fast doppelt so
groß wie unsere Milchstraße.

Links:
Die zwei miteinander verschmelzenden
sogenannten Antennen-Galaxien sind
rund 62 Millionen Lichtjahre von der
Erde entfernt.

Links:
Der Sombrero-Nebel
ist eine Galaxie, die
wie ein riesiger Hut
aussieht. Vermutlich
befindet sich in
seinem Zentrum ein
schwarzes Loch.

NASA/STSCL

NASA/SWIFT/STEFAN IMMLER (GSFC) AND ERIN GRAND (UMCP)

Die Andromeda-Galaxie ist 2,5 Millionen
Lichtjahre von uns entfernt.
Auf dem Bild links ist ihre Kernregion zu sehen.

Unsere Milchstraße. Diese künstlerische Darstellung zeigt den Arches-Sternhaufen in der Nähe des galaktischen Zentrums.

NASA, ESA, S. BECKWITH (STSCI), AND THE HUBBLE HERITAGE TEAM (STSCI/AURA)

NASA, ESA, M. REGAN AND B. WHITMORE (STSCI), AND R. CHANDAR (UNIVERSITY OF TOLEDO)

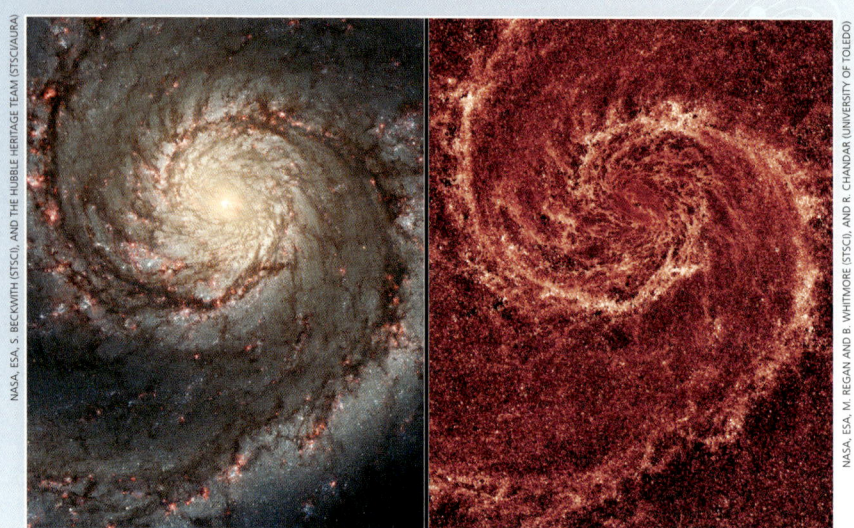

Zwei völlig unterschiedliche Ansichten der Whirpool-Galaxie M51

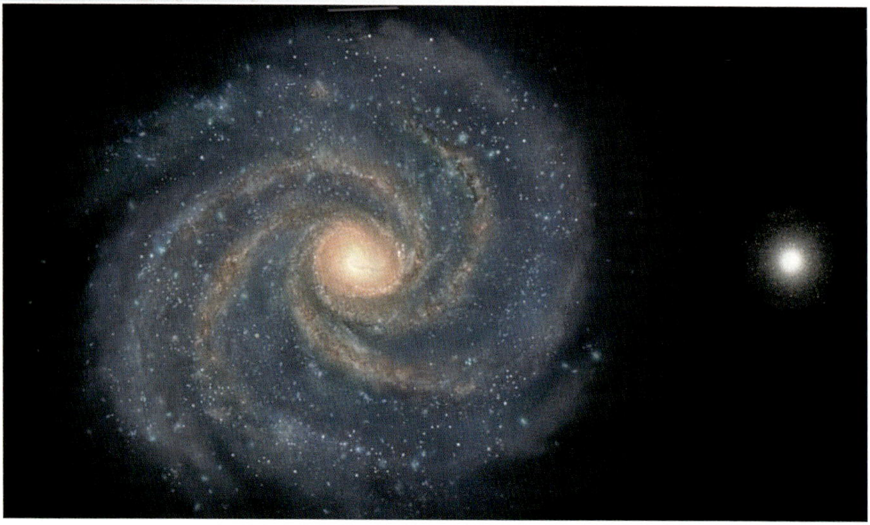

NASA, ESA, A. FEILD (STSCI), AND P. VAN DOKKUM (YALE UNIVERSITY)

Größenvergleich: links unsere Milchstraße, rechts eine extrem kompakte Galaxie aus den Anfängen des Universums. Beide enthalten dieselbe Anzahl von Sternen.

Verschiedene Entwicklungsstufen von
Spiralgalaxien, dargestellt anhand
von vier Balken-Spiralgalaxien in
unterschiedlichen Entfernungen von
der Erde

6,4 Milliarden Lichtjahre

5,3 Milliarden Lichtjahre

3,8 Milliarden Lichtjahre

2,1 Milliarden Lichtjahre

Eine kosmologische Kuriosität: Hanny's Voorwerp (auf Deutsch etwa »Hannys Objekt«) ist der einzig sichtbare Teil eines rund 300 Lichtjahre langen Schweifs aus Gas, der sich um eine Spiralgalaxie windet.

KAPITEL 14

GEORGE SCHOSS aus dem silbernen Tunnel, landete auf dem Bauch und schlitterte noch ein paar Meter über den Boden seines Schlafzimmers. Keuchend lag er da, dann merkte er, dass er hier ebenso wenig allein war wie auf dem Asteroiden. Diesmal erwarteten ihn zwei paar Füße in Turnschuhen. Er rollte sich auf den Rücken. Durch das Sichtfenster in seinem Raumhelm blickten zwei verschwommene und wegen des gekrümmten Glases verzerrte Gesichter auf ihn herunter. Eines war von blonden Haaren umrahmt und hatte weit aufgerissene blaue Augen, die besorgt dreinschauten. Das andere, gekrönt von einem Kamm schwarzer Haarstacheln, sah total verblüfft aus.

»George« – die kleinere Gestalt schüttelte ihn – »du bist wieder da! Du hättest nicht allein gehen dürfen!«

Wer waren diese Leute? George gab sich alle Mühe, sie einzuordnen. Ihm war, als wäre er ihnen schon einmal in einem merkwürdigen Traum begegnet, aber er konnte sich nicht mehr erinnern, weshalb und woher er sie kannte. Lichter tanzten vor seinen Augen, während er gegen die bunten, sich ständig verschiebenden Wolken in seinem Kopf ankämpfte, um irgendwelche klaren Gedanken fassen zu können. Aber sie lösten sich in seinem Hirn alle in Nebel auf, bevor er auch nur einen von ihnen zu fassen bekam und sich einen Reim darauf machen konnte, was mit ihm los war.

Die größere Gestalt packte George an den Händen, die noch in den Raumhandschuhen steckten, und zog ihn auf die Beine. Aber George konnte nicht aufrecht stehen. Es war, als wären seine Knochen geschmolzen und seine Muskeln zu Pudding geworden.

»O Mann«, sagte die größere Gestalt und fing George auf, ehe er zu Boden knallte. George sah sie abwechselnd klar und dann wieder verschwommen, und das kreiselnde silbrige Licht aus dem Tunnel wirbelte noch immer vor seinen Augen. »Woher kommst du? Was war *das* denn?«

George, der sich benommen umschaute, konnte gerade noch sehen, dass sich das Portal wieder geschlossen hatte und Pooky still und reglos war. Nur diese beiden Tatsachen schienen für sein verwirrtes Hirn irgendwie von Bedeutung zu sein. Jetzt hielt ihn die fremde Person in ihren Armen, schleifte ihn zum Bett und legte ihn hin. Er steckte noch immer in seinem Raumanzug und der Sauerstoffbehälter drückte unangenehm im Rücken. Ein paar Hände öffneten den Verschluss seines Raumhelms und nahmen ihn ab, dann wischten sie ihm mit einer Ecke der Steppdecke das schweißnasse Gesicht ab.

»Wasser!«, rief die kleinere Gestalt. »Hol ihm ein Glas Wasser!«

Die zweite Gestalt rannte aus dem Zimmer und kam mit einem Becher zurück. »Da, trink.« Sie flößte George ein paar Tropfen ein.

Die kleine Person zerrte an Georges Weltraumstiefeln. »George! Ich bin es, Annie. Komm schon, Vincent, hilf mir!«, befahl sie. »Wir müssen ihn aus dem Raumanzug rausholen.«

Die beiden nahmen je einen Stiefel, öffneten die Schnallen und zogen. Dann kippten sie mit einem dumpfen Knall nach hinten um, als sie Georges Füße mit einem Ruck aus den schweren Stiefeln befreiten. Doch dadurch ließen sie sich keine Sekunde lang aufhalten, sondern standen rasch wieder auf und eilten zu George, der von Minute zu Minute schlechter aussah. Sein Gesicht war schneeweiß, die Wangen jedoch mit hellrosa Flecken gesprenkelt, und seine Augen, die er vergebens auf die beiden zu richten versuchte, irrten unstet durch den Raum.

»Was ist nur los mit ihm?«, rief Vincent, als Annie George aufsetzte und den Sauerstoffbehälter von seinem Rücken abschnallte.

»Mach den Reißverschluss auf«, befahl sie.

Vincent zog den Reißverschluss des Raumanzugs herunter

und zerrte Georges Arme heraus. »Steh auf«, sagte er, während er George hochhob, um ihm den Raumanzug ausziehen zu können, unter dem Georges T-Shirt und seine Jeans zum Vorschein kamen.

George hing schlaff in Vincents Armen, als hätte er keine Knochen im Leib. Vorsichtig legte Vincent ihn wieder aufs Bett und wischte ihm mit einem T-Shirt, das am Boden lag, das erneut mit Schweißperlen bedeckte Gesicht ab.

»Der Anzug!«, rief Annie. »Gib mir den Anzug!« Vincent warf ihr den schweren Anzug zu und sie durchwühlte die Taschen. »Wo ist es bloß?«, murmelte sie.

»Er sieht nicht besonders gut aus«, sagte Vincent besorgt. »Soll ich einen Arzt rufen?«

Annie schaute auf. »Und was willst du ihm sagen?«, fragte sie verzweifelt. *»Unser Freund ist gerade aus dem Weltall zurückgekommen und fühlt sich nicht wohl?* Wie könnten wir ihm klarmachen, dass er unerlaubt durch ein Portal, das offenbar gefährlich war, ins Weltall gereist ist?« Ihre Stimme klang hysterisch.

Jetzt rann grünlicher Speichel aus Georges Mund und lief ihm übers Kinn.

»Hilf mir!«, sagte Annie. »Hilf mir, die Weltraum-Notfalltropfen zu suchen. Sie müssen in einer dieser Taschen sein.«

Vincent glitt vom Bett und packte die andere Hälfte des Raumanzugs, klopfte ihn überall ab, in der Hoffnung, in seinen Tiefen etwas zu ertasten. »Ist es das?« In einer Ärmeltasche hatte er ein Plastikfläschchen entdeckt. WELTRAUM-NOTFALLTROPFEN stand in fröhlichen roten Buchstaben darauf. Vincent las den Text auf dem Etikett laut vor. *»Benötigen Sie ein Weltraum-Heilmittel? Hatten Sie ein unangenehmes Erlebnis im All? Übelkeit? Gestörtes Sehvermögen? Muskeln wie Pudding? Haarausfall?«* Besorgt schaute Vincent zu George hinüber, der offenbar noch alle Haare auf dem Kopf hatte.

»Gib her!«, rief Annie.

»Hast du das schon mal genommen?«, fragte Vincent argwöhnisch mit Blick auf die Flasche.

»Hab's nie gebraucht«, gab sie zu. »Aber Dad hat immer gesagt, wenn uns nach einem Ausflug ins All übel ist, sollen wir das nehmen.«

Vincent warf ihr das Fläschchen zu. George zuckte inzwischen heftig. Annie träufelte aus der Tülle des Fläschchens vorsichtig ein paar Tropfen in Georges Mund. Etwas von der bernsteinfarbenen Flüssigkeit sickerte zwischen seinen tauben Lippen hervor, die allmählich blau wurden.

»Bitte, all ihr Planeten und Sterne«, murmelte Annie, »macht, dass das Zeug hilft.« Vorsichtig träufelte sie George noch ein paar Tropfen in den Mund.

»Hast du dich wegen der Dosis vergewissert?«, fragte Vincent.

»Das ist schon okay«, sagte sie. »Das Fläschchen enthält nur eine Dosis, man kann also nicht zu viel davon nehmen. Hat Dad jedenfalls gesagt.«

Während sie sprach, wurden Georges Lippen langsam wieder rosa, und sein weißes, rosa gesprenkeltes Gesicht nahm nach und nach wieder seine gewohnte gesunde Farbe an. Seine Atmung verlangsamte sich, das hastige Keuchen wich einem sanften Luftholen, und seine Augenlider begannen zu zucken, als die Notfallmedizin durch seinen Organismus floss und all das wieder regulierte, was durch den Weltraumausflug durcheinandergeraten war.

»Ach, George!«, rief Annie und brach in Tränen aus. Vincent trat auf sie zu und umarmte sie. Im selben Moment schlug George die Augen wieder auf.

»Was zum ...?«, murmelte George.

Annie und Vincent sprangen auseinander und huschten auf beide Seiten des Bettes.

»Gott sei Dank, George! Du lebst!« Annie gab ihm einen feuchten Kuss auf die Wange.

Georges Kopf wummerte. »Annie ...?«, fragte er unschlüssig. »Bist du das?«

»Ja, ich bin's«, sagte sie voller Freude. »Und Vincent«, fügte sie hinzu. »Wir haben dich gerettet! Du bist im Raumanzug durch irgendeinen komischen Tunnel gekommen und hattest einen Anfall.«

»Einen Anfall?«, wiederholte George, der sich von Sekunde

zu Sekunde kräftiger fühlte. Er setzte sich auf und schaute sich in seinem Schlafzimmer um.

»Du hast gesabbert«, ergänzte Vincent hilfsbereit. »Und deine Augen haben verrücktgespielt.«

George legte sich wieder aufs Bett und schloss die Augen. Das war alles höchst sonderbar. Er versuchte sich ins Gedächtnis zu rufen, was geschehen war, aber das einzige Bild, das er klar vor Augen hatte, war Annie, die Vincent umarmte, als er aus seinem leuchtend bunten Delirium erwacht war.

»George«, drängte sie ihn. »Wo warst du? Was hast du ohne uns im Weltraum gemacht?«

»*Uns?*«

»Ohne mich und Vincent«, sagte Annie leicht ungeduldig, nachdem sie sah, dass mit George wieder alles in Ordnung war. »Hättest du doch nur gewartet, dann wären wir mitgekommen. Als du am Telefon nicht mehr geantwortet hast, haben wir uns sofort auf den Weg zu dir gemacht.«

»Und wie seid ihr ins Haus gekommen?« Georges Gehirn hatte sich noch nicht so weit erholt, dass es größere Zusammenhänge herstellen konnte. Es konnte nur das verarbeiten, was unmittelbar um ihn herum vorging.

Geheul von unten beantwortete die Frage. »Deine Mum und die Zwillinge«, sagte Annie. »Daisy hat uns reingelassen.«

»Weiß sie was? Von dem Raumportal?«, fragte George und setzte sich erschrocken auf.

»Nein, sie ist zu sehr mit den Babys beschäftigt. Die machen so viel Geschrei, dass sie wahrscheinlich nichts gehört hat«, sagte Annie.

»Da, trink.« Vincent gab George einen Becher Wasser.

George trank einen riesigen Schluck und hätte ihn um ein Haar wieder ausgespuckt. »Was ist *das* denn?«, fragte er angewidert.

»Tut mir leid«, sagte Vincent. »Das ist der Zahnputzbecher. Er war das Erste, was mir untergekommen ist.«

»Los«, drängte Annie. »Komm schon, George, du musst trinken! Wo warst du überhaupt? Und wieso?«

Schlagartig bekam George einen klaren Kopf. Blitzschnell kehrte die Erinnerung an alles zurück, glasklar und mit größter Dringlichkeit.

»Bei allen supersymmetrischen Strings …«, sagte er langsam. Das war der Lieblingsausruf von Emmet, dem Computerfreak. Mit einem Blick auf Annie und Vincent überlegte er, was er sagen sollte. »Kann ich dir vertrauen, Vincent?«

»In Anbetracht dessen, was er gerade mitbekommen hat«, sagte Annie und legte ihren Arm um George, »bleibt dir kaum was anderes übrig. Außerdem hat er geholfen, dir das Leben zu retten. Jetzt sag schon, George, was ist da draußen passiert?«

George überlegte kurz. Hier ging es um mehr als um seine Gefühle. Auch wenn er Vincent nicht supergern hatte, war der Karate-Crack nun mal da und wusste offenbar alles.

George holte tief Luft. »Ich habe Reeper getroffen«, erklärte er.

»Dann hat er also da draußen auf dich gewartet«, sagte Annie.

»Das ist dieser unheimliche Kerl, stimmt's?«, fragte Vincent, griff nach Georges Zahnputzbecher und trank einen Schluck.

»Genau«, antwortete George. »Er hat mich zu einem Asteroiden in der Andromeda-Galaxie gebracht.«

»Andromeda!«, quiekte Annie. »Wow! So weit weg war ich noch nie.« Es klang fast ein bisschen neidisch.

»Würde ich auch nicht empfehlen.« George verzog das Gesicht. »Ich glaube nicht, dass Pookys Portal irgendwelche Sicherheitskontrollen überstehen würde.«

»Du hast ganz schön wüst ausgesehen, Mann«, sagte Vincent bewundernd. »Anscheinend bist du aus hartem Holz geschnitzt.«

»Äh, danke«, sagte George.

In dem Moment klopfte seine Mutter an der Tür und streckte den Kopf herein. »Ich bringe euch ein paar Brokkoli-Spinat-Muffins.« Sie reichte ihnen einen Teller herein.

»Danke, Mrs Greenby«, sagte Annie, nahm ihr rasch den Teller ab und verstellte die Tür, bis Daisy, gerufen vom erbosten Geschrei eines Zwillings, nach unten verschwunden war.

»Die sehen köstlich aus!«, rief Annie ihr nach.

Vincent, der immer Hunger hatte, fiel mit einem leisen Freudenschrei über die Muffins her. Als er in den ersten hineinbiss,

verwandelte sich sein begeisterter Gesichtsausdruck in Verblüf-
fung.

»Meine Güte!«, rief er mit vollem Mund.

Annie versetzte ihm einen Tritt, ehe er eine abfällige Bemerkung über Daisys Kochkünste machen konnte. Es war in
Ordnung, wenn sie und George darüber lachten, aber plötzlich
wurde ihr klar, dass es nicht in Ordnung war, wenn Vincent sich
über Georges Mutter lustig machte.

»Ich wollte nur sagen, das schmeckt wie richtiges Energie-
futter«, versicherte ihr Vincent. »Wie das Zeug, das wir vor Ka-
ratewettkämpfen essen. Kein Wunder, dass George ein Kerl aus
Stahl ist, wenn er sich von diesem Zeug ernährt.«

»Wie viel Uhr ist es?«, fragte George.

Vincent schaute auf seine Uhr. »Sechs nach fünf«, antwortete er.

»Fünf Uhr! Wir haben nicht mehr viel Zeit! Moment mal,
wie viel Uhr ist es in der Schweiz?«

»Sechs nach sechs«, sagte Vincent.

»Also gut, jetzt müssen wir uns beeilen«, sagte George, so
schnell er konnte. »Annie, du hast mir gesagt, dass die Zusammenkunft des Bündnisses heute Abend um halb acht stattfindet. Reeper sagte, dass GEVAHR eine Bombe hat – eine Bombe
mit Quantenzünder –, und ich möchte wetten, sie ist so einge-
stellt, dass sie losgeht, sobald das Treffen angefangen hat, sodass
der Large Hadron Collider und alle, die sich dort versammelt

haben, ins Jenseits befördert werden und die Wissenschaft um Jahrhunderte zurückgeworfen wird.«

»Eine Bombe mit Quantenzünder?«, fragte Annie ungläubig. Sie sah fast so elend aus wie George noch wenige Minuten zuvor. »Was ist das denn?«

»Na ja, ich weiß zwar, was es ist, aber ich bin nicht sicher, wie man die Bombe entschärft«, gestand George. »Wir nehmen das lieber mal mit.« Damit griff er nach Pookys Ziffernfolge. »Ich bin nicht sicher, aber es könnte der Code sein, um die Detonation zu verhindern. Oder jedenfalls einer davon.«

»Woher willst du wissen, dass Reeper die Wahrheit gesagt hat?«, fragte Annie. »Das können wir nicht mit Bestimmtheit wissen, aber ich glaube, diesmal ist er auf unserer Seite. Und auf der von Eric. Reeper möchte verhindern, dass diese Irren, die wir in dem Keller gesehen haben, als wir nach einem neuen Zuhause für Freddy gesucht haben, den LHC und alle Leute dort in die Luft jagen.«

»Aber wie könnt ihr diesem Kerl trauen?«, warf Vincent ein. »Hat er euch in der Vergangenheit denn nicht immer hintergangen?«

Annie hatte ihr Handy aus der Tasche geholt. Sie versuchte ihren Vater anzurufen, bekam aber keine Verbindung. Sie konnte nicht einmal eine Nachricht hinterlassen.

»Ich weiß nicht, ob wir das können«, sagte George, »aber wir müssen es riskieren. Wenn wir nichts unternehmen, wird der

LHC höchstwahrscheinlich heute Abend während der Zusammenkunft des Bündnisses der Wissenschaften in die Luft fliegen.«

»Aber wie sollen wir da rechzeitig hinkommen?«, rief Annie. »Dazu bräuchten wir ein Portal und Cosmos haben wir nicht mehr.«

»Es gibt noch ein Portal«, sagte George, in dessen Kopf sich schlagartig alles zusammenfügte, weil er das fehlende Puzzleteilchen gefunden hatte, nach dem er seit seinem Besuch im Institut für Theoretische Physik gesucht hatte.

»Wo denn?«, fragte Annie verwirrt. »Ich dachte, Cosmos ist der einzige Supercomputer auf der Welt — mal abgesehen von Pooky, der zu gefährlich ist.«

»Du hast recht«, pflichtete George ihr bei. »Pooky können wir nicht noch mal benutzen, denn wir wissen nicht, wie er funktioniert, und außerdem ist sein Portal Schrott. Aber wir wissen, wie man den *neuen* Cosmos benutzt, und das bedeutet, dass wir vielleicht auch mit dem *alten* Cosmos umgehen können.«

»Dem alten Cosmos?«

»Erinnert ihr euch an Erics Vortrag?« Georges Hirn arbeitete jetzt mit Lichtgeschwindigkeit. »Dieser miese Professor Zuzubin war auch da. Er ist derjenige, der Eric befohlen hat, in die Schweiz zu fahren, und er ist derjenige, der die Versammlung des Bündnisses der Wissenschaft zum Wohle der Menschheit einberufen hat.«

»Und?«, fragte Annie. »Was willst du damit sagen?«

»Als wir das Institut verlassen haben, ist Zuzubin uns nicht nach draußen gefolgt«, sagte George. »Statt das Gebäude zu verlassen, ist er die Treppe hinuntergegangen.«

»Und?«

»Dein Dad hat uns doch erzählt, dass zu seiner Studentenzeit in Foxbridge der alte Cosmos, der erste Supercomputer, im Keller des Instituts für Theoretische Physik untergebracht war. Und nach dem Vortrag habe ich Zuzubin die Treppe in den Keller hinuntergehen sehen, während wir durch den Haupteingang hinausgingen. Und zuvor habe ich auf seiner Nase eine gelbe Brille gesehen, genauso eine wie die, die Eric gefunden hat, als er in das schwarze Loch gefallen ist. Was bedeutet, dass jemand im Universum unterwegs ist und Sachen verliert.«

»Und um das zu tun, muss er einen Supercomputer haben«, sagte Annie, die allmählich begriff. »Du glaubst also, dass sich der alte Cosmos im Keller des Mathematischen Instituts befindet und Zuzubin ihn benutzt hat, um ...«

»Aber Annies Dad war doch vor Urzeiten Student«, bemerkte Vincent. »Bestimmt ist dieser Computer längst nicht mehr in Betrieb.«

»Genau das sollen wir glauben«, sagte George. »Wir sollen glauben, dass der alte Cosmos nicht mehr funktioniert. Aber wenn er funktioniert und es Zuzubin ermöglicht, in schwarze Löcher zu schauen, dann könnte er uns auch rechtzeitig zum

Large Hadron Collider bringen, um die quantenmechanische Bombe zu entschärfen.«

»Aber wieso sollte Zuzubin ein solches Geheimnis für sich behalten?«, fragte Annie.

»Weiß ich auch nicht …« In Georges Stimme lag eine düstere Vorahnung. »Aber das werden wir vermutlich rausfinden. Jetzt müssen wir so schnell wie möglich ins Institut für Theoretische Physik. Zuzubin wird bei dem Treffen am LHC sein, also müssten wir den alten Cosmos ausprobieren können.«

Zwei Stufen auf einmal nehmend, polterten er und Annie die Treppe hinunter, liefen zur Haustür hinaus und schnappten sich ihre Fahrräder. Vincent folgte ihnen auf den Fersen. »Was ich nicht begreife …«, sagte Annies Freund, während er auf sein Skateboard sprang, »wieso theoretische Physik? Da schreibt man doch einfach nur einen Haufen mathematische Formeln an die Tafel. Was hat das mit dem Universum zu tun? Was nützt Mathe denn schon irgendwem?«

Mathematik ist erstaunlich nützlich, um das Universum zu verstehen

Ganz offensichtlich sind einige Dinge in unserer Alltagswelt einfach und andere kompliziert. Wir wissen, dass die Sonne jeden Tag pünktlich aufgeht, aber Wetteränderungen sind lästigerweise recht unberechenbar – es sei denn, man lebt wie ich in Arizona, wo es fast immer warm und sonnig ist. Man kann also abends den Wecker stellen und sicher sein, dass man am nächsten Morgen zur richtigen Zeit aufwacht, doch wenn man sich zu früh für eine bestimmte Kleidung entscheidet, kann man sich ziemlich vertun. Die Dinge, die einfach, regelmäßig und verlässlich sind, lassen sich in *Zahlen* ausdrücken, wie die Anzahl von Stunden, die ein Tag hat, oder die Anzahl der Tage eines Jahres. Wir können auch Zahlen verwenden, um komplizierte Dinge wie das Wetter zu beschreiben – etwa die Höchsttemperatur an einzelnen Tagen –, doch in diesem Fall ist es oft schwierig, ein Muster in den Zahlen zu erkennen.

Unsere Vorfahren haben viele Muster in der Natur erkannt: nicht nur Tag und Nacht, sondern auch die Jahreszeiten, die Bewegungen des Mondes, der Sterne und der Planeten am Himmel sowie Ebbe und Flut. Manchmal haben sie diese Muster mit Zahlen dargestellt, manchmal aber auch mit Liedern oder Gedichten. Viele Völker des Altertums gaben sich große Mühe, die Bewegung von Himmelskörpern zu beschreiben. Sie sagten gern Sonnenfinsternisse voraus – jene beängstigenden, aufregenden Ereignisse, bei denen der Mond das Sonnenlicht auslöscht und man bei Tag die Sterne sehen kann. Zu wissen, wann eine Sonnenfinsternis eintreten würde, erforderte viel langweiliges Rechnen, und nicht immer stimmte das Ergebnis. Wenn aber doch, waren die Menschen beeindruckt.

Vor langer Zeit wusste niemand, weshalb Zahlen und einfache Muster so häufig in der Natur auftreten. Doch vor etwa 400 Jahren begannen ein paar Leute die Muster genauer zu untersuchen. Vor allem in Europa gab es wunderschöne, kunstvoll gefertigte Instrumente, mit denen man sehr genau beobachten und messen konnte. Die Menschen besaßen Uhren und Sonnenuhren und alle möglichen Metallgeräte zum Messen von Entfernungen, Winkeln und Zeit. Irgendwann hatten sie auch kleine Fernrohre. Diese neugierigen Menschen nannten sich *Naturphilosophen* – heute würde man sie als Wissenschaftler bezeichnen.

Ein besonderes Rätsel gab den Naturphilosophen die *Bewegung* auf. Zunächst schien es zweierlei Arten von Bewegung zu geben: die der Sterne und Planeten am Himmel und die der Gegenstände auf der Erde. Jedermann weiß, dass ein Ball, den man wirft, eine gekrümmte Bahn beschreibt, und man braucht nicht allzu viele Versuche, um festzustellen, dass diese Bahn immer gleich ist, wenn der Ball mit derselben Geschwindigkeit und im selben Winkel geworfen wird.

Natürlich wussten unsere Vorfahren recht gut, dass sich bewegende Körper einen einfachen, vorhersagbaren Weg nehmen. Schließlich hing ihr Leben davon ab. Jäger mussten sich darauf verlassen können, dass sich ein geschleuderter Stein oder ein abgeschossener Pfeil heute ebenso verhalten würde wie gestern.

Die australischen Ureinwohner, die Aborigines, waren so schlau, dass sie einen flachen, gebogenen Stock entwickelten – den Bumerang –, der, wenn man ihn wirft, eine bestimmte Bahn beschreibt und zum Werfer zurückkehrt.

Im 16. Jahrhundert ging die Mathematik bereits über einfache Arithmetik hinaus; sie umfasste Algebra und andere raffinierte Rechenmethoden. Damit konnten die Naturphilosophen Gleichungen aufstellen, mit denen sich viele in der Natur vorkommende Muster beschreiben ließen, zum Beispiel Kurven wie die der Flugbahnen von Pfeilen und Bällen. So beschreibt beispielsweise eine einfache Gleichung einen Kreis, eine leicht abgewandelte Gleichung einen abgeflachten Kreis, Ellipse genannt, und wieder eine andere den Bogen eines Seils, das zwischen zwei Pfosten hängt. Mithilfe dieser weiter fortgeschrittenen Mathematik ließen sich Unmengen unterschiedlicher Muster nicht nur mit Worten beschreiben, sondern mithilfe von Formelzeichen und Gleichungen, die man aufschreiben und abdrucken konnte, sodass andere Wissenschaftler und Mathematiker sie studieren konnten.

Nützlich war bei alledem, dass es sich nach wie vor nur um eine Beschreibung der in der Natur vorkommenden Regelmäßigkeiten handelte, nicht um eine Erklärung. Der große Durchbruch begann in Italien zu Beginn des 17. Jahrhunderts mit der Arbeit von Galileo Galilei. Jedermann weiß, dass ein Gegenstand, den man aus einiger Höhe fallen lässt, schneller und immer schneller zu Boden saust. Galileo wollte es genauer wissen: Um wie viel schneller fällt dieser Gegenstand nach einer Sekunde, zwei

Sekunden, drei Sekunden …? Welche Gesetzmäßigkeit steckt dahinter? Die Antwort fand er durch Experimente heraus, bei denen er Gegenstände fallen ließ und die Zeit maß. Er ließ Bälle geneigte Bahnen herunterrollen, was viel langsamer und leichter ging. Dann setzte er sich mit seinen Messergebnissen hin und wandte etwas Arithmetik und Algebra an, bis er eine einzige Formel fand, die die *Beschleunigung* sämtlicher fallenden Körper korrekt wiedergibt, also die Art und Weise, wie diese beim Fallen immer schneller werden.

Galileos Formel ist ziemlich einfach: Wenn ein Körper aus dem Ruhezustand fällt, nimmt seine Geschwindigkeit proportional zu der Zeit zu, die er fällt. Das bedeutet, dass er nach zwei Sekunden genau doppelt so schnell fällt wie nach einer Sekunde. Und noch etwas: Wenn der Körper aus einiger Höhe in einem Winkel geworfen statt nur fallen gelassen wird, fällt er zwar auf die gleiche Weise in Richtung Boden, bewegt sich aber zusätzlich noch waagrecht. Galileos Formel besagt, dass der Weg des fallenden Körpers dann eine *Parabel* beschreibt, eine jener Kurven, die die Mathematiker damals bereits aus der Geometrie kannten.

Der entscheidende Schritt kam, als der englische Naturforscher Isaac Newton herausfand, auf welche Weise Gegenstände wie Bälle ihre Bewegung ändern (also schneller oder langsamer werden), wenn sie von Kräften geschoben oder gezogen werden. Dafür fand er eine sehr einfache Gleichung.

Die Kraft, die bei Galileos fallenden Körpern eine Rolle spielt, ist natürlich die *Schwerkraft*. Diese Kraft bekommen wir ständig zu spüren. Newton behauptete, dass die Erde alles nach unten zu ihrem Mittelpunkt zieht, und zwar mit einer Kraft, die proportional ist zu der Menge Materie, die ein Körper enthält (genauer: zur *Masse* des Körpers). Damit erklärte Newtons Gleichung, die Schwerkraft und Beschleunigung miteinander in Verbindung brachte, Galileos Formel für fallende Körper.

Doch das war erst der Anfang. Newton behauptete auch, dass nicht nur die Erde, sondern jeder Körper im Universum – Sonne, Mond, Planeten, Sterne und sogar Menschen eingeschlossen – jeden anderen Körper mit einer Kraft anzieht, die mit dem *Kehrwert des Abstandsquadrats* schwächer wird. Einfacher gesagt, ist die Anziehungskraft bei *doppelter* Entfernung vom Zentrum der Erde (oder der Sonne oder des Mondes) nur noch ein *Viertel* so stark, bei *dreifacher* Entfernung ein *Neuntel* und so weiter.

Mit dieser Formel sowie seiner Gleichung für den Zusammenhang zwischen Schwerkraft und Beschleunigung konnte Newton mit ein bisschen cooler Mathematik (die er zum Teil selbst erfand) berechnen, wie sich Planeten und Kometen, angezogen durch die Schwerkraft der Sonne, um diese bewegen. Er rechnete auch aus, dass sich der Mond um die Erde bewegt. Und alle Ergebnisse stimmten! Mehr noch, sogar die *Formen* der Umlaufbahnen beschrieb er bei seinen Berechnungen richtig. Zum Beispiel hatten Astronomen gemessen, dass die Umlaufbahnen der Planeten Ellipsenform haben; zu demselben Ergebnis war der große Newton allein aufgrund seiner Berechnungen gekommen. Kein Wunder, dass alle Welt ihn für ein Genie hielt.

Die entscheidende Bedeutung von Newtons Erkenntnissen über Bewegung und Schwerkraft liegt jedoch tiefer. Er erklärte seine

Formel für die Schwerkraft und seine Gleichung für Schwerkraft und Beschleunigung zu *Naturgesetzen*, was heißt, dass sie überall im Universum und zu allen Zeiten gleichermaßen gelten müssten und sich nie verändern – ähnlich wie Gott, an den Newton glaubte. Vor Newton glaubten manche Menschen, die Bewegung von Körpern auf der Erde – etwa Bällen und Booten und Vögeln – hätte nichts mit der Bewegung von Himmelskörpern wie dem Mond und den Planeten zu tun. Inzwischen wissen wir, dass alle diese Körper denselben Gesetzen gehorchen. Andere Wissenschaftler hatten Bewegung *beschrieben*, Newton hingegen hat sie in Form mathematischer Gesetze *erklärt*.

Praktisch betrachtet, bedeutete dies einen gewaltigen Sprung vorwärts, denn jetzt konnte man zu Hause sitzen und berechnen, wie sich ein bestimmter Körper bewegen würde, ohne ihn je gesehen oder den Raum verlassen zu haben. Zum Beispiel könntest du berechnen, wo eine Kanonenkugel landet, wenn sie mit einer bestimmten Geschwindigkeit in einem bestimmten Winkel abgefeuert wird. Du kannst ausrechnen, wie schnell sie von der Erde wegfliegen müsste, um nicht mehr zurückzukommen. Mit Newtons einfachen Gleichungen finden Techniker genau heraus, wie man eine Rakete ausrichten muss, um ein Raumfahrzeug auf den Mond oder den Mars zu schicken – lange bevor sie überhaupt das Geld haben, um diese Rakete zu bauen. Auf diese Weise wurde die Physik, die Lehre von den Grundgesetzen des Universums, zu einer *vorhersagenden* Wissenschaft. Physiker konnten mit ihren Gleichungen jonglieren und Dinge und Geschehnisse vorhersagen, von denen vorher niemand wusste, etwa die Existenz unbekannter Planeten. Den Planeten Neptun hat man entdeckt, nachdem Astronomen mit den Newton'schen Gesetzen berechnet hatten, wo am Himmel er sein müsste, und heute nutzen wir diese Gesetze, um die Existenz von Planeten vorherzusagen, die andere Sterne umkreisen.

Bald schon begannen Physiker diese Gedanken auf andere Kräfte wie Elektrizität und Magnetismus zu übertragen, und siehe da, wie sich herausstellte, gehorchen auch diese einfachen mathematischen Gesetzen. Dann erforschte man Atome und ihre Kerne, und auch diese lassen sich bis in alle Einzelheit mit mathematischen Formeln erklären. Deshalb stehen inzwischen auch eine Menge Formeln in den Physikbüchern.

Einige Physiker fragen sich, ob das ewig so weitergeht oder ob sich diese vielen Gesetze und Gleichungen irgendwie zu einem Supergesetz verbinden lassen, das alle anderen umfasst. Ziemlich viele schlaue Leute haben die Gleichungen unter die Lupe genommen, um Verbindungen aufzuspüren, und auch ein paar gefunden, die sich als richtig erwiesen.

Ein berühmtes Beispiel lieferte der schottische Physiker James Clerk Maxwell im 19. Jahrhundert. Er fand heraus, dass sich die Gesetze für Elektrizität und Magnetismus miteinander verknüpfen lassen, und als das geschehen war, löste er die Gleichungen und entdeckte, dass die kombinierte *elektromagnetische* Kraft elektromagnetische Wellen erzeugen kann. Nachdem er die Geschwindigkeit dieser Wellen berechnet hatte, stellte er fest, dass sie sich mit Lichtgeschwindigkeit fortbewegen. Bingo! Licht muss also eine elektromagnetische Welle sein, schloss er daraus.

Die Suche nach einem Supergesetz, das *sämtliche* Kräfte in sich vereint, geht weiter. Jetzt ist ein wirklich schlauer junger Kopf nötig, der alles unter einen Hut bringt.

Als Schuljunge schwärmte ich für ein hübsches Mädchen namens Lindsay. Eines Tages machte ich meine Physikhausaufgabe und musste berechnen (also vorhersagen), in welchem Winkel man einen Ball werfen muss, damit er möglichst weit oben auf einem bestimmten Hang landet. Lindsay, die Kunst als Hauptfach hatte, saß mir gegenüber in der Schulbibliothek, was mich freute, aber auch ein bisschen nervös machte. Sie fragte mich, was ich da machte, und als ich ihr das Problem schilderte, meinte sie verwundert: »Wie willst du rausfinden, wie sich ein Ball verhält, wenn du nur Zahlen auf ein Blatt Papier schreibst?« Damals hielt ich das für eine dumme Frage. Immerhin war das meine Hausaufgabe. Aber tatsächlich hatte Lindsay ein wichtiges Thema angesprochen. Wie ist es möglich, dass wir mit einfachen mathematischen Gesetzen Dinge, die ringsum in der Welt vor sich gehen, beschreiben und sogar vorhersagen können? Woher kommen diese Gesetze? Wieso gibt es überhaupt Gesetze in der Natur? Und selbst wenn es sie aus irgendeinem Grund geben muss, warum sind sie dann so einfach (wie das Gesetz vom Kehrwert des Abstandsquadrats)? Viel eher könnten wir uns ein Universum mit mathematischen Gesetzen vorstellen, die so raffiniert und kompliziert sind, dass sie selbst den cleversten Mathematiker verblüffen würden.

Kein Mensch weiß, warum sich das Universum mit einfacher Mathematik erklären lässt oder warum das menschliche Gehirn schlau genug ist, das alles zu ergründen. Vielleicht haben wir einfach Glück. Manche Menschen glauben, dass es einen göttlichen Mathematiker gibt, der das Universum so erschaffen hat. Doch Wissenschaftler halten nicht viel von Göttern. Könnte es sein, dass nur dann Leben entstehen kann, wenn das Universum einfachen mathematischen Gesetzen gehorcht? Dass die Natur mathematisch sein *muss*, sonst wären wir gar nicht da und könnten darüber debattieren? Vielleicht gibt es viele Universen, jedes mit anderen Gesetzen als unseres, und einige vielleicht ganz ohne nennenswerte Gesetze. Dort gäbe es dann vielleicht auch keine Wissenschaftler und Mathematiker. Oder vielleicht doch.

Ehrlich gesagt, ist das alles ein Rätsel, und die meisten Wissenschaftler betrachten es nicht als ihre Aufgabe, sich darüber den Kopf zu zerbrechen. Sie nehmen die Naturgesetze einfach als Tatsache hin und fahren mit ihren Berechnungen fort.

Ich gehöre nicht zu denen. Ich liege nachts wach und wälze diese Gedanken in meinem Kopf. Ich hätte gern eine Antwort. Doch ob es nun einen Grund für die mathematische Einfachheit des Universums gibt oder nicht – klar ist, dass Physiker und Mathematiker eng damit verwoben sind und dass wir immer Menschen brauchen werden, die Experimente machen, und solche, die sich mit Mathematik auskennen. Und beide sollten lieber auch weiterhin miteinander reden!

Paul

Kapitel 15

GEORGE UND Annie traten wie wild in die Pedale, vorbei an Foxbridges eigenartig geformten Hochburgen der Gelehrsamkeit, und Vincent fuhr in anmutigen Schlangenlinien neben ihnen her. Die Stadt war voller wunderschöner alter Gebäude, in denen Gelehrte seit Jahrhunderten großartige Theorien entwickelt und einer Welt, die nur manchmal etwas davon wissen wollte, das Universum mit all seinen Wundern erklärt hatten.

Einige der Colleges sahen aus wie Festungen – aus gutem Grund. Im Lauf der Jahrhunderte waren sie zeitweise gezwungen gewesen, ihre Tore zu verriegeln, um die aufgebrachten Massen auszusperren, die auf die neuen Erkenntnisse der Gelehrten zum Teil sehr erbost reagierten. Etwa auf die Schwerkraft. Oder die Tatsache, dass sich die Erde um die Sonne dreht und nicht etwa umgekehrt. Die Evolution. Den Urknall. Die Doppelhelix-Struktur der DNA. Oder die Möglichkeit, dass in anderen Universen Leben existiert. Die Wände dieser Colleges waren dick und die Fenster darin winzig, um die Menschen im Inneren vor der realen und oft unfreundlichen Außenwelt zu schützen.

Die drei Kinder schossen in den Innenhof des Mathematischen Instituts, warfen die Räder gegen das schwarze Geländer und rannten die Treppe zum Haupteingang hinauf. Heute waren die Glastüren unbewacht, und niemand hielt sie auf, als sie in die Eingangshalle stürmten. Dort empfing sie nur der vertraute Geruch nach Kreidestaub und alten Socken und das ferne Klappern eines Teewagens, der abgeräumt wurde.

»Vergiss den Lift!«, zischte Annie, als Vincent sich anschickte, den Knopf zu drücken. »Der macht zu viel Lärm. Wir nehmen die Treppe.«

Vincent stellte sein kostbares Skateboard unter der Anschlagtafel in der Halle ab, an der Ankündigungen für interessante Veranstaltungen hingen – zum Beispiel über DOPPELT-PERIODISCHE MONOPOLE: DREIDIMENSIONALES INTEGRABLES SYSTEM oder DAS FRÜHE UNIVERSUM: PHASENÜBERGÄNGE! –, und dann gingen sie auf Zehenspitzen die Treppe in den Keller hinunter. George vorweg, Annie hinter ihm und zuletzt Vincent.

Als sie am Fuß der Treppe ankamen, stellten sie fest, dass die matte Beleuchtung im Keller bereits eingeschaltet war. Sie konnten einigermaßen bis ans andere Ende des großen Raums sehen. Wie sich herausstellte, war er voller Gerümpel: altes Büromobiliar, ausrangierte Computer, kaputte Stühle, ramponierte Schreibtische und Unmengen von 500-Blatt-Packen Endlospapier. Vorsichtig tasteten sie sich durch das unglaubliche Durcheinander vorwärts, geleitet vom Geräusch eines Computers, der irgendwo hinter dieser Schrotthalde vor sich hin summte. Bald wurde ihnen klar, dass sie nicht allein im Keller waren. Über das Summen des Computers hinweg hörten sie eine sehr deutliche und sehr menschliche Stimme.

»Nein!« Ein frustrierter Aufschrei. »Warum lässt du mich nicht tun, was ich will, du blöder Computer?«

Als sie sich vorsichtig weitertasteten – Annie und George vorweg und Vincent, der größer war, beherrscht hinter ihnen –, sahen sie durch den ganzen Krempel hindurch einen alten Mann in einem Tweedanzug, der sich an einem gewaltigen Computer zu schaffen machte. Dieser nahm die ganze Kellerwand ein und war ein echtes Fossil mit einzelnen Abteilungen, einer Art Schranktüren und gewaltigen, aufeinandergestapelten Apparatetürmen. In der Mitte befand sich ein Überwachungsbildschirm, auf dem sich der alte Mann anscheinend einen Film ansah. Das Bild nahm nur die obere Hälfte des Monitors ein, über die untere lief in leuchtend grünen Buchstaben auf schwarzem Hintergrund ein Text.

»Das ist Professor Zuzubin«, flüsterte George Annie ins Ohr. »Er ist hier! Aber er müsste doch eigentlich beim Large Hadron Collider sein, denn er hat gesagt, zu dem Treffen kommen alle Mitglieder des Bündnisses der Wissenschaft zum Wohle der Menschheit, und das schließt ihn mit ein.«

»Was macht er denn da?«, gab Annie flüsternd zurück. Gespannt sahen sie zu, wie Zuzubin die Unterzeilen rückwärts laufen ließ, sodass die Wörter in umgekehrter Richtung unten am Bildschirm entlangrollten. Er drückte auf PLAY und der Film begann noch einmal von vorn. Er zeigte einen Mann, der wie eine sehr viel jüngere Ausgabe von Zuzubin aussah und vor einem rappelvollen Hörsaal neben einem alten Overheadprojektor stand.

»Das ist der Hörsaal, in dem dein Dad gesprochen hat«, sagte George zu Annie. »Und das ist Zuzubin, der eine Vorlesung in Foxbridge hält.«

»Er hatte früher mal Dads Job«, murmelte sie. »Er war hier Professor für theoretische Physik.«

»Vielleicht will er ja seinen alten Job zurück«, murmelte George grimmig. Was er da sah, gefiel ihm gar nicht. »Schau, da unter den Zuhörern ist dein Dad!«

In dem Film war gerade ein junger Mann mit dichtem schwarzem Haarschopf, schief sitzender Brille und breitem Lächeln aufgestanden.

»Das ist wirklich mein Dad«, sagte Annie, und Tränen traten ihr in die Augen. »O mein Gott! Ich kann gar nicht glauben, dass er mal so jung war. Aber was will er?«

Der alte Cosmos beantwortete ihnen diese Frage. »Professor

Zuzubin«, sprach er mit seiner Automatenstimme die Worte nach, die der junge Eric auf dem Bildschirm tonlos sagte, »ich habe nachgewiesen, dass Ihre Theorie eine Schwachstelle hat.« Dabei machte er, typisch für Eric, ein Gesicht, als müsste Zuzubin sich über seine Bemerkung freuen.

Der Zuzubin im Film lächelte zwar, aber das Lächeln erstarrte, als hätte man es ihm mit Sekundenkleber ins Gesicht gepappt.

Eric fuhr mit der Stimme des alten Cosmos fort: »Ich habe nachgewiesen, dass das Modell des Universums, das Sie vorschlagen, die schwache Energiebedingung verletzt. Es muss eine Anfangssingularität gegeben haben.«

Zuzubins Nasenflügel auf dem Monitor bebten zornig.

»Bellis«, sagte der alte Cosmos emotionslos, während der Text gleichzeitig über den Bildschirm lief, »Ihre Theorie über den Urknall ist interessant, lässt sich aber unmöglich beweisen.«

»Das glaube ich nicht«, entgegnete der junge Eric. »Die kürzlich entdeckte Mikrowellen-Hintergrundstrahlung spricht direkt für die Urknall-Theorie. Außerdem bin ich fest davon überzeugt, dass es eines Tages möglich sein wird, ein großes Experiment aufzubauen, mit dem sich zeigen lässt, dass die Theorien, die ich hier in Foxbridge mit meinen Kollegen entwickelt habe« – dabei deutete er bescheiden auf die Personen, die um ihn herum saßen – »mit der Realität in Einklang stehen.«

Singularitäten

Eine Singularität liegt vor, wenn die Mathematik, die die Physiker anwenden, völlig versagt. Nähert man sich zum Beispiel dem Zentrum eines schwarzen Lochs – einer bestimmten Art von Singularität –, dann wächst die Krümmung der Raumzeit ins Unendliche, und genau im Zentrum versagen die Gesetze der Mathematik (sie fordern nämlich, durch Null zu teilen, was, wie jeder weiß, nicht erlaubt ist).

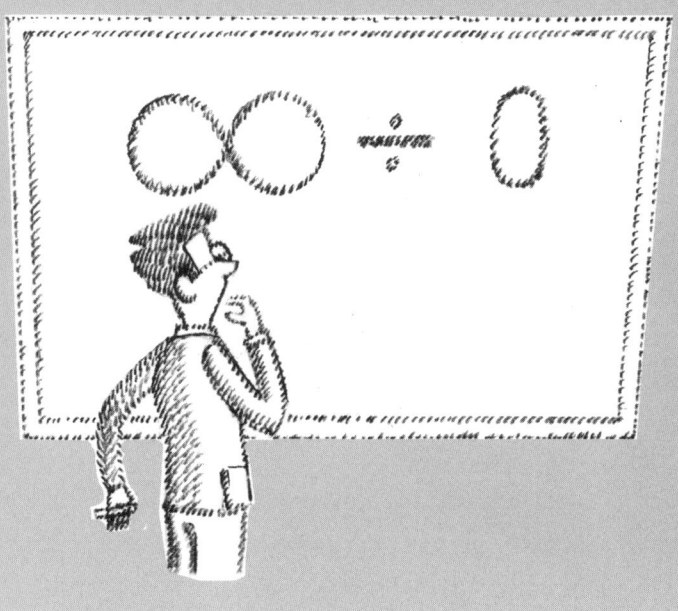

Manchmal geht man bei physikalischen Berechnungen von einer Annahme aus, die sich an einem bestimmten Punkt als falsch erweist, und stößt allein aus diesem Grund auf eine Singularität. Sobald man das begriffen hat, kann man die Berechnung so anpassen, dass der Fehler behoben wird, die Mathematik ordentlich funktioniert und die Singularität verschwindet. Erfolg!

Die interessanteren Singularitäten sind schwieriger zu beseitigen und legen den Schluss nahe, dass dafür eine neue Theorie nötig ist. Zum Beispiel tauchen die Singularitäten schwarzer Löcher und die Urknallsingularität in der Mathematik der Allgemeinen Relativitätstheorie auf. Vielleicht brauchen wir eine Theorie mit einer ganz anderen Mathematik, um zu verstehen, was wirklich vor sich geht und wie sich schwarze Löcher und der Urknall vernünftig beschreiben lassen.

In diesem Bereich wird intensiv geforscht – in der Hoffnung, dass eine Theorie von Allem diese Singularitäten beseitigen kann.

Der Urknall

Die Krümmung der Raumzeit wird **unendlich.**

Die Dichte der Materie wird **unendlich.**

Die Temperatur wird **unendlich.**

Der Raum, der all das enthält, was wir ringsum im Universum sehen, schrumpft auf die Größe null.

Verfolgen wir die Wege aller Teilchen, die wir sehen, in der Zeit zurück, kommen wir hier an ihr Ende.

Die Urknallsingularität bezeichnet man auch als *Anfangssingularität*, weil sie dem Beginn der Zeit entspricht.

Der echte Zuzubin drückte auf PAUSE und das Bild blieb stehen. Wie wild hämmerte er auf die Befehlstasten von Cosmos' Tastatur ein. Auf dem Bildschirm erschien ein kleiner Pinsel. Zuzubin schwenkte ihn mithilfe einer Maus, die er an den alten Cosmos angeschlossen hatte. Der kleine Pinsel fegte wild über das Bild, aber nichts veränderte sich.

»Pah!«, rief Zuzubin aus. »Warum funktioniert das nicht?«, murmelte er. »Wenn das so ist, versuche ich eben was anderes ...«

Er löschte den gesamten Text, den man auf dem Bildschirm sah. Stattdessen fügte er hektisch einen neuen ein: *Das stimmt nicht. Die Eigenschaften des Zuzon-Teilchens sind der Schlüssel zum Verständnis des Verhältnisses zwischen den vier Grundkräften und der Entstehung von Materie. Ich sage voraus, dass jedes Experiment mit der Menge an Energie, die Sie vorschlagen, mit einer dramatischen, lebensbedrohlichen Explosion enden wird. Diese wird beweisen, dass meine Theorien über die Beschaffenheit der Elementarteilchen und die Dynamik des Universums richtig sind.*

Doch kaum hatte Zuzubin den neuen Text eingetippt, bewegte sich der Cursor zurück, löschte ihn wieder und ersetzte ihn durch den ursprünglichen Text.

»Das ist kein Film«, murmelte George. »Das ist die Vergangenheit! Mithilfe von Cosmos sieht er sich selbst in der Vergangenheit bei einer Vorlesung, die er in Foxbridge gehalten hat.

Links und unten:
Eine Säule aus kaltem
Wasserstoffgas und Staub
innerhalb des Carina-Nebels

Oben:
Eine Aufnahme in sichtbarem
Licht (verschiedene Farben für
unterschiedliche Gase)

Unten:
Eine Infrarotaufnahme
(die Farben kennzeichnen
unterschiedliche
Wellenlängen)

NASA, ESA, N. SMITH (U. CALIFORNIA, BERKELEY) ET AL., AND THE HUBBLE HERITAGE TEAM (STSCI/AURA)

Kosmische Eisskulpturen im Carina-Nebel

Der Adlernebel im
Sternbild Schlange

Der Emissionsnebel NGC 6888 im Sternbild Schwan

© DANIEL LÓPEZ, IAC

Sternenkinderstuben im Sternbild Orion

Eine interstellare Gaswolke, die in den Raum hinein expandiert. Sie stammt von einer gewaltigen Supernova-Explosion.

Und er versucht, die Ereignisse von damals zu verändern. Wie es aussieht, hat er Cosmos so eine Art Fotoshop-Programm aufgespielt, mit dem er das, was er vor Jahren gesagt und getan hat, verändern kann.«

»Aber wieso?«, fragte Annie.

»Damit es so aussieht, als hätte er vorhergesagt, was geschehen wird«, sagte George. »Er benutzt Cosmos, um die Vergangenheit so zu verändern, dass sich seine Theorien als richtig erweisen und die deines Vaters als falsch. Und er möchte darlegen, dass er die Explosion des Large Hadron Collider vorhergesagt hat.«

Zuzubin konzentrierte sich so auf sein Tun, dass er nicht das mindeste Geräusch von den Kindern mitbekam. Doch als plötzlich Georges Handy klingelte und die Erkennungsmelodie von *Krieg der Sterne* durch den Keller schallte, konnte selbst er das nicht überhören.

George reagierte blitzschnell. Er ließ das Telefon fallen und schubste es mit dem Fuß zu Vincent hinüber, der sich bückte, um es aufzuheben, auf den roten Hörer drückte und den Klingelton auf »lautlos« stellte.

Aber es war zu spät. Zuzubin hatte sie entdeckt. Verblüfft drehte er sich um, und dann lächelte er, als er die beiden Augenpaare sah, die hinter dem sorgfältig aufgetürmten Berg von Gerümpel hervorsahen, der ihm dazu diente, den ursprünglichen Supercomputer vor dem Rest der Welt zu verbergen.

»Ach, George«, sagte er und entblößte grinsend seine Zähne. »Und sieh da, meine kleine Freundin Annie. Kommt her, meine lieben Kinder. Kommt näher, kommt! Dich habe ich schon als Baby auf den Knien geschaukelt, Annie, von mir hast du nichts zu befürchten.«

George und Annie blieb nichts anderes übrig, als vorzutreten. Vincent, dem klar wurde, dass Zuzubin ihn möglicherweise nicht bemerkt hatte, blieb geduckt hinter dem alten Mobiliar stehen. Wenn er sich im Keller verstecken konnte, so seine Überlegung, könnte er Annie und George vielleicht helfen, falls sie in Schwierigkeiten gerieten. Vincent hatte nicht viel von dem begriffen, was der alte Wissenschaftler gesagt und getan hatte, doch ihm war klar, dass man jemandem, der die Vergangenheit zu verändern versuchte, um sich selbst ins Recht zu setzen und jemand anderen ins Unrecht, nicht trauen konnte.

»Annie«, gurrte Zuzubin. »Wie groß du geworden bist! Und so erwachsen! So klug! Wie schön, dich wiederzusehen. Aber warum so bekümmert, Kinder? Warum so ängstlich? Was kann Professor Zuzubin für euch tun? Sagt es mir, meine Lieben. Ihr könnt mir vertrauen.«

George kniff Annie in den Arm, um sie davon abzuhalten, etwas zu sagen, aber es nützte nichts. Annie war so verzweifelt, dass sie jedem glaubte, der ihr weismachte, er könne helfen.

»Professor Zuzubin ...«, sagte sie mit bebender Stimme.

Der alte Mann griff hinter sich und schaltete heimlich den

Monitor des alten Cosmos aus, sodass von dem Film aus der Vergangenheit nichts mehr zu sehen war.

»Wir müssen zum Large Hadron Collider«, fuhr Annie fort. »Dort wird bald etwas Schreckliches passieren! Wir müssen meinen Dad retten! Sie müssen uns mithilfe des alten Cosmos zum LHC schicken, damit wir rechtzeitig dort sind, um zu verhindern, dass die Bombe losgeht.«

»Dein Vater ist in Schwierigkeiten?« Zuzubin gab sich besorgt. »Eine Bombe? Der LHC? Nein, das glaube ich nicht. Doch nicht Eric, ganz sicher nicht...« Er beäugte George argwöhnisch, während er verstummte.

»Sag nichts mehr...«, raunte George Annie zu, aber Zuzubin hörte ihn.

»Weshalb denn nicht?«, sagte er. »Eric war mein Lieblingsschüler, mein größter Erfolg. Wenn er meine Hilfe braucht, wäre es mir eine Ehre und ein Vergnügen, sie ihm zuteilwerden zu lassen.« Er verbeugte sich tief, um seine Worte zu unterstreichen.

Annie wandte sich an George. »Wir haben keine andere Wahl«, sagte sie ungestüm. »Es gibt niemanden sonst, den wir fragen könnten.«

»Ihr wollt also zum LHC?«, fragte Zuzubin aalglatt. »Überhaupt kein Problem. In weniger als einer Sekunde seid ihr dort.« Mit der rechten Hand tippte er ein paar Befehle in die Tastatur, während seine linke auf einer Art Tür lag, die in den riesigen

Computer führte. »Wenn ich diese Tür öffne«, schnurrte Zuzubin, »bringt Cosmos euch direkt dorthin, wo ihr sein solltet – direkt an euer wahres Ziel. Du, Annie, kannst die Heldin des Tages werden. Du, Annie, wirst alle Probleme lösen und dafür sorgen, dass alles gut wird.«

Annies Augen leuchteten. Dieses eine Mal wäre sie die Heldin. Dieses eine Mal wäre sie diejenige, auf die es ankommt, diejenige, die die rettende Idee hat. Nicht ihr Dad, nicht ihre Mum und nicht George, sondern sie.

»Ich werde es tun«, sagte sie wild entschlossen. »Bringen Sie mich zum LHC!«

»Aber du kannst dich doch nicht allein auf den Weg machen«, sagte Zuzubin kopfschüttelnd. »Dein kleiner Freund wird dich schon begleiten müssen. Ihr müsst zusammen reisen, sonst kann Cosmos euch nicht transportieren.«

»Annie…« George zerrte verzweifelt an ihrem T-Shirt. »Nicht! Das ergibt doch keinen Sinn!«

»Das ist mir egal«, erklärte Annie. »Professor Zuzubin, geben Sie Cosmos den Befehl und schicken Sie uns« – sie drehte sich zu George um und warf ihm einen wütenden Blick zu – »zum LHC.«

»Was ist mit Raumanzügen?«, fragte George verzweifelt. »Wir haben keine.«

»Ihr begebt euch ja nicht ins Weltall«, sagte Zuzubin in demselben schmierigen Ton, »wozu also solltet ihr welche brauchen? Ihr springt ja nur kurz von einem Land in ein anderes. Ihr tretet durch dieses Portal« – seine Hand lang auf dem Türknauf – »und taucht im Handumdrehen wohlbehalten an eurem Ziel auf. Das verspreche ich euch. Ich schwöre bei meinem Eid als Mitglied des Bündnisses der Wissenschaft zum Wohle der Menschheit, dass ich die Wahrheit sage.«

»Siehst du?«, sagte Annie. »Er hat den Eid geschworen – den Eid, den auch du abgelegt hast, den ich abgelegt habe, den Dad und alle seine Wissenschaftlerkollegen abgelegt haben. Er würde uns bestimmt nie anlügen, wenn es um den Eid geht!«

»Ganz gewiss nicht«, sagte Zuzubin ernst. »Und nun, hör gut zu, Annie. Du bist die Heldin ... Du wirst durch das Portal gehen ... Du wirst die Situation retten.« Seine Stimme wirkte seltsam hypnotisch. Annie blinzelte heftig und ihr Kopf schien auf ihrem Hals zu schwanken.

George schaute auf seine Uhr. Es war bereits sechs Uhr abends in Foxbridge, was bedeutete, dass es in der Schweiz sieben Uhr war. Nur noch dreißig Minuten, bis die Quantenbombe losging und das große Experiment, Eric und alle maßgeblichen Wissenschaftler der Welt mit sich riss. Zuzubin, der spürte, dass George schwach wurde, blinzelte Annie zu und zog die Tür auf. Dahinter sah man nichts als Dunkelheit.

»Tretet hindurch«, sagte Zuzubin mit Nachdruck. »Tretet hindurch, meine lieben Kinder! Zuzubin wird dafür sorgen, dass ihr sicher und wohlbehalten ankommt ... sicher und wohlbehalten ... ihr lieben, netten kleinen Kinder.«

Wie in Trance trat Annie, einer Schlafwandlerin ähnlich, durch die dunkle Tür und war binnen Sekunden verschwunden.

George konnte sie unmöglich im Stich lassen. Er hatte keine Ahnung, wo sie wieder auftauchen würde. Selbst wenn sie wie durch ein Wunder beim LHC ankäme, wäre sie nicht in der Lage, die Bombe mit ihrem Quantenzünder zu entschärfen, weil sie den Code nicht hatte. Er lief hinter ihr her.

Wie sehr sich der ursprüngliche Cosmos, der allererste Supercomputer der Welt, doch von dem neuen Cosmos unterscheidet, dachte er, dem eleganten, sympathischen, gesprächigen kleinen Computer, der ihm ans Herz gewachsen war. Den alten Cosmos zu bedienen, war, als versuchte man einen riesigen Ozeandampfer zu steuern, nachdem man sich an ein wendiges kleines Rennboot gewöhnt hatte.

George gab sich einen Ruck und trat wieder einmal durch ein Portal in eine unbekannte Welt voller Entdeckungen und Abenteuer. Die Dunkelheit verschluckte ihn.

KAPITEL 16

AUF SEINEM Beobachtungsposten inmitten des ganzen Gerümpels bekam Vincent alles mit, was geschah. Er beobachtete Zuzubins finstere Miene, und obwohl er nicht jedes Wort verstehen konnte, das der alte Mann sagte, sah er, dass Annie verwirrt und völlig hin- und hergerissen war. Er sah, dass George vor Wut rot anlief und protestierte, wusste aber, dass Annies alter Freund wenig tun konnte.

Sobald Zuzubin das Portal öffnete, von dem Annie glaubte, es würde sie beide auf direktem Weg zum Large Hadron Collider und zu ihrem Vater bringen, wusste Vincent — genau wie George —, dass ihr Schicksal besiegelt war. Er machte sich bereit, aus seinem Versteck zu springen. Wie immer, bevor er seine Karatekünste anwendete, sagte er in Gedanken das Karate-Mantra auf:

»*Ich trete dir nur mit Karate gegenüber, mit leeren Händen. Ich habe keine Waffen, doch sollte ich gezwungen sein, mich, meine*

Grundsätze oder meine Ehre zu verteidigen, sollte es um Leben und Tod gehen, um Richtig oder Falsch, dann sind dies hier meine Waffen, Karate, meine leeren Hände.«

Doch als Vincent aufblickte, waren Annie und George verschwunden, und vor dem riesigen, schweigsamen Computer stand nur noch Professor Zuzubin. Er lachte aus vollem Hals, bis ihm Tränen über die faltigen Wangen rannen und er ein sorgfältig gebügeltes weißes Taschentuch hervorholen musste, um sie wegzuwischen. Als er endlich zu lachen aufhörte, schaltete er den Monitor wieder an, wechselte jedoch den Kanal.

Vincent lugte durch den aufgetürmten Krempel, um zu sehen, was der Professor jetzt machte. Auf dem Bildschirm konnte er mit Mühe einen Raum erkennen, in dem sich zwei ziemlich kleine Gestalten bewegten. So leise wie möglich schob er sich näher heran, und in dem Moment griff Zuzubin zu einem altmodischen Mikrofon und sprach hinein.

»George, Annie ...«, sagte er.

Auf der anderen Seite des Durchgangs, den der alte Cosmos geöffnet hatte, fanden sich George und Annie in völliger Dunkelheit wieder. Hinter ihnen schloss sich das Portal mit leisem Klicken. Sie hatten nicht die leiseste Ahnung, wo sie waren – bis ein Licht anging und ihre neue Umgebung erleuchtete. Einen Moment lang standen sie mit offenem Mund da. Bisher waren sie noch nie durch ein Computerportal getreten und in einer Umgebung wie dieser gelandet. Sie hatten sich daran gewöhnt, durch Cosmos' Portal in andere Schwerkraftverhältnisse zu gelangen und in der Atmosphäre eines fremden Planeten abzuheben oder zu Boden gezogen zu werden. Bei ihren bisherigen Ausflügen hatten sie nach dem Schritt durch Cosmos' Portal dunkle Methan-Seen erlebt, Vulkane, aus denen dicke Schwaden zähflüssiger Lava hervorbrachen, und Sandstürme, die ganze Planeten verschluckten. Sie hatten einen Sonnenaufgang mit zwei Sonnen am Himmel gesehen und das Schicksal eines explodierenden schwarzen Lochs im Zeitraffer miterlebt. Aber noch nie waren sie an einem Ort wie diesem gewesen.

Oberflächlich betrachtet war es ein ganz normales, einfaches Zimmer; deshalb konnte man auch schwer sagen, warum es so gruselig war. Es war quadratisch, hatte eine normal hohe Decke und war ausgestattet mit einem bequem aussehenden Sofa, einem Fernseher und ein paar gemütlichen Sesseln, einem gemusterten Teppich auf dem Boden und Bücherregalen, in denen Hunderte gebundener Bücher ordentlich in alphabetischer Reihenfolge standen.

Auf einem der Sessel rekelte sich schnurrend eine Katze. Die Vorhänge waren zugezogen, und als Annie hinlief und sie zurückzog, blickten die beiden Freunde auf eine schneebedeckte Bergkette mit dunklen Tannen an den unteren Hängen und einem blauen Himmel über den Gipfeln. In der Ferne jenseits der Berge brauten sich dunkle Wolken zusammen.

»Wo sind wir?«, fragte Annie.

»Das weiß ich nicht«, sagte George langsam, während er sich umsah. »Aber das hier ist definitiv nicht der Large Hadron Collider.« Sie spürten alle beide, dass etwas an diesem Zimmer schrecklich und erschreckend faul war.

»Sind das da draußen vor dem Fenster die Alpen?«, fragte Annie hoffnungsvoll. »Sollen wir die Tür aufmachen? Vielleicht ist der LHC ja ganz in der Nähe.« Die Tür, durch die sie gekommen waren, hatte sich hinter ihnen geschlossen. Beide Kinder betrachteten sie.

»Führt uns die nicht wieder nach Foxbridge zurück?«, fragte George. »Brauchen wir nicht eine andere Tür, um hier rauszukommen, wo immer wir auch sind?«

In dem Augenblick erwachte der vorsintflutliche Fernseher von sich aus knisternd zum Leben. Schwarze und weiße Blitze zuckten über den Bildschirm, sodass man nur einen kleinen Teil des Bildes unscharf erkennen konnte. Aber was die Stimme betraf, die jetzt ertönte, gab es keinen Zweifel. Professor Zuzubin sprach über den Fernseher zu ihnen, ohne zu ahnen, dass Vincent hinter ihm auf der Lauer lag und nur auf den richtigen Augenblick wartete, um zuzuschlagen.

»George, Annie«, sagte der Professor, dessen Bild sich jetzt auf dem Schirm stabilisierte.

»Das ist ja Zuzubin!«, kreischte Annie. Er rückte bedrohlich näher, sodass sie ihn und das Sammelsurium von Gerümpel im

Hintergrund deutlich erkannten. Schlagartig wurden George die Zusammenhänge klar: die Stimmen, die sie im Keller gehört hatten, die gelbe Brille, die Zuzubin getragen hatte, die Sätze, die George in den Rundfunknachrichten gehört hatte, die heimliche Nutzung des alten Cosmos im Keller.

»Das waren von Anfang an Sie!«, rief George ins Fernsehgerät. »Sie sind im Weltraum umhergereist und haben Sachen in schwarzen Löchern zurückgelassen! Sie haben die Theorie vom Echten Vakuum erfunden, um ganz normale Leute zu erschrecken und in die Arme von GEVAHR zu treiben! Sie sind der Verräter, der das Bündnis der Wissenschaft verraten hat! Sie haben das Treffen heute Abend anberaumt, damit alle Spitzenphysiker an einem Ort sind, damit Sie sie in die Luft jagen können und als Einziger übrig bleiben. Sie wollten die Ereignisse der Vergangenheit verändern, damit es so aussieht, als hätten Sie die ganze Zeit recht gehabt. Und als hätten Ihre Theorien, an die sich kein Mensch mehr erinnert, gezeigt, dass der Large Hadron Collider explodieren würde.«

»Und es ist mir gelungen«, sagte Zuzubin gehässig. »Ich habe alle meine Ziele erreicht. Binnen Kurzem wird der LHC tatsächlich explodieren, und die Welt wird erkennen, dass ich ein Wissenschaftler bin, den man nicht hätte vergessen dürfen! Es wird so aussehen, als hätte ich von Anfang an recht gehabt, und es wird keinen anderen Physiker mehr geben, der mir widerspricht. Ich habe gewonnen!«

»Nein, Sie haben die Welt betrogen!«, schrie George den Fernseher an. »Mit Gewinnen hat das nichts zu tun. Sie sind der größte Verlierer von allen.«

Annie unterbrach ihn. »Wo sind wir überhaupt?«, rief sie und drückte ihr Gesicht an den Fernsehschirm. »Sie haben versprochen, uns sicher zum LHC zu bringen! Das haben Sie bei Ihrem Eid geschworen!«

»O nein, meine Liebe«, gackerte Zuzubin. »Wenn du besser hingehört hättest und nicht in deine unreife Gewohnheit verfallen wärest, vorschnelle Annahmen zu machen, hättest du genau gehört, was ich gesagt habe. Ich habe gesagt, ihr würdet wohlbehalten an eurem Ziel ankommen. Was ja auch der Fall ist. Ich habe nichts davon gesagt, wo dieses Ziel ist.«

Annie lief zur Tür und blieb unmittelbar davor stehen.

»Warte, Annie!«, sagte George. »Nicht aufmachen. Wir wissen nicht, was uns hinter der Tür erwartet.«

»Genau«, sagte Zuzubin. »Ihr sitzt in der Inversen Schrödinger-Falle, meine lieben kleinen Freunde. Und es war ganz einfach! Ihr seid schnurstracks hineinmarschiert.«

»Was bedeutet das?«, fragte Annie verwirrt.

»Es bedeutet« – George stieß einen tiefen Seufzer aus – »dass wir erst erfahren, wo wir sind, wenn wir die Tür aufmachen. Wir könnten überall sein, aber solange die Tür geschlossen ist, lässt sich das nicht eindeutig feststellen.«

»Wunderbar, ganz wunderbar«, sagte Zuzubin versonnen.

»Solange die Tür geschlossen bleibt, befindet ihr euch an einer unendlichen Anzahl von Orten. Soll ich euch einige der Möglichkeiten zeigen?« Die Szenerie vor dem Fenster verwandelte sich in einen Ausblick auf etwas strahlend Weißglühendes mit leichtem Gelbstich. Annie und George schraken vor dem grellen Licht zurück, das durchs Fenster drang.

»Vielleicht«, sagte Zuzubin, »befindet ihr euch in der Mitte des Planeten Erde, eingeschlossen in die Kristallstruktur des inneren Erdkerns. In diesem Fall wäret ihr mitten im Zentrum einer massiven Eisenkugel mit 2400 Kilometer Durchmesser, die etwa so heiß ist wie die Oberfläche der Sonne. Der Druck beträgt 3,5 Millionen Mal so viel wie auf der Oberfläche des Planeten. Macht die Tür auf – bitte! Nur zu! Ich bin äußerst gespannt, was passieren wird. Verschmort ihr oder werdet ihr zerquetscht? Was kommt zuerst?«

Georges Unterkiefer klappte herunter. Entsetzt schaute er aus dem Fenster.

»Na, ausnahmsweise mal sprachlos?«, höhnte Zuzubin. »Dann werde ich mit unserer Lektion in Geologie fortfahren. Diese Eisenkugel ist von einem äußeren Kern aus flüssigem Eisen umgeben, der übrigens auch außerordentlich kuschelig warm ist, und dieser wiederum von einem Gesteinsmantel, durch den manchmal vulkanische Lava entweicht. Selbst wenn ihr so weit kommen würdet, würde das Blut in euren Adern brodeln, weil es da unten unvorstellbar heiß ist. Aber das ist noch nicht alles. Danach müsst ihr euch durch die vierzig Kilometer dicke Erdkruste wühlen, um an die Oberfläche zu gelangen. Und natürlich könnte es sein, dass ihr nach nur wenigen Kilometern feststellt, dass ihr durch den Grund des Ozeans gestoßen seid. Ach, Kinder!« Er schlug die Hände zusammen. »Sehen wir uns doch mal an, wie das für euch wäre.«

Annie ließ sich in einen Sessel fallen und landete auf der Katze, die entrüstet fauchte, unter ihr hervorkroch und es sich auf dem Sofa bequem machte. Von dort aus schoss sie mörderische Blicke ab, während sie sich die Pfoten leckte.

Die Szene vor dem Fenster veränderte sich abermals. Diesmal waren sie unter Wasser in einem tiefen Graben, so tief, dass kein Sonnenlicht bis dorthin vordrang. Im Licht des Raums, in dem sie sich befanden, erkannten sie verschnörkelte Riffformationen und eine faserige schwarze Rauchwolke, die aus einem Loch im Meeresboden drang.

»Nehmen wir an, ihr landet auf dem Grund des Pazifiks in einer heißen Quelle«, sagte Zuzubin hämisch. »Dort existieren, vor den Blicken der Menschen verborgen, merkwürdige prähistorische Lebensformen, die von den Mineralien leben, die durch solche Quellen aus dem Erdinnern ausgestoßen werden.«

Ein riesengroßer Wurm, größer und dicker als George, schwamm geradewegs auf das Fenster zu und knallte dagegen. Sein langer bleicher Körper klatschte gegen das Glas und wich dann überrascht zurück.

»Oje, er hat euch nicht gesehen!«, rief Professor Zuzubin. »Nun ja, das liegt daran, dass er keine Augen hat. Was für ein hübsches Ding, dieser Riesenbandwurm. Ihr würdet sicher gern ein bisschen mit ihm herumplantschen, oder? Er ist wirklich nett«, sagte Zuzubin versonnen. »Was im Grunde keine Rolle spielt, denn schließlich würdet ihr in der Hitze der heißen Quelle bei lebendigem Leib kochen. Das heißt, sofern ihr nicht vorher ertrinkt.«

George setzte sich neben Annie und legte seinen Arm um sie. Sie zitterte am ganzen Leib. »Schau nicht mehr hin«, sagte er. »Er versucht nur, uns Angst einzujagen. Das darfst du nicht zulassen.« Doch er selbst konnte den Blick nicht von dem grässlichen Bild vor dem Fenster losreißen.

»Wie ich sehe, kann ich euch immer noch keine Freude bereiten«, sagte Zuzubin betrübt. Wieder veränderte sich das Bild vor dem Fenster. Diesmal sahen sie lediglich Treibeis, das sich kilometerweit und schier endlos vor ihnen ausdehnte. »Vielleicht habt ihr es ja nicht gern warm. Versuchen wir es mit einer anderen Aussicht. Vielleicht seid ihr am Südpol, mitten im antarktischen Winter.« Kräftiger Wind rüttelte am Fenster. Eine Schar Pinguine watschelte vorbei, trotzte mit gebeugten Köpfen den heftigen eiskalten Böen.

»Ihr müsst wissen, Kinder«, fuhr Zuzubin fort, der sein unfreiwilliges Publikum genoss, »dass euch auf der anderen Seite dieser Tür unendlich viele Möglichkeiten erwarten. Vielleicht werdet ihr ja zu Quantengröße schrumpfen und könnt dann feststellen, wie es ist, ein Quark zu sein.«

»Das kann nicht geschehen«, sagte George. »Das ist unmöglich.«

»Ach wirklich?«, sagte Zuzubin. »Du meinst, du könntest nicht für immer und ewig mit den drei Quarks und den unzähligen Quark-Antiquark-Paaren und Gluonen, die in einem Proton herumwimmeln, eingesperrt bleiben? Die Wahrscheinlichkeit, jemals zu entkommen, wäre äußerst gering. Kein Mensch hat je ein Quark außerhalb eines Hadrons gesehen, George, und niemand wird dich jemals wiedersehen...«

»Nein«, widersprach George beharrlich. »Das ist völliger Unsinn.«

»Das herauszufinden überlasse ich euch«, sagte Zuzubin aalglatt. »Experimente sind ein grundlegender Bestandteil der Wissenschaft, und ich freue mich schon darauf, mitzuerleben, was bei eurem Versuch, mich zu widerlegen, herauskommt.«

»Halten Sie den Mund!«, schrie Annie. »Wir müssen hier raus!«

»Aber bitte«, sagte Zuzubin. »Bleibt keine Minute länger, als ihr wollt. Ihr braucht lediglich die Tür aufzumachen.«

»Aber das geht doch nicht, oder?«, sagte Annie und ließ sich aufs Sofa sinken. »Wenn wir die Tür aufmachen, werden wir wahrscheinlich sterben...«

»Nur wahrscheinlich«, sagte Zuzubin tröstend.

Die Quantenwelt:
Unschärfe und Schrödingers Katze
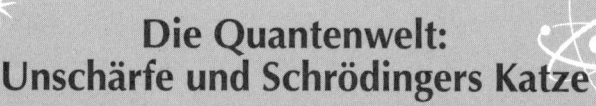

Die *Quanten*welt ist die Welt der Atome und subatomaren
Teilchen. Die *klassische* Welt ist die der Menschen und Planeten.
Offenbar bestehen zwischen den beiden große Unterschiede:

K

Klassische Welt: Wir
können sowohl wissen, wo
etwas ist, als auch, wie
schnell es sich bewegt.

* * *

Klassische Welt: Eine Kugel,
die sich von A nach B
bewegt, nimmt einen
bestimmten Weg. Wenn es
auf diesem Weg eine Wand
mit zwei Löchern gibt, geht
die Kugel entweder durch
das eine oder durch das
andere Loch.

Q

Quantenwelt: Wir können
nicht beides zugleich
genau wissen, vielleicht
wissen wir auch keines
von beidem. Das ist die
*Heisenberg'sche
Unschärferelation*.

* * *

Quantenwelt: Ein Teilchen
nimmt *alle* Wege von A
nach B, die durch verschiedene Löcher eingeschlossen
sind. Die Gesamtheit der
Wege entspricht einer
Wellenfunktion, die sich
von A aus ausbreitet.

K

Klassische Welt: Wir wissen, dass sich die Kugel nach B bewegt und nicht irgendwo anders hin.

* * *

Klassische Welt: Dass eine Kugel beobachtet wird, wirkt sich nicht unbedingt auf die Bewegung der Kugel aus.

Q

Quantenwelt: Das Teilchen kann überall dort auftauchen, wo die Wellenfunktion hinreicht. Wo es sich befindet, können wir nur durch eine Beobachtung feststellen.

* * *

Quantenwelt: Dass überhaupt eine Beobachtung vorgenommen wird, verändert die Wellenfunktion grundlegend. Wenn wir beispielsweise unser Teilchen am Ort C beobachten, kollabiert die Wellenfunktion an diesem Punkt (und läuft anschließend gegebenenfalls wieder auseinander).

Die Katze in der Kiste

Katzen (klassische Welt) bestehen aus Atomen (Quantenwelt). Erwin Schrödinger hat sich vorgestellt, was das für eine Katze bedeuten müsste. Aber tut das eurer Katze ja nicht an (Schrödinger hat es in Wirklichkeit auch nicht getan)!

Er stellte sich vor, wie es wäre, eine Katze in einer lichtundurchlässigen, schalldichten Kiste einzusperren, die etwas Gift, einen Strahlungsdetektor und eine kleine Menge radioaktiver Materie enthält, die wie folgt verknüpft sind: Wenn der Detektor piept, weil eines der Atome der radioaktiven Materie Strahlung freigesetzt hat, strömt automatisch das Gift aus. Ist die Katze in der Kiste nach einer Weile noch am Leben? Die Atome in der Kiste (die der Katze eingeschlossen) nehmen alle möglichen Wege: Bei einigen wird Strahlung freigesetzt – und damit auch das Gift –, bei anderen nicht. Nur wenn wir die Kiste öffnen und eine Beobachtung vornehmen, können wir feststellen, ob die Katze überlebt hat. Zuvor ist die Katze weder eindeutig tot noch eindeutig am Leben, sondern in gewisser Weise eine Kombination aus beidem!

Sehr sonderbar!

»Das bedeutet, dass wir in der Falle sitzen ...«, sagte George langsam. »In diesem Raum ... auf immer und ewig.«

»Ich habe jede Menge Lesestoff bereitgelegt«, sagte Zuzubin. »Ihr findet eine umfassende Auswahl an Lehrbüchern in den Regalen und im Kühlschrank ist was zu essen.«

Annie sprang auf und ging zum Kühlschrank, als könnte der ihr einen Ausweg aus dieser Falle weisen. Aber er enthielt lediglich eine Schachtel Knäckebrot und fünf große Schokoriegel, dazu eine Flasche Milch, die mit KATZE beschriftet war.

»Knäckebrot und Schokolade?«, protestierte Annie.

»Eine absolut angemessene Kost, wie ich immer wieder festgestellt habe«, sagte Zuzubin kühl. »Ich hätte mich ja gern nach euren kulinarischen Vorlieben erkundigt, aber dazu war wirklich keine Zeit. Ihr hattet es ja so furchtbar eilig.«

»Das ist *Ihr* Zimmer, stimmt's?«, sagte George, dem allmählich die Wahrheit dämmerte. »Hier wohnen Sie, wenn Sie sich verstecken. Wenn Sie verschwinden, dann kommen Sie hierher.«

»Da ist es ruhig«, gab Zuzubin zu. »Das verschafft mir Zeit zum Nachdenken.«

»Dann gibt es also einen Weg hier raus«, sagte George und zeigte auf den Zuzubin auf dem Fernsehschirm. »Wenn Sie nach Foxbridge zurückkehren können, können wir das auch. Sie kommen bestimmt nicht hierher und überlassen es dem Zufall, wo Sie landen, wenn Sie die Tür aufmachen. Ich wette, Sie haben diesen Raum dazu benutzt, um zum LHC und auch überall anders hin zu kommen. Das ist Ihre Art, zu reisen.«

»Ja, klar«, sagte Zuzubin. »Mithilfe der Fernbedienung kann ich eine Beobachtung machen, die dazu führt, dass sich das Portal einen bestimmten Ort aussucht. Und wenn ich die Tür aufmache, hat sie mich an mein gewähltes Ziel gebracht.«

»Die Fernbedienung!«, rief George. »Annie, wir müssen die Fernbedienung für den Fernseher suchen!«

»Da könnt ihr suchen, bis ihr schwarz werdet.« Zuzubin grinste spöttisch und wedelte mit einem Gegenstand vor dem Bildschirm.

George sackte geschlagen in sich zusammen, als ihm klar wurde, dass Zuzubin die Fernbedienung in der Hand hielt.

»Haben Sie vor, uns einfach hier zurückzulassen, während mein Vater in die Luft gejagt wird?«, fragte Annie verzagt. Wie es schien, gab es keinerlei Hoffnung mehr.

»Erraten«, bestätigte Zuzubin. »Möchtet ihr gern dabei zusehen? Ich kann euch alles auf dem Fernseher vorspielen, wenn ihr wollt. Mir liegt viel daran, meine Gäste glücklich zu machen.«

»Neiiiiin!«, schrie Annie so laut und gequält, dass Vincent zu Hause in Foxbridge sie hören konnte und wusste, dass es Zeit war zu handeln.

KAPITEL 17

VINCENT HATTE in seinem Versteck abgewartet, in der
Hoffnung, von dem alten Professor irgendeinen Hinweis
darauf zu erhalten, wie er Annie und George aus der Falle be-
freien könnte. Er wusste, dass er den alten Mann leicht über-
wältigen konnte, aber was hätte das genützt? Wenn Zuzubin
ihm nicht sagte, wie er George und Annie aus dem seltsamen
Raum, den man auf dem Monitor sah, herausholen konnte, wären sie möglicherweise in noch größeren Schwierigkeiten als
ohnehin schon.

Vincent warf einen Blick auf Georges Handy, das er vom Boden aufgehoben hatte, und sah auf dem Display eine Nachricht:
#ANRUF VERPASST – ZUHAUSE. In dem Augenblick hörte
er Annies qualvollen Aufschrei und begriff, dass er nicht länger
tatenlos zusehen konnte.

Er machte sich bereit und sprang mit einem lauten Kampf-
schrei hinter dem Berg alter Möbel hervor. Er flog durch die

Luft, landete unmittelbar hinter Zuzubin und streckte ihn mit einem raschen und absolut präzisen Karateschlag zu Boden. Zuzubin, der sich noch überrascht umgedreht hatte, kippte um wie ein morscher Baum, verdrehte die Augen, sackte zu Boden und blieb bewusstlos liegen.

Auf dem Monitor sah Vincent die erstaunten Gesichter von Annie und George, die ihm zugesehen hatten.

»Vincent!« Annie bedeckte den Fernsehschirm mit Küssen.

George zog sie weg. »Das war beeindruckend, Vincent«, sagte er.

»Vincent«, sagte Annie, »du bist wirklich Klasse!«

George schob sie wieder mit dem Ellbogen beiseite. »Aber wie kommen wir hier raus, Vince?«

»Ruf meinen Dad an!«, schrie Annie. »Sag ihm das mit der Bombe am LHC.«

Vincent scrollte durch die Kontakte auf Georges Handy, bis er bei Eric angelangt war. Er drückte auf den grünen Hörer und wartete. Doch es meldete sich nur eine elektronische Stimme, die ihm mitteilte, dass das Telefon ausgeschaltet sei und er es später noch mal versuchen solle.

»Die Fernbedienung!«, rief George. »Hol dir die Fernbedienung von Zuzubin, Vince!«

Vincent sah zu dem alten Professor hinab, der in seinem Tweedanzug ausgestreckt auf dem Boden lag. Er beugte sich hinunter, löste die Fernbedienung aus Zuzubins klammernden

Fingern und hielt sie vor den Bildschirm, sodass George und Annie sie sehen konnten.

»Ist sie das?«, fragte er.

»Ja«, sagte George. »Jetzt kannst du uns hier rausholen. «

»Und wie ... äh ... mach ich das?«, fragte Vincent leise. »Wie funktioniert dieses Teil?«

»O nein!«, rief George. »Daran hab ich gar nicht gedacht. Ich weiß es nicht.«

»Wie wär's, wenn du dir das Ding mal genauer ansiehst?« Vincent hielt die Fernbedienung direkt vor den Bildschirm.

»Das bringt gar nichts«, sagte George frustriert. »Das Bild ist nicht scharf genug. Außerdem musst du dich beeilen, Vince«, fügte er hinzu. »Wir haben nicht mehr viel Zeit.«

»Ruf am LHC an«, schlug Annie vor. »Sag ihnen, dass dort eine Bombe liegt.«

»Vergiss es. Die würden ihm nie glauben«, sagte George. »Es gibt nur eine Möglichkeit: Wir müssen selbst hin und die Bombe entschärfen.«

Am anderen Ende nahm Vincent die Fernbedienung unter die Lupe. »Wenn ich zu Hause auf unserer Fernbedienung auf INPUT drücke, kann ich zwischen den Funktionen des Fernsehers hin und her schalten. Das ist doch so ungefähr das, was wir mit der Inversen Schrödinger-Falle hinkriegen müssen – von einer Falle zu einem Portal umschalten. Soll ich es mal versuchen?«, fragte er nervös.

»Ja, unbedingt«, sagte George. »Das ist unsere einzige Hoffnung.«

Vincent holte tief Luft und drückte die INPUT-Taste. Nichts geschah. Er drückte sie nochmals, und auf Cosmos' Bildschirm erschien eine Liste. Dieselbe Liste mit Wahlmöglichkeiten erschien auch auf dem Fernsehschirm in der Schrödinger-Falle. Laut las Vincent die erste von mehreren Optionen: »Foxbridge.« Und dann las er für seine Freunde, die in der Inversen Schrödinger-Falle warteten, deutlich vernehmbar die zweite Option: »Large Hadron Collider.«

»Das müssen die Orte sein, die Zuzubin zuletzt aufgesucht hat«, sagte George. »Wenn wir den Large Hadron Collider anwählen, vielleicht kommen wir ja dann dorthin, wo er die Bombe versteckt hat. Wenn Pfeiltasten auf der Fernbedienung sind« – vor Aufregung sprach George immer schneller – »dann musst du den LHC anwählen.«

»Ich weiß nicht recht«, sagte Vincent voller Sorge. Wenn es um gefährliche Sportarten wie Skateboardfahren oder Karate ging, kannte er keine Furcht. Aber bei der Vorstellung, seine Freunde einer hochgefährlichen Situation auszusetzen, packte ihn schreckliche Angst. »Das kann ich nicht«, sagte er. »Ich kann euch nicht zum Large Hadron Collider schicken. Schließlich wissen wir, dass dort eine Bombe liegt.«

»Du musst, Vincent«, sagte Annie und schob George abermals beiseite. »Du musst uns zum LHC bringen! Wenn du es nicht tust, kommt mein Dad nie mehr nach Hause. Das jedenfalls hat Reeper gesagt. Und je schneller du es tust, desto mehr Zeit bleibt uns, wenn wir da sind, um die Bombe zu suchen und zu entschärfen. Also drück auf den Knopf, Vince! Und wir machen die Tür auf. Schick uns hin!«

Vincent stieß einen herzzerreißenden Seufzer aus und drückte auf die SELECT-Taste: Jetzt schwebte der Cursor auf dem Bildschirm neben den farbig unterlegten Buchstaben LHC.

Im selben Augenblick streckte George die Hand aus und riss die Tür auf ...

Das Letzte, was Vincent auf dem Fernsehschirm von seinen Freunden sah, waren ihre Rücken, die durch das Portal verschwanden. War es ihm gelungen, Cosmos richtig zu bedienen? Würden die beiden wohlbehalten am LHC ankommen? War es wirklich richtig gewesen, sie zum LHC und der tickenden Bombe zu schicken? Hätte er sie nicht lieber nach Foxbridge zurückholen sollen? Und was war, wenn er die falsche Taste gedrückt hatte und ihnen damit einen so exotischen Ausschlupf wie ein Wurmloch geöffnet hatte? Was war, wenn er sie aus Versehen in der Zeit rückwärts geschickt hatte? Was dann?

Vincent ließ sich sanft zu Boden gleiten und wartete, den Kopf in die Hände gestützt, während Zuzubin, der Urheber all diesen Übels, neben ihm auf dem Boden leise schnarchte.

Wurmlöcher und Zeitreisen

Stell dir vor, du bist eine Ameise und lebst auf der Oberfläche eines Apfels. Der Apfel hängt an einem Faden von der Decke, der so fein ist, dass du nicht daran nach oben klettern kannst; das heißt, die Oberfläche dieses Apfels ist dein ganzes Universum. Sonst kannst du nirgendwohin. Und jetzt stell dir vor, ein Wurm hat ein Loch durch den Apfel gefressen, sodass es nun zwei Möglichkeiten gibt, wie du von einer Seite auf die andere gelangen kannst: auf der Apfeloberfläche entlang (also in deinem Universum) oder aber, als Abkürzung, durch das Wurmloch. Könnte unser Universum so wie dieser Apfel sein? Könnte es Wurmlöcher geben, die einen Ort im Universum mit einem anderen verbinden? Wenn ja, wie würde so ein Wurmloch für uns aussehen?

Das Wurmloch hätte zwei Öffnungen, eine an jedem Ende. Eine könnte sich am Buckingham-Palast in London befinden, die andere an einem Strand in Kalifornien. Die Öffnungen wären kugelförmig. Wenn du in die Londoner Öffnung schaust, könntest du den kalifornischen Strand mit seinen plätschernden Wellen und den sich wiegenden Palmen sehen. Wenn dein Freund in die Öffnung in Kalifornien schaut, könnte er dich in London sehen und hinter dir den Buckingham-Palast mit seinen Wachen. Du könntest in die große kugelförmige Öffnung in London treten, würdest durch einen recht sonderbaren Tunnel schweben und dann am Strand in Kalifornien landen und könntest den ganzen Tag mit deinem Freund surfen. Wäre so ein Wurmloch nicht eine feine Sache?

Das Innere des Apfels hat drei Dimensionen (Ost-West, Nord-Süd und hin zum bzw. weg vom Mittelpunkt), seine Oberfläche hingegen nur zwei. Das Wurmloch verbindet Punkte auf der zweidimensionalen Oberfläche, indem es das dreidimensionale Innere durchbohrt. Ähnlich verbindet dein Wurmloch London und Kalifornien in unserem dreidimensionalen Universum, indem es einen vier- oder vielleicht sogar mehrdimensionalen *Hyperraum* durchbohrt, der nicht Teil unseres Universums ist.

In unserem Universum herrschen die *Gesetze der Physik*. Sie schreiben vor, was geschehen kann und was nicht. Gestatten diese Gesetze die Existenz von Wurmlöchern? Erstaunlicherweise lautet die Antwort: ja!

Leider brechen diesen Gesetzen zufolge die meisten Wurmlöcher so schnell zusammen – ihre Tunnelwände fallen in sich zusammen –, dass nichts und niemand sie lebend durchqueren kann. Um diesen Kollaps zu verhindern, müssten wir eine seltsame Form von Materie in das Wurmloch einbringen: eine Materie mit *negativer Energie*, die eine Art Gegen-Schwerkraft erzeugt, die das Wurmloch offen hält.

Kann es Materie mit negativer Energie geben? Erstaunlicherweise lautet die Antwort wieder: ja! Solche Materie wird täglich in Physiklabors erzeugt, allerdings nur in winzigen Mengen oder nur für sehr kurze Zeit. Man erzeugt sie, indem man sich etwas Energie aus einer Region im Raum ausborgt, die überhaupt keine Energie enthält, nämlich vom *Vakuum*. Was man sich vom Vakuum geliehen hat, muss man rasch wieder zurückgeben, es sei denn, es ist nur eine ganz winzige Menge. Woher wir das wissen? Das erfahren wir, wenn wir die Gesetze der Physik mithilfe der Mathematik sehr genau studieren.

Angenommen, du bist ein hervorragender Techniker und möchtest ein Wurmloch offen halten. Ist es möglich, genug negative Energie in dem Wurmloch anzusammeln und sie so lange dort festzuhalten, dass deine Freunde durch das Loch reisen können? Meiner Meinung nach nicht, aber kein Mensch weiß das mit Sicherheit – noch nicht. Noch sind wir nicht schlau genug, um das herauszufinden.

Wenn die Gesetze der Physik tatsächlich zulassen, dass Wurmlöcher offen gehalten werden, könnte es dann von Natur aus solche Wurmlöcher im Universum geben? Höchstwahrscheinlich nicht. Sie müssten ziemlich sicher künstlich hergestellt und offen gehalten werden.

Wie weit ist die heutige Technik davon entfernt, Wurmlöcher zu erzeugen und offen zu halten? Sehr, sehr weit. Die Wurmloch-Technologie, sofern sie überhaupt möglich ist, dürfte für uns ähnlich schwierig sein wie die Raumfahrt für Steinzeitmenschen. Aber für eine sehr hoch entwickelte Zivilisation, die die Wurmloch-Technologie beherrscht, wären Wurmlöcher etwas Wunderbares: das ideale Hilfsmittel für interstellare Reisen!

Stell dir vor, du bist ein Techniker in einer solchen Zivilisation. Du bringst eine Wurmloch-Öffnung an einem Raumfahrzeug an und beförderst dieses mit sehr hoher Geschwindigkeit hinaus ins Weltall und wieder zurück auf die Erde. Die Gesetze der Physik sagen uns, dass diese Reisedauer so, wie sie die Passagiere im Raumfahrzeug erleben und messen, ein paar Tage dauern kann, während für die auf der Erde Zurückgebliebenen mehrere Jahre vergehen, bis das Raumfahrzeug zur Erde zurückkehrt. Bringt man in dieser Situation das Wurmloch ins Spiel, ist das Ergebnis höchst sonderbar: Wenn du zu der im Raumschiff befindlichen Öffnung hineingehst, dann durch das tunnelähnliche Wurmloch und bei der Öffnung zu Hause wieder heraus, wanderst du mehrere Jahre in der Zeit zurück. Das Wurmloch ist zu einer Zeitmaschine geworden, die dich in die Vergangenheit befördert hat!

Mit einer solchen Maschine könntest du versuchen, den Lauf der Geschichte zu verändern: Du könntest in der Zeit rückwärts gehen, deinem jüngeren Ich an einem bestimmten Tag begegnen und ihm raten, lieber zu Hause zu bleiben, denn als du an diesem Tag das Haus verlassen hast, hat dich ein Laster überfahren. Stephen Hawking hat die Hypothese aufgestellt, dass die Gesetze der Physik uns daran hindern, jemals eine Zeitmaschine zu bauen. Dadurch wird auch verhindert, dass sich die Geschichte jemals nachträglich verändern lässt. Da man die Anordnung von Ereignissen oder Daten in der Reihenfolge ihres Auftretens Chronologie nennt, heißt sie Chronologieschutz-Hypothese. Wir wissen nicht mit Sicherheit, ob Stephen recht hat, aber wir kennen immerhin zwei Möglichkeiten, wie die Gesetze der Physik den Bau von Zeitmaschinen verhindern und damit die Chronologie bewahren könnten.

Erstens könnten diese Gesetze selbst die fortschrittlichsten Techniker davon abhalten, genug negative Energie zu sammeln, um ein Wurmloch offen zu halten und uns durchreisen zu lassen. Bemer-

kenswerterweise hat Stephen (mithilfe der physikalischen Gesetze) bewiesen, dass jede Zeitmaschine negative Energie benötigt, was bedeutet, dass damit der Bau *aller* Zeitmaschinen
verhindert würde und nicht nur solcher, die sich Wurmlöcher
zunutze machen.
Zweitens spricht Folgendes gegen Zeitmaschinen: Meine Physi-
ker-Kollegen und ich haben nachgewiesen, dass es möglich ist,

dass sich Zeitmaschinen immer selbst zerstören, vielleicht durch eine gewaltige Explosion in dem Augenblick, in dem jemand versucht, sie anzuschalten. Dafür liefern die Gesetze der Physik starke Anhaltspunkte; doch noch durchschauen wir diese Gesetze und ihre Voraussagen nicht gut genug, um sicher zu sein.

Die endgültige Erkenntnis ist also noch unklar. Wir wissen nicht mit Sicherheit, ob die Gesetze der Physik es sehr hoch entwickelten Zivilisationen gestatten werden, Wurmlöcher für interstellare Reisen oder Maschinen für Reisen in die Vergangenheit zu konstruieren. Um Gewissheit zu erlangen, muss man diese Gesetze sehr viel besser verstehen, als Stephen oder ich oder andere Wissenschaftler das bisher tun.

Das ist eine Herausforderung für euch, die nächste Generation von Wissenschaftlern.

Kip

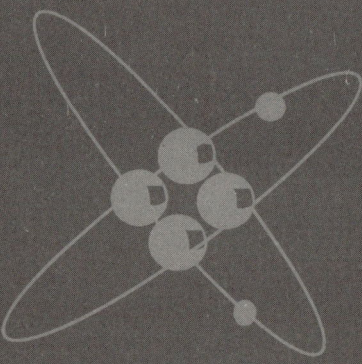

KAPITEL 18

I M GEHEIMEN Hauptquartier von GEVAHR klebten die Anführer der Bewegung vor dem Fernsehschirm, der ihnen heimlich einen Blick in den Schaltraum des Large Hadron Collider ermöglichte.

»Das wird Ihnen gefallen«, sagte einer der Anführer zu Reeper, der so tat, als wollte er zusehen. Seine wahren Gefühle wagte er nicht zu zeigen, sonst hätte GEVAHR gemerkt, dass er ihre Pläne verraten hatte. »Endlich werden Sie miterleben, wie Ihr Erzfeind Eric Bellis ein für alle Mal unschädlich gemacht wird! Und das Beste daran ist, wenn der LHC in die Luft fliegt, wird die Öffentlichkeit glauben, dass er explodiert ist, weil das Experiment zu gefährlich war, und dass Bellis, was die damit verbundenen Risiken angeht, die ganze Zeit gelogen hat.«

»Haha.« Reeper zwang sich zu einem hohlen Lachen. »Das ist ... unglaublich faszinierend ...« Er hatte gehofft, durch sein Ausbüchsen in den Weltraum, wo er George auf einem Asteroiden getroffen hatte, diese abscheuliche Verschwörung irgendwie vereitelt zu haben.

Die Uhr tickte unerbittlich. Die Zusammenkunft am Large Hadron Collider sollte planmäßig um halb acht beginnen. Es war bereits Viertel nach sieben. Der Trigger-Raum füllte sich mit Wissenschaftlern. Er lag direkt neben der großen Halle des ATLAS-Detektors und beherbergte wichtige Teile der Detektor-Elektronik – ein recht ungewöhnlicher Ort, um eine Versammlung abzuhalten. Obwohl sich der Trigger-Raum, wie auch der Beschleuniger-Tunnel und die Hallen mit den Detektoren, unter der Erde befanden, war dieser Teil nicht abgeriegelt, weil eine sehr dicke Trennwand die Wissenschaftler im Schaltraum vor dem laufenden Experiment schützte.

In diesem Raum war man sicher und unter sich. Das jedenfalls glaubten die Angehörigen des Bündnisses der Wissenschaft zum Wohle der Menschheit. Da sie nicht wussten, dass jemand mit Absicht eine versteckte Kamera angebracht hatte, waren sie überzeugt, dass man sie an diesem Ort unmöglich sehen oder belauschen konnte. Doch in Wirklichkeit sahen ein paar Leute anderswo alles, was sie machten, und hörten jedes ihrer Worte – eben die Leute, denen das Bündnis aus guten Gründen aus dem Weg ging.

In der Mitte des Raums stand der kleine Cosmos, leicht mitgenommen von der ausführlichen Überprüfung durch den Grid; sein Bildschirm war verschmiert und etwas schief, und aus seiner Rückseite ragten mehrere Drähte. Ein Wissenschaftler, der hereinkam und ihn inspizierte, zuckte zusammen, als er feststellte, welchen Schaden der silberne Laptop genommen hatte.

»Ist das Bellis?«, fragte der Fernsehprediger mit Blick auf den Bildschirm.

»Nein«, sagte Reeper. »Bellis ist noch nicht im Raum.« Er wünschte sich nichts mehr als die Gewissheit, dass Eric sich anderswo am LHC aufhielt und George ihn gerade über die quantenmechanische Bombe informierte.

»Bis neunzehn Uhr vierzig muss er da sein«, sagte ein anderer GEVAHR-Anführer verärgert. »Er muss sich im Zentrum der Explosion befinden.«

Die Minuten verrannen und Reeper hielt den Atem an. Doch gerade als die Uhr halb acht zeigte, wurde die Tür zum Schaltraum aufgestoßen und Eric schlenderte herein, zurückgekehrt von seinem erfrischenden Spaziergang und entschlossen, seinem Schicksal die Stirn zu bieten ...

Auf der anderen Seite der zwei Meter dicken Wand stürzten George und Annie so hastig durch die Tür aus der Inversen Schrödinger-Falle, dass sie übereinanderstolperten und ineinander verknäult auf dem Metallboden landeten.

»Los, runter!«, schrie Annie, die unter George lag. Er ließ sich auf eine Seite kullern und versuchte aufzustehen, doch seine Beine waren ganz zittrig. Er blieb ein paar Sekunden lang auf dem Boden liegen und betrachtete die gewaltige Metallscheibe, die vor ihnen aufragte.

Von der Form her glich sie einer schlicht gezeichneten Sonne, rund und glänzend, mit Sonnenstrahlen, die sich von der Scheibe aus strahlenförmig ausbreiteten. Um den äußeren Rand dieser Sonne lag ein Ring aus blauen Metallplatten und noch weiter außen streckten sich gewaltige röhrenförmige graue Arme nach vorn wie zu einer mächtigen Umarmung. Die Maschine ragte vor ihnen auf wie eine Kathedrale – erhaben, schweigend und beeindruckend schon allein wegen ihrer Ausmaße. Es war einer dieser Orte, an denen man am liebsten flüstern möchte.

George kam unsicher auf die Beine. Offenbar waren er und Annie auf einer Art Plattform gelandet. Annie war noch nicht aufgestanden, sondern lag zu einer Kugel zusammengerollt auf dem Boden. »Alles in Ordnung?«, fragte George.

Sie wandte ihm das Gesicht zu, noch immer mit geschlossenen Augen. Sie blinzelte kurz, sodass George das strahlende Blau aufblitzen sah, dann kniff sie die Augen wieder fest zusammen. »Ja, alles in Ordnung«, sagte sie. »Es ist so, wie wenn man geschlafen hat und jemand plötzlich das Licht anmacht. Lass mir noch einen Moment Zeit.«

George sah sich um. »Hallo?«, rief er leise. Seine Stimme verlor sich in der Weite der Halle, als hätte die gigantische Maschine sie verschluckt. Er hörte merkwürdige, sich wiederholende Pfeiftöne – *pjuuuuu* – *pjuuuuu* – *pjuuuuu*, doch sonst war hier anscheinend niemand.

Was George freilich nicht bemerkte, waren die Bewegungsmelder, die die unbefugt eingedrungenen Ankömmlinge sofort erfasst hatten und einen Alarm auslösten, während die Überwachungskameras Bilder von ihm und Annie an die Überwachungsmonitore im gesamten Gebäudekomplex übermittelten. Unten inmitten der komplizierten Apparaturen, die sorgfältig durch jene dicken Wände abgeschirmt waren, konnten George und Annie auch die Hupen nicht hören, die verkündeten, dass das Interlocksystem, das verhindern sollte, dass Personen im Beschleuniger zu Schaden kamen, sofort einen Beam Dump eingeleitet hatte. Das bedeutete, dass die Protonenstrahlen aus den Rohren des Beschleunigers ausgeleitet und in sieben Meter lange zylindrische Grafitblöcke gelenkt wurden, die jeweils von einem Stahlmantel umgeben waren. Die Kinder hatten keine Ahnung, dass ihre Anwesenheit entdeckt worden war und eine dramatische, lautstarke Reaktion ausgelöst hatte.

Annie rappelte sich auf. »Sind wir in einem Raumschiff?«, flüsterte sie, während sie sich heftig blinzelnd umsah. »Ist das der Maschinenraum eines Raumschiffs?«

»Glaub ich nicht.« George schüttelte den Kopf. »Hier herrscht ganz normale Schwerkraft. Und wir können ohne Sauerstoffbehälter atmen. Ich glaube, wir sind auf der Erde. Das hier muss der Large Hadron Collider sein, und das bedeutet, dass uns der alte Cosmos an den richtigen Ort gebracht hat.«

»Puh, Glück gehabt«, sagte Annie und rückte näher an George heran, wie immer, wenn sie aufgeregt war. »Aber was machen wir jetzt? Wie sollen wir Dad finden? Und was ist mit...?«

Gerade wollte George antworten, da schrie Annie plötzlich auf.

»Was ist?«, fragte er erschrocken. Annie stand neben ihm und er konnte nichts Beängstigendes sehen.

»Da ist... irgendwas... Pelziges... an meinem Bein«, sagte sie atemlos und starr vor Schreck.

George schaute hinunter. Die schwarzweiße Katze aus Zuzubins teuflischer Falle schmiegte sich an Annies Knöchel.

George nahm die Katze auf den Arm. »Alles in Ordnung«, sagte er beruhigend zu Annie und der Katze. »Es ist nur Zuzubins Miezekatze. Sie muss mit uns durch das Wurmloch gekommen sein.« Er kraulte die Katze, sie schnurrte und schmiegte sich enger an ihn.

»Bist du sicher, dass sie ungefährlich ist?«, fragte Annie argwöhnisch, nachdem sie sich von dem Schreck erholt hatte. »Du glaubst nicht, dass Zuzubin sich in eine Katze verwandelt hat und uns gefolgt ist, um noch mehr Schweinereien anzurichten?«

»Nein, glaube ich nicht«, sagte George, während er über das

weiche schwarzweiße Fell strich. »Die Katze ist jetzt friedlich. Wahrscheinlich wollte sie genauso dringend raus aus diesem Zimmer wie wir. Schau ...« Unter dem Kinn der Katze hing eine gravierte Plakette. »Mal sehen, was draufsteht.«

Annie drehte die runde Plakette so, dass sie die Gravur lesen konnte. »*Belohnung!*«, las sie. »*Bei Auffinden tot oder lebendig.*« Sie drehte sie um. »*Schrödy* – bestimmt heißt sie so. Moment mal, da steht noch was.« Sie entzifferte die winzigen Buchstaben: »*Ich bin die Katze, die allein geht.*«

Plötzlich fauchte die Katze laut und bohrte ihre Krallen in Georges Arm, sodass er sie sofort fallen ließ.

»Autsch!«, rief er.

»Siehst du?«, sagte Annie finster. »Was aus diesem schrecklichen Zimmer kommt, dem kann man nicht trauen.«

Die Katze landete auf allen vieren und balancierte auf ihren Pfoten wie eine Ballerina auf Spitzenschuhen. Sie fauchte mehrere Male und scharrte auf dem Metallboden. Das Fell auf ihrem Rücken war gesträubt, und sie machte einen Buckel, als stünde sie einem unsichtbaren Feind gegenüber. Mit zitternden Schnurrbarthaaren sah sie zu George auf und dann wieder weg.

»Was ist, Schrödy?«, fragte er und hockte sich neben die Katze.

»Vermutlich noch so ein Trick«, warnte ihn Annie.

Schrödy ging ein paar Schritte vorwärts, machte kehrt und kam zurück. Die Katze umkreiste George ein paar Mal, entfernte sich und kam wieder zurück, und dabei warf sie George die ganze Zeit bedeutungsvolle Blicke zu.

»Sie möchte, dass wir ihr folgen«, sagte George langsam.

»Wir sollen einer Katze folgen?« Ungläubig runzelte Annie die Stirn.

»Ein sprechender Hamster hat mich in den Weltraum befördert«, bemerkte George, »und ein verrückter Wissenschaftler, der den LHC in die Luft jagen will, hat uns in eine gruselige Falle gelockt. Wieso sollten wir dann nicht einer Katze folgen? Schließlich ist es Zuzubins Katze.«

»Ich dachte, es wäre Schrödingers Katze«, warf Annie ein.

»Ist doch egal. Jedenfalls die Katze eines Physikers. Vielleicht weiß sie ja was. Vielleicht hat sie durch das Fenster in der Schrödinger-Falle gesehen, wie Zuzubin die Bombe am LHC versteckt hat. Und im Moment« – George ließ seinen Blick über die riesigen Ausmaße der beinahe lautlosen Riesenmaschinerie wandern – »haben wir weder einen anderen Hinweis, dem wir folgen könnten, noch die geringste Ahnung, wie wir deinen Dad finden sollen – oder auch die Bombe.«

Annie hatte ihr Handy vorgeholt, bekam aber kein Netz.

»Wenn das hier wirklich der Large Hadron Collider ist«, fuhr George fort, »was er ja irgendwie sein muss, bedeutet das, dass wir uns unter der Erde befinden. Dieses Ding da« – er deutete auf die Maschine – »ist wahrscheinlich eine Art Detektor, der um die Röhre gewickelt ist, in der die Protonen kollidieren.«

»Unter der Erde…«, sagte Annie langsam. »Wie in der U-Bahn.«

»Genau«, sagte George. »Wir sind aus einer Falle geradewegs in die nächste getappt. Nur ist diese hier sehr viel gefährlicher als die letzte. Aber bestimmt sind wir nicht ohne Grund hier gelandet. Cosmos hat uns an einen Ort am LHC gebracht, wo Zuzubin schon mal war. Und das muss bedeuten, dass die Bombe irgendwo hier in der Nähe ist.«

Schrödy fauchte wieder und scharrte ungeduldig mit den Pfoten. In der unheimlichen Stille neben dem riesengroßen Detektor glaubten die beiden Kinder tatsächlich hören zu können, wie die Bombe die letzten paar Minuten rückwärts tickte, bis sie explodieren und das größte Experiment aller Zeiten zerstören würde – und mit ihm eine große Anzahl Menschenleben.

»Also gut, folgen wir der Katze«, brach Annie das Schweigen. »Komm, Schrödy, zeig uns den Weg.«

Schrödy leckte sich die Barthaare und schenkte ihnen eine Art selbstgefälliges Lächeln, ehe sie auf den Rand der Plattform zustolzierte. Mehrere blaue Treppen führten nach unten. Am oberen Ende der Treppen blieb die Katze stehen und blickte George erwartungsvoll an.

»Sie möchte von dir getragen werden«, übersetzte Annie.

»Keine Krallen, Schrödy!« George hob die Katze hoch und polterte mit ihr die Treppen hinunter. Annie, deren Schritte auf den Metallstufen laut schallten, rannte treppab hinter ihm her.

Als sie unten ankamen, befreite sich Schrödy sofort aus Georges Armen und landete anmutig auf dem Boden. Die Kinder folgten der Katze, bis sie unter der Rundung des gewaltigen ATLAS-Detektors entlangstolzierte.

»George?« Annie zupfte ihn am Ärmel, während sie auf Zehenspitzen hinter der hübschen schwarzweißen Katze herschlichen. »Was ist, wenn Schrödy uns nicht zu der Bombe führt? Was dann?«

George bekam ein flaues Gefühl in der Magengrube. »Ich weiß es nicht«, gestand er und gab sich alle Mühe, tapfer zu klingen. »Dann versuchen wir, deinen Dad zu finden, und der wird sie entschärfen können. Ganz bestimmt, Annie!«

Doch sie wussten beide, dass sie sich jetzt tief unter der Erde befanden, umgeben von Beton, Fels und mehreren Ebenen dieser riesigen metallenen Maschinerie. Wenn die Bombe losging, bevor sie sie unschädlich machen konnten, hatten sie keine Möglichkeit, der Druckwelle zu entgehen.

Sie folgten der Katze, die sie ganz ans Ende der riesigen unterirdischen Halle führte. Der gewaltige Bauch von ATLAS, zusammengesetzt aus Millionen von Bauteilen, wölbte sich hoch über ihnen. Staunend blickten die Kinder hinauf zu dem größten Experiment, das die Menschheit je gebaut hatte.

»Wenn die Bombe da drin ist, finden wir sie nie«, flüsterte Annie.

George spürte, wie ihn Verzweiflung überkam. Doch Schrödy

hatte klare Vorstellungen. Fauchend fuhr sie wieder ihre Krallen aus und bohrte sie in Annies Bein. Obwohl Annie Jeans trug, tat es weh.

»Au! Du schreckliche Katze!«, schrie sie.

Die Katze blieb unbeeindruckt. Erwartungsvoll sah sie zu den beiden Kindern auf, peitschte mit ihrem langen Schwanz und steuerte auf einen Getränkeautomaten in der Ecke zu, den die Kinder noch gar nicht bemerkt hatten. In dieser außergewöhnlichen Umgebung war er etwas so Vertrautes, dass er ganz mit dem Hintergrund verschmolzen und beinahe unsichtbar geworden war.

»Schrödy!«, sagte Annie entrüstet. »Wir holen dir jetzt garantiert nichts zu trinken. Wir haben im Moment andere Sorgen.«

Aber George nahm den Getränkeautomaten genauer unter die Lupe. »Annie«, sagte er leise. »Fällt dir irgendwas Ungewöhnliches an diesem Automaten auf?«

Sie betrachtete ihn genauer. Die obere Hälfte war in Felder eingeteilt, jedes versehen mit einem Foto des Getränks, das er ausspucken würde, und einem Knopf, mit dem man es anwählen konnte. Unter der Getränkeauswahl klebte ein handgeschriebener Zettel, auf dem AUSSER BETRIEB stand.

»Ich habe noch nie von einem dieser Getränke gehört«, sagte Annie und drehte sich zu George um. »Das sind gar keine richtigen Getränke! Quark-Stark! Gluonen-Gluck! Power-Neutrino!

Ich meine, was soll das? Und die Lämpchen sind an, obwohl das Ding angeblich außer Betrieb ist.«

George zählte rasch nach. »Acht«, sagte er grimmig. »Es gibt hier acht Getränke zur Auswahl. Und Reeper sagte, die Bombe hat acht Schalter.«

Annie schnappte nach Luft. »Die Bombe ist in diesem Getränkeautomaten, hab ich recht?«, sagte sie. »Und wir müssen das richtige Getränk aussuchen, um sie zu entschärfen.«

George holte den Papierstreifen mit der langen Ziffernfolge hervor, den Pooky freundlicherweise ausgeschieden hatte. »Das ist es!«, sagte er. »Das ist der Code, mit dem man die Schalter aktiviert, sodass man die Bombe scharf machen oder auch entschärfen kann. Aber die Quantenüberlagerung bedeutet, dass zwar alle acht Schalter verwendet wurden, um sie scharf zu machen, doch nur einer davon ist der, auf den es ankommt. Nur wissen wir nicht, welcher.«

»Das heißt, wenn wir den Knopf mit dem falschen Getränk drücken, fliegt das Ding in die Luft?«, sagte Annie.

»Ja«, sagte George. »Und angeblich kann man unmöglich genau wissen, welches Getränk das richtige ist, bis wir es mit einem versuchen, und dann stellt sich höchstwahrscheinlich raus, dass es das falsche war. Aber Reeper sagte, er hätte was mit der Bombe gemacht, sodass man sie doch abstellen kann. Er sagte, er hätte eine Beobachtung gemacht ...«

»Wenn er eine Beobachtung gemacht hat«, sagte Annie, die

rasch zwei und zwei zusammenzählte,»dann hat sich die Bombe bereits entschieden, welcher der acht Schalter der richtige ist. Und damit weiß Reeper auch, welchen Schalter man betätigen muss, um sie zu entschärfen. Pooky hat dir den Code beschert, der die Schalter aktiviert ...«

»... und wir brauchen nur noch das richtige Getränk auszuwählen«, sagte George.»Das ist alles.«

»Das ist alles ...«, echote Annie mit Blick auf die von dem Automaten angebotenen Getränke. Sie machte einen Schritt nach vorn.

»Rühr den Automaten bloß nicht an«, warnte George.»Wir wissen nicht, ob die Bombe dann vielleicht einfach so losgeht.«

»Keine Sorge. Ich rühr ihn nicht an. Aber wir müssen uns entscheiden ... Schau!«

Unter dem Schlitz, in den man das Geld steckte, war ein Display, das den Betrag anzeigte, den man bereits für den Drink seiner Wahl bezahlt hatte. Auf dem Display war eine zweistellige Zahl zu sehen, die rasch kleiner wurde – auf 80 folgte jetzt 79.

»Wetten, dass das die Sekunden sind, die noch bis zur Explosion bleiben?«, sagte Annie.»Wir müssen uns also entscheiden, und zwar schnell, sonst geht die Bombe so oder so los. Was würde passieren, wenn wir alle acht Tasten gleichzeitig drücken? Würde das funktionieren?«

»Tja ... nein«, sagte George.»Und zwar, weil es ein Getränkeautomat ist. Wirklich sehr schlau! Überleg mal. Bei einem normalen Getränkeautomaten kann man immer nur einen Knopf drücken und bekommt dann ein Getränk. Er lässt dir nur eine Wahl. Also können wir auch jetzt nicht mehr als einen Knopf drücken.«

»Aber welchen?«, fragte Annie.

George schluckte und betrachtete wieder die Getränkenamen. »Wusch-Zisch«, las er. »Quark-Stark, Gluonen-Gluck, Multi-Phrucht-Photon, Power-Neutrino, Elektron Energy Drink, Hi-Hi-Higgs, Zitronen-Eistau.« Der Zeitzähler war inzwischen bei 60 angelangt und zeigte an, dass die Sekunden rasch vergingen.

George schaute zu Schrödy hinunter. »Irgendeine Idee?«, fragte er. Die Katze schien betrübt den Kopf zu schütteln, als wollte sie sagen: Ich habe getan, was ich konnte. Sie rollte sich zu Georges Füßen zusammen und begann ihre Barthaare zu putzen. »Annie?«, sagte George hoffnungsvoll.

»Eins davon«, sagte Annie, »muss aus der Reihe tanzen... Eins davon muss die Einstellung sein, bei der Reeper die Quantenbeobachtung gemacht hat, die dazu geführt hat, dass die Bombe einen bestimmten der acht Schalter auswählt. Aber welchen?«

»Es sind lauter Elementarteilen: W- und Z-Bosonen...«, murmelte George vor sich hin, »Quark... Gluon, Photon, Neutrino, Elektron, Higgs und Tau. Wer von euch ist es?« Plötzlich ging ihm ein Licht auf, ja ein ganzer Sternenhaufen. »Heureka!«, rief er. »Ich hab's! Es ist das Higgs-Teilchen! Das tanzt aus der Reihe.«

»Bist du sicher?«, fragte Annie. Der Zeitzähler zeigte an, dass es jetzt nur noch 30 Sekunden bis zur Explosion waren.

»Das Higgs«, sagte George rasch. »Das ist das theoretische Teilchen. Von allen anderen wissen wir, dass es sie gibt. Aber das Higgs-Teilchen ist bislang nur ein theoretisches Konstrukt, das dafür sorgt, dass sich das, was wir über Elementarteilchen wissen, zu einer einheitlichen Beschreibung zusammenfügt. Aber es ist noch nicht direkt nachgewiesen worden.«

»Dann drück!«, drängte Annie. »Drück auf das Higgs, George! Schnell, bevor es zu spät ist!«

Als George sich vorbeugte, zeigte der Zeitzähler fünfzehn Sekunden an. Er zögerte.

Was, wenn er sich irrte? Was, wenn er den falschen Knopf drückte und damit den Large Hadron Collider − und alle und alles darin − in die Luft jagte?

In seinem Hinterkopf meldete sich eine Erinnerung. Eric hatte einmal davon gesprochen, dass alle Beobachtungen in der Quantentheorie grundsätzlich unvorhersehbar waren (»Wahrscheinlichkeitsverteilung« war das Wort gewesen, das er benutzt hatte). Physiker konnten nur die Wahrscheinlichkeit eines bestimmten Ergebnisses berechnen, und nur in besonderen Situationen kam diese Wahrscheinlichkeit einer Gewissheit gleich. Wie hatte Reeper es dann geschafft, die Bombe dazu zu bringen, sich für Hi-Hi-Higgs zu entscheiden? Er schaute auf Pookys Papierstreifen und bemerkte erst jetzt, dass das letzte Zeichen in der Reihe keine Ziffer war, sondern ein großes H.

Der Zeitzähler tickte noch immer rückwärts – 9 ... 8 ... 7 ... 6 ... 5 –, als George, der endlich sicher war, die Nuss geknackt zu haben, auf die Taste für das Higgs-Getränk drückte. Sofort hörten die Lämpchen an der Vorderseite des Automaten zu blinken auf. Nur die Hi-Hi-Higgs-Taste blinkte weiter. Der Zeitzähler blieb bei vier Sekunden stehen. Der Befehl CODE EINGEBEN rollte über das Display neben den Getränketasten.

Rasch tippte George die Ziffern von Pookys Code ein, worauf der ganze Automat kurz aufleuchtete und leicht erbebte. Die Zeitanzeige erlosch und an ihrer Stelle tauchte das Wort ENT-SCHÄRFT auf.

Während die Kinder staunend dastanden, hörte man es plötzlich klacken, der Automat ließ eine Getränkedose in die transparente Auffangschale weiter unten fallen und schaltete sich unmittelbar danach selbst aus.

»Tja«, sagte George, »damit habe ich nun wirklich nicht gerechnet.«

Schrödy schnurrte zufrieden und Annie sank erleichtert zu Boden. Plötzlich hörten sie etwas anderes: eine schwere Tür, die aufgestoßen wurde, und sich nähernde Schritte. Die Schritte kamen immer näher, und hinter der Riesenmaschine stürzte ein ziemlich zerzauster Eric hervor, der beim Anblick der Kinder wie angewurzelt stehen blieb.

»Annie! George!«, rief Eric. »Was bei allen funkelnden Photonen ist hier los?« Hinter ihm tauchte eine Reihe besorgt dreinschauender Wissenschaftler auf, die ihm alle schnurstracks zur ATLAS-Halle gefolgt waren.

Als der Alarm losgegangen war, hatten die Wissenschaftler schnell gemerkt, dass sich zwei kleine Menschen in der Halle des ATLAS-Detektors aufhielten. Sobald Eric sich den Weg durch das Gewühl vor dem Computerbildschirm gebahnt hatte, auf dem man die zwei Eindringlinge sah, musste er entsetzt feststellen, dass sie eine verblüffende Ähnlichkeit mit seiner Tochter Annie und ihrem besten Freund George hatten. Fassungslos sahen er und die anderen Wissenschaftler zu, wie die beiden Gestalten die Treppe vor ATLAS hinunterliefen und aus dem Blickfeld der Kameras verschwanden. Sofort rannte Eric aus dem Schaltraum und steuerte entschlossen auf den ATLAS-Detektor zu.

»Dad!«, rief Annie, warf sich in seine Arme und drückte ihn fest an sich. »Du bist in Sicherheit! Der LHC wird nicht in die Luft fliegen! Mit der Wissenschaft ist es nicht aus und vorbei!«

»Wovon redest du?«, fragte Eric.

»Professor Bellis«, sagte einer der Wissenschaftler. »Können Sie uns erklären, wie es zwei Kindern, die offensichtlich zu Ihnen gehören, gelingen konnte, in den abgeriegelten unterirdischen Bereich des Large Hadron Collider vorzudringen, das

Verriegelungssystem zu aktivieren und einen Beam Dump zu erzwingen?«

»Ah, Dr. Ling«, sagte Eric und nickte dem Wissenschaftler zu, der soeben gesprochen hatte.

»Könnten Sie mir freundlicherweise erklären, was hier vor sich geht?« Unter Dr. Lings Arm klemmte Cosmos, der kleine silberne Laptop. Obwohl Dr. Ling es eilig gehabt hatte, Eric zu folgen, als dieser aus dem Schaltraum gestürmt war, hatte er Cosmos keinesfalls unbewacht zurücklassen wollen.

»Äh, ehrlich gesagt, nein«, sagte Eric, worauf die Wissenschaftler fragend die Stirn runzelten.

Doch da trat George rasch nach vorn. »Hm ... Hallo, alle miteinander«, sagte er. »Tut mir leid, das alles. Aber im Getränkeautomaten war eine Bombe mit Quantenzünder.«

»Im Getränkeautomaten?«, sagte Dr. Ling. »Aber der ist doch schon ewig außer Betrieb. Kein Mensch käme auf die Idee ... Ah«, sagte er, »deshalb gibt er auch ein richtig gutes Versteck für eine Bombe ab.«

»Wäre die Bombe losgegangen«, fuhr George fort, »hätte sie den ganzen LHC zerstört. Wir – das heißt Annie und ich, denn ganz allein hätte ich das nie alles rausgekriegt – wussten, dass es acht Schalter gibt, um die Bombe scharf zu machen oder zu entschärfen. In dem Automaten stehen acht verschiedene Getränke zur Wahl, was bedeutet, dass jedes davon einem Schalter entspricht. Den Code hatten wir« – er wedelte mit dem Papierstreifen, auf dem Pookys Code stand –, »und wir wussten, dass der Erbauer der Bombe heimlich eine Beobachtung vorgenommen hatte. Also mussten wir nur rausfinden, um welche Alternative es sich handelt. Es kam also darauf an, das richtige Getränk zu wählen. Wir hatten uns überlegt, dass es das ›Higgs‹ sein muss, weil sich alle anderen Namen auf Teilchen beziehen, von denen wir wissen, dass sie existieren, während das Higgs nach wie vor Theorie ist und noch nicht von dem Experiment hier am LHC bestätigt wurde. Aber eigentlich« – er schaute zu Annie hinüber – »hätten wir uns nur nach dem Codestreifen richten müssen. Der sagt uns nämlich, dass Alternative H die richtige ist. Wir haben das Higgs-Getränk ausgewählt, den Code eingegeben, und jetzt ist die Bombe entschärft.«

»Ah … damit wurde das Higgs am Large Hadron Collider zum ersten Mal dingfest gemacht«, sagte ein Wissenschaftler. »Und das mithilfe eines Getränkeautomaten.«

Die anderen Wissenschaftler flüsterten miteinander. »Ein Quanten-Zünder?«, murmelten sie. »Wer kann sich nur etwas so Teuflisches ausdenken?«

»Aber wie konnte so etwas Schreckliches passieren?«, fragte Dr. Ling besorgt. »Wem kann daran gelegen sein, eine derartige Zerstörung und Verwüstung anzurichten?«

George und Annie sahen einander an. Annie stand auf und diesmal übernahm sie das Erklären.

»Diese Organisation – GEVAHR …« Die Wissenschaftler

stöhnten, doch Annie fuhr fort: »GEVAHR wollte den LHC in die Luft jagen, während Sie alle hier versammelt sind, damit es so aussieht, als wäre das Hochenergie-Experiment schiefgelaufen. Damit wollten sie zwei Fliegen mit einer Klappe schlagen: Sämtliche Top-Physiker weltweit wären tot, und die Leute würden glauben, dass diese Art von Experimenten zu gefährlich ist, und es kein zweites Mal versuchen.«

»Eins verstehe ich nicht«, sagte Dr. Ling. »Wie haben sie das geschafft? Wir haben hier am LHC extrem strenge Sicherheitsvorkehrungen. Wie konnten sie hier reinkommen?«

»Sie hatten einen Verräter«, erklärte George.

»Es war Zuzubin, nicht wahr?«, unterbrach Eric ihn betrübt. »Er hat uns verraten, stimmt's? Weißt du denn, weshalb, George?«

Eric machte ein so trauriges Gesicht, dass George nicht weiter auf Zuzubins Verrat eingehen wollte. Aber er musste die Frage beantworten.

»Äh, na ja, Annie und ich, wir glauben, dass Zuzubin den alten Cosmos als Zeitmaschine verwenden und in die Vergangenheit zurückgehen wollte. Es sollte so aussehen, als hätte er mit seinen Theorien – mit denen, die alle Welt vergessen hat – doch recht gehabt. Und du unrecht. Er hat auch versucht, es so hinzudrehen, dass er die Explosion des Large Hadron Collider vorhergesagt hat, damit seine Theorien sich im Nachhinein als richtig erweisen.«

Eric nahm seine Brille ab und polierte sie mit dem Hemdzipfel. »O je«, sagte er. »Armer alter Zuzubin.«

»Was soll das heißen, ›armer alter Zuzubin‹?«, sagte George hitzig. »Er hat versucht, uns alle in die Luft zu jagen! Da kannst du doch kein Mitleid mit ihm haben.«

»Er muss verrückt geworden sein«, meinte Eric kopfschüttelnd. »Der Zuzubin, den ich kannte, hätte so etwas nie getan. Er hätte gewusst, dass die Wissenschaft eine fortlaufende Geschichte ist. Es geht nicht darum, wer recht oder unrecht hat, es geht um den Fortschritt. Es geht darum, möglichst gute Arbeit zu leisten, damit die Wissenschaftler, die nach einem kommen, auf dem aufbauen können, was man erreicht hat. Gut möglich, dass die eigenen Theorien widerlegt werden – das ist das Risiko, das man eingeht. Etwas Neues auszuprobieren, bedeutet Risiken einzugehen, und wenn man dazu nicht bereit ist, wird man nie etwas Bedeutsames erreichen. Und natürlich irren wir uns manchmal. Das ist der springende Punkt. Man muss ausprobieren und scheitern und wieder von vorn anfangen und weitermachen. Nicht nur in der Wissenschaft. Auch im Leben.«

»So ist es«, fügte Dr. Ling hinzu. »Die größten Herausforderungen treten nicht dann auf, wenn sich unsere Vorhersagen als richtig erweisen, sondern wenn sie es nicht tun und wir stattdessen neue Erkenntnisse gewinnen, die bedeuten, dass wir alles, was wir zu wissen glaubten, über den Haufen werfen müssen.«

In dem Moment begann Dr. Lings Piepser wie wild zu fiepen und ebenso die Piepser aller anderen anwesenden Wissenschaftler. Es hörte sich an, als würde ein Schwarm zwitschernder Stare durch die Halle fliegen. Alle griffen zu ihren Piepsern und lasen die kurze Botschaft. Ein lauter Freudenschrei ertönte.

»Was ist?«, wollte George von Eric wissen. »Was ist los?«

Der umarmte beide Kinder noch einmal. »Das ist ATLAS«, sagte er. »Er hat ein Ergebnis für uns! Ausgerechnet jetzt, wo wir am wenigsten damit gerechnet haben. Und er hat ein paar neue Informationen über die Anfänge des Universums. Wenn ich Cosmos mit diesen Informationen füttere...« Seine Stimme verlor sich.

Alle Wissenschaftler verstummten, weil ihnen einfiel, dass die schwierige Frage, ob Cosmos weiterhin in Erics Obhut bleiben sollte, noch nicht beantwortet war.

Dr. Ling stand mit nachdenklicher Miene da. »Professor Bellis«, sagte er äußerst höflich, »ich glaube, es gibt eine Angelegenheit, um die wir uns kümmern müssen, bevor wir uns eingehend mit diesen neuen, aufregenden Informationen von ATLAS beschäftigen. Bevor ich das Bündnis der Wissenschaft bitte, darüber abzustimmen, ob Cosmos weiterhin allein in Ihrer Obhut bleiben soll, möchte ich gern wissen, wie es kommt, dass diese zwei Kinder so viel wissen? Wie konnten zwei Kinder es schaffen, erstaunliche fortgeschrittene Kenntnisse der Quantentheorie anzuwenden und damit ein gewaltiges Ereignis mit katastrophalen Folgen am Large Hadron Collider zu verhindern – ein

Ereignis, das den Fortschritt der Menschheit um Jahrhunderte zurückgeworfen hätte?«

Eric bekam keine Gelegenheit, zu antworten, weil George ihn gleich unterbrach.

»Das kann ich Ihnen sagen«, antwortete er. »Wir wissen diese Dinge, weil Eric uns immer alles Mögliche erklärt. Aber er redet nicht nur darüber, er nimmt uns auf Ausflüge mit, sodass wir viele Dinge selbst rausfinden müssen. Er hilft uns, indem er uns Wissen vermittelt, aber er bringt uns auch dazu, unseren Verstand zu gebrauchen, damit dieses Wissen eine konkrete Bedeutung für uns bekommt.«

»Und dafür benutzt er Cosmos?«, fragte Dr. Ling zweifelnd.

»Cosmos hilft ihm, die Sache für uns unterhaltsam und spannend zu machen«, sagte George. »Auf diese Weise lernen wir eine Menge, und wenn wir dann neuen Herausforderungen gegenüberstehen, können wir das Gelernte auf andere Situationen übertragen und Lösungen finden. Aber da ist noch etwas.« George warf Eric einen besorgten Blick zu, entschied sich aber dafür, weiterzusprechen. »Das alles hätten wir nicht geschafft, wir hätten alle diese Menschenleben und den Large Hadron Collider nicht retten können, wenn Dr. Reeper nicht gewesen wäre. Er hat sich in Gefahr gebracht, indem er Mitglied bei GEVAHR geworden ist – und wer weiß, was sie ihm angetan hätten, wenn sie rausgefunden hätten, dass er sie verraten hat? Und er hat seinen Avatar in den Weltraum geschickt, um mir von der Bombe zu berichten. Ohne ihn hätten wir diese Leute nie aufhalten können. Würden Sie sich noch einmal überlegen, ob er dem Bündnis der Wissenschaft wieder beitreten darf? Er hat es wirklich verdient, wieder aufgenommen zu werden.«

»Hm«, sagte Dr. Ling. »Sehr interessant. Ich werde über diese Fragen abstimmen lassen. Wer dafür ist, dass Eric Bellis weiterhin für Cosmos zuständig ist, bitte die Hand heben.«

Ein Wald von Händen ging in die Höhe.

»Jetzt alle die, die dagegen sind.«

Nicht ein einziger Arm hob sich.

»Alle die, die Graham Reeper wieder in das Bündnis der Wissenschaft aufnehmen möchten?«

Obwohl auch Eric die Hand hob, fehlten noch zwei Stimmen für ein Ja.

»George und Annie«, sagte Eric freundlich, »ich glaube, ihr beide seid auch Mitglieder des Bündnisses. Möchtet ihr abstimmen?«

Die beiden lächelten und hoben die Hände.

»Wenn das so ist«, sagte Dr. Ling und überreichte Eric den kleinen Computer, »möchte ich Cosmos gern wieder in Ihre Obhut geben. Und wir werden Dr. Reeper ausfindig machen und ihm seine Mitgliedschaft wieder zuerkennen. Dafür, dass er die Wissenschaft vor der Zerstörung gerettet hat ...«

»Vielen Dank«, sagte Eric und drückte Cosmos dankbar an sich. »Vielen Dank, Dr. Ling. Und vielen Dank Ihnen, liebe

Kollegen vom Bündnis der Wissenschaft. Aber vor allem, vielen Dank euch beiden, Annie und George.«

»Nur noch eine Sache, Professor Bellis«, sagte Dr. Ling, als sich die Gruppe auflöste und zum Lift begab. »Keine Schweine mehr, bitte. Jedenfalls nicht mit dem Supercomputer.«

»Aber natürlich«, sagte Eric hastig. »Das nächste Mal nehme ich meinen Wagen, um das Schwein zu transportieren... sobald ich es wiedergefunden habe«, fügte er hinzu. Das würde der erste Punkt auf seiner To-do-Liste sein, nachdem er die Ergebnisse der Experimente, mit denen die Anfänge des Universums erforscht werden sollten, ausgewertet hatte.

»Ach übrigens«, sagte Dr. Ling, als sie sich hinten an der Liftschlange anstellten, »kann es sein, dass ich hier drin eine Katze gesehen habe? Nicht zu fassen. Wie kann eine Katze hier reinkommen?«

»Ach ja, das war Schrödy... Sie war...«, setzte Annie an, verstummte dann aber. Als sie sich umsah, entdeckte sie zu ihrer Überraschung keine Spur von der schwarzweißen Katze.

»Vielleicht hat sie sich in eine andere Dimension begeben«, spekulierte sie. »Schließlich hat sie zehn zur Auswahl, falls die M-Theorie stimmt.«

»Schrödy?«, hakte Dr. Ling nach.

»Eine imaginäre Freundin von Annie«, sagte George entschieden. »Annie ist noch sehr jung, Sir, und manchmal hat sie so Fantasien... Autsch! Autsch! Hör auf, Annie...«

281

11 Dimensionen!

Wie können wir Einsteins klassische Allgemeine Relativitätstheorie, die die Schwerkraft und die Gestalt des gesamten Universums beschreibt, und die Quantentheorie, die winzige Elementarteilchen und alle anderen Kräfte erklärt, unter einen Hut bringen?

Die erfolgreichsten Ansätze beziehen allesamt *zusätzliche räumliche Dimensionen* und *Supersymmetrie* mit ein.

Die Extradimensionen sind so winzig aufgerollt, dass wir sie im Alltag nicht wahrnehmen können.

Supersymmetrie bedeutet eine Verdoppelung der Elementarteilchensorten: zum Photon gesellt sich das Photino, zum Quark das Squark und so weiter. (Vielleicht gelingt es am LHC, diese nachzuweisen und womöglich sogar neue Dimensionen zu entdecken.)

Die *Superstring-theorie* (Stringtheorie mit Supersymmetrie) ersetzt Teilchen (Punkte) durch winzige Strings (Fädchen). Dadurch, dass die Strings auf unterschiedliche Weise vibrieren können wie verschiedene Töne auf einer Gitarrensaite, verhalten sie sich wie unterschiedliche Typen von Teilchen. Obwohl es sich seltsam anhört, bieten Strings tatsächlich eine Erklärung für die Schwerkraft.

Superstrings existieren in 10 Dimensionen. Also müssen noch irgendwo 6 Raumdimensionen versteckt sein. Wie das möglich ist, wissen die Physiker allerdings noch nicht genau.

Wissenschaftler streiten darüber, was das M bedeutet: *Magie, Mysterium, Meister, Mutter* oder vielleicht *Membran?* Physiker zukünftiger Generationen sollten das herausfinden können!

1995 stellte der Mathematiker und Physiker Edward Witten seine sogenannte *M-Theorie* vor. Ihr zufolge sind die verschiedenen Stringtheorien allesamt Grenzfälle einer Theorie, die *11 Dimensionen* voraussetzt. Seitdem beschäftigen sich Wissenschaftler intensiv mit der M-Theorie, wissen aber immer noch nicht genau, was sie besagt und ob sie wirklich eine Theorie von Allem ist.

KAPITEL 19

NACH IHRER Rückkehr ins CERN-Kontrollzentrum im Erdgeschoss versammelten sich die Wissenschaftler ausgelassen um die aufgereihten Computerbildschirme, um die von ATLAS übermittelten überraschenden neuen Daten und die Hochenergie-Kollisionen, die in den Tunnelröhren unter ihnen stattfanden, noch einmal durchzugehen. Dr. Ling und Eric waren vollauf damit beschäftigt, Cosmos mit diesen Ergebnissen zu füttern.

»Wirklich sehr aufregend«, sagte Eric zu George und Annie. »Diese neuen Informationen von ATLAS ermöglichen es uns, auf Cosmos die Entwicklung des Universums rückwärts zu simulieren. Wir fangen in der heutigen Zeit an und arbeiten uns die ganzen 13,7 Milliarden Jahre zurück. Das wird ein ziemliches Schauspiel.«

»Ah, Dad ...«, sagte Annie. »Bevor du damit anfängst, musst du unbedingt noch was erledigen. Bitte ruf gleich Mum an. Sie hat sich große Sorgen um dich gemacht. Bestimmt will sie wissen, ob alles in Ordnung ist.«

»Ach, natürlich«, sagte Eric, holte sein Handy hervor und drückte auf die Kurzwahltaste für zu Hause.

»Hallo, Susan«, rief er ins Telefon. »Ja, ja, es geht mir gut ... Was? Annie? Verschwunden? Nein, sie ist hier bei mir ... Wie sie in die Schweiz gelangt ist? Na ja, das ist eine ziemlich lange Geschichte ... Nein, nein, George ist auch hier ... Ja, wir sind rechtzeitig zur Party zurück ... Nein, ich habe nicht vergessen, dass ich versprochen habe, den Kuchen abzuholen ...«

Während Eric zu erklären versuchte, wie es dazu gekommen war, dass die beiden Kinder gesund und wohlbehalten am Large Hadron Collider aufgetaucht waren, tippte George Dr. Ling auf die Schulter.

»Dr. Ling«, sagte er. »Was ist mit GEVAHR? Was geschieht jetzt mit denen?«

Der Wissenschaftler machte ein ernstes Gesicht. »Ich habe einen weltweiten Aufruf herausgegeben«, teilte er George mit. »Ich hoffe, dass man diese Leute ausfindig macht und einsperrt. Sie haben mit ihren Aktionen Menschenleben in Gefahr gebracht, und ohne euch beide, dich und Annie, wäre heute eine Tragödie passiert.«

»Werden Sie sie finden?«

»Wo immer auf diesem Planeten sie sind, wir werden sie aufstöbern.«

»GEVAHR hat also gar nicht versucht, die Menschen zu beschützen, habe ich recht?«, fragte George. »Sie wollten den Leuten nur Angst einjagen, damit sie ihrer Organisation beitreten.«

»Ja, George«, sagte Dr. Ling. »Sie haben so getan, als wollten sie sich um die Menschheit kümmern, aber das stimmte gar nicht. Sie haben eine gute Absicht vorgeschoben, um eine schlechte zu verschleiern, und das ist wirklich übel.«

»Meine Eltern halten nicht viel von der Wissenschaft«, gab George zu. »Sie glauben, dass sie dem Planeten schadet. Sie versuchen, ein umweltfreundliches Leben zu führen.«

»Dann gehören sie zu den Leuten, auf die wir Wissenschaftler hören sollten. Wir sollten ihre Sichtweise nicht ignorieren. Dieser Planet gehört uns allen, und wir müssen zusammenarbeiten, um etwas zu verändern.«

Insgeheim war George stolz auf seine Eltern.

Unterdessen hatte Annie ihr Handy hervorgeholt und sprach jetzt mit Vincent zu Hause in Foxbridge.

»*Was* hast du gemacht?« Sie brach in schallendes Gelächter aus. Sie deckte mit einer Hand das Telefon ab und wandte sich an George. »Vincent hat Zuzubin in die Inverse Schrödinger-Falle verfrachtet! Zuzubin kam gerade dazu, als Vincent die Tür aufmachte, und der hat ihn gleich reingeschoben.«

George nahm Annie das Handy aus der Hand. »Wow! Das war wirklich cool«, sagte er voller Bewunderung zu Vincent.

George musste zugeben, dass er Vincent dankbar war, und vielleicht, nur vielleicht, könnten sie beide in Zukunft ja Freunde werden.

Vincent am anderen Ende der Leitung lachte. »Das war ein Klacks«, sagte er bescheiden. »Jedenfalls nichts im Vergleich zu dem, was ihr getan habt. Ich dachte nur, das ist der sicherste Aufbewahrungsort für ihn, bis Eric zurückkommt. Ich kann ihn auf dem Monitor sehen. Er ist fuchsteufelswild! Aber ich habe die Tür zugesperrt, sodass er sie nicht wieder aufkriegt.«

»Kann er entwischen?«, fragte George.

»Nein«, sagte Eric, der das Gespräch mitbekommen hatte. »Zuzubin sitzt ganz hübsch fest, bis wir morgen nach Foxbridge zurückkehren – mit dem Flugzeug, wie ganz normale Menschen. Also macht euch keine Sorgen, Kinder, ich kümmere mich um Zuzubin, wenn wir daheim sind. Und George, ja, ich werde Freddy aufspüren, und dann suchen wir für ihn eine feste Bleibe.«

Annie nahm George das Telefon aus der Hand. »Bye, Vincent«, sagte sie fröhlich. »Wir sehen uns morgen. Jetzt müssen wir los. Mein Dad wird gleich auf Cosmos das Universum rückwärtslaufen lassen. Dann begeben wir uns dorthin zurück, wo alles angefangen hat, und erleben, wie das mit dem Urknall war.«

Eric saß vor dem Supercomputer und hackte in die Tasten, und Dr. Ling spähte ihm aufmerksam über die Schulter. Annie und George zwängten sich durch die kleine Schar Wissenschaftler, die sich schweigend um die beiden versammelt hatte, um einen Blick auf den Bildschirm werfen zu können, über den lange Zahlenkolonnen scrollten. Eine Kurve am Rand bewegte sich als dünne rote Linie Millimeter um Millimeter schräg nach unten über den Monitor. »Das ist der Durchmesser des Universums«, sagte Eric und deutete darauf. »Er schrumpft auf null, während Cosmos sich dem Urknall nähert.«

George sah gespannt zu. Plötzlich kippte die Linie steil nach unten und fiel beinahe senkrecht zum unteren Bildschirmrand ab. »Das ist die Inflation«, murmelte Dr. Ling. »Eine Phase rasend schneller Ausdehnung. Wir befinden uns bereits in den ersten Sekunden im Dasein des Universums.«

In den nächsten paar Minuten wurde die Stille im Raum nur vom regelmäßigen Summen der Computer und der Klimaanlage unterbrochen. George konnte den Blick nicht von der dünnen Linie abwenden. Sie war fast am unteren Rand des Monitors angelangt, dann hielt sie auf einmal kurz inne und fiel dann weiter ab, aber nicht mehr so steil.

George blickte unverwandt auf den Monitor – und da geschah es wieder. Jemand hinter ihm holte tief Luft. Als George kurz zu Eric hinüberschaute, sah er, dass dieser vor Freude strahlte und sein Blick hin und her über die unablässig dahinrollenden Zahlenkolonnen flitzte.

»Nicht das, was wir erwartet haben«, murmelte Eric vor sich hin. »Ganz und gar nicht, was wir erwartet haben.«

»Was ist nicht so wie erwartet?«, fragte Annie.

Ihr Vater drehte sich freudig lächelnd zu ihr um. »Das, worauf wir von Anfang an gehofft hatten, Annie. Neue Physik! Weißt du, es sieht so aus, als gäbe es beim Urknall gar keine ...« Wieder wandte er sich Cosmos zu und begann wie wild zu tippen.

Annie stupste George an. »Was gibt es da nicht?«, fragte sie.

George verfolgte nach wie vor aufmerksam die dünne rote Kurve. Sie führte noch immer nach unten, war aber so weit abgeflacht, dass sie fast waagrecht am Rand des Bildschirms entlangkroch. »Ich glaube, ich weiß ...«, antwortete er.

Eric lehnte sich mit triumphierender Miene zurück. »Ihr werdet es sehen!«, rief er, beugte sich dann vor und drückte auf F4. Daraufhin schoss ein feiner Lichtstrahl aus Cosmos' Bildschirm und zeichnete in groben Umrissen ein Fenster, das über den Köpfen von Dr. Ling, Eric, Annie, George und den versammelten Wissenschaftlern in der Luft hing. Anfangs war das Fenster dunkel, nur in der Mitte hing ein runder, verschwommener Gegenstand. Doch rasch wurde die blau-grüne Kugel klar erkennbar: Sie blickten auf den Planeten Erde, der sich auf seiner Umlaufbahn um seinen Elternstern, die Sonne, um seine Achse drehte. Cosmos rückte das Fenster näher an die Erde heran, sodass sie samt dem vertrauten Muster aus Kontinenten und Ozeanen deutlich zu sehen war, mit all den Wüsten und riesigen Wäldern, die die Oberfläche dieses schönsten und einzig bewohnbaren Planeten bedecken. Doch noch während sie all das betrachteten, begann die Oberfläche der Erde ihre Form zu verändern ...

Zeit: vor 200 000 Jahren

Menschen wie wir treten auf den Plan.

Zeit: vor 65 Millionen Jahren

Das Zeitalter der Dinosaurier geht zu Ende.

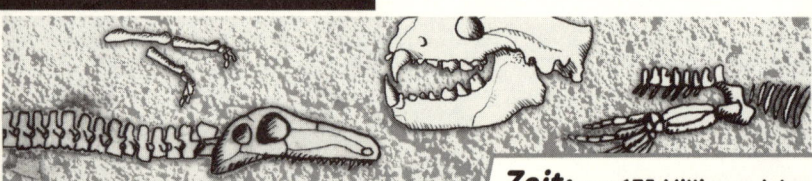

Zeit: vor 175 Millionen Jahren

Pangäa – eine zusammenhängende Landmasse, die alle Kontinente der Erde umfasst – bricht auseinander.

Zeit: vor etwa 200 Millionen Jahren

Die ersten Dinosaurier streifen auf unserem Planeten umher.

Zeit: vor rund 2 Milliarden (2 000 000 000) Jahren

Allmählich sammelt sich durch Fotosynthese entstandener Sauerstoff in unserer Atmosphäre.

1 Milliarde = 1000 Millionen oder 1 000 000 000

Zeit: vor ungefähr 3,5 Milliarden Jahren

Das Leben auf der Erde beginnt . . .

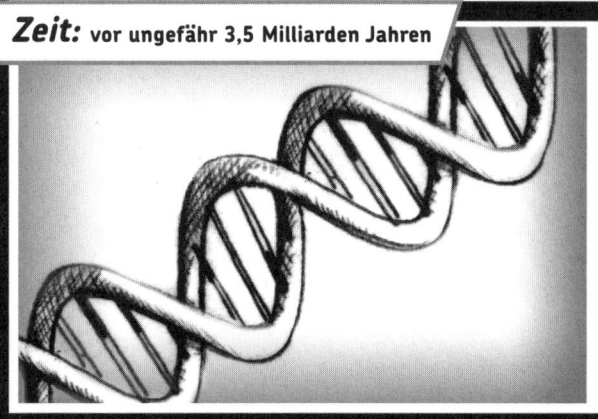

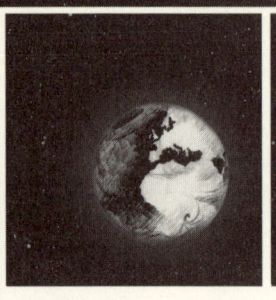

Die Erde ist ein gefährlicher Ort . . .

. . . Das frühe Sonnensystem, in dem sich die Planeten bilden, ebenfalls.

Unsere Sonne wird geboren.

Zeit: vor 4,6 Milliarden Jahren

Eine wunderschöne Spiralgalaxie entsteht: die Milchstraße.

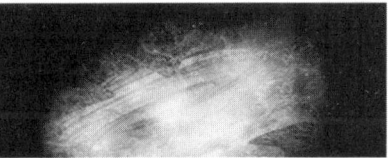

Die ersten Sterne explodieren und schießen eine Mischung aus unterschiedlichen chemischen Elementen in den Weltraum, aus denen am Ende die nächste Generation Sterne überall im Universum entsteht.

Gaswolken zerfallen in Klümpchen, die sich so aufheizen, dass sie Kernenergie freisetzen. So entstehen die ersten Sterne.

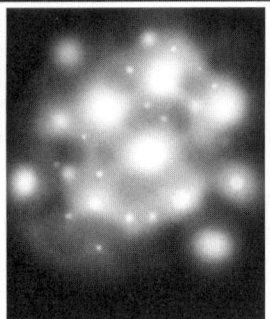

Dichte Wolken aus Dunkler Materie und Gas ziehen sich aufgrund der Gravitation gegenseitig an.

Das dunkle Zeitalter unseres Weltalls dauert ein paar hundert Millionen Jahre.

Als die ersten vollständigen Atome auftauchen, lichtet sich der Nebel. Die kosmische Hintergrundstrahlung im Mikrowellenbereich kann sich jetzt ungehindert durchs Universum bewegen.

Zeit: vor 13,7 Milliarden Jahren – 3 Minuten nach dem Urknall

Heißer Nebel erfüllt das Universum, während sich die ersten Atomkerne bilden.

Zeit: 1 Mikrosekunde nach dem Urknall

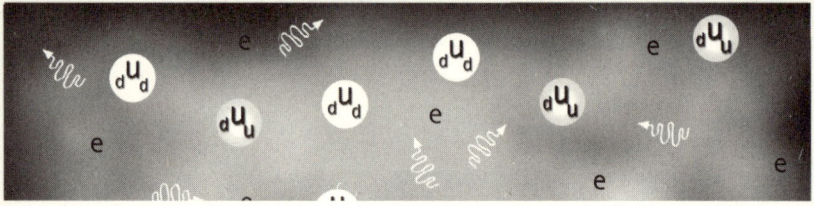

Das Quark-Gluon-Plasma ist abgekühlt, sodass sich Protonen und Neutronen bilden können. Materie und Antimaterie löschen sich gegenseitig fast vollständig aus und setzen Photonen (Lichtteilchen) frei, die sich nicht weit durch das nebelartige Plasma bewegen können.

Zeit: 1 Millionstel einer Mikrosekunde nach dem Urknall

Zeit: 10 Milliardstel von einem Milliardstel von einem Milliardstel einer Mikrosekunde nach dem Urknall

Alle Teilchen haben mithilfe des Higgs-Feldes Masse erhalten.

Das Universum hat soeben aufgehört sich aufzublähen und eine große Menge Energie freigesetzt. Das Universum ist mit einem Quark-Gluon-Plasma angefüllt.

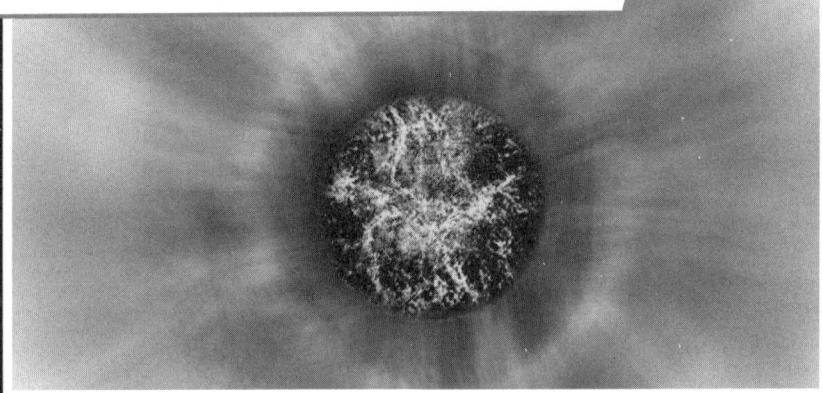

Das Universum schrumpft sehr rasch, je mehr wir uns dem Urknall nähern.

Der Bereich von exotischer Materie und M-Theorie. Das Universum schrumpft noch immer, aber nicht mehr so schnell . . .

Das ist der Punkt, an dem – so wie wir es verstehen – Raum und Zeit anfangen müssten. Aber das Universum ist noch immer da, unglaublich klein und noch immer schrumpfend. Vielleicht wird es doch nie bei einer Singularität ankommen . . .

DANKSAGUNG

EIN BUCH wie *Zurück zum Urknall – Die große Verschwörung* entsteht nicht einfach aus dem Nichts. Viele Menschen haben dazu beigetragen. Die Arbeit an den drei George-Büchern – und besonders an diesem Band – war mir eine Freude und eine Ehre. Ich danke allen Mitarbeitern meines Verlags Random House, die George auf seinen Abenteuern begleitet haben, und ganz besonders meiner wunderbaren Lektorin Sue Cook, die mir und George von der ersten Idee bis zu den fertigen drei Bänden zur Seite stand. Ich danke Annie Eaton für ihren Weitblick und das Engagement, mit dem sie jungen Lesern wissenschaftliche Inhalte zugänglich gemacht hat. Großartige Arbeit an den George-Büchern haben auch diese Freunde und Kollegen geleistet: Jessica Clarke, Sophie Nelson, Maeve Banham, Juliette Clark, Lauren Buckland, Bhavini Jolpara, Margaret Hope, James Fraser und Claire Lansley. Danken möchte ich außerdem Claire Paterson, Kirsty Gordon, Luke Janklow und

Julie Just von der Agentur Janklow & Nesbit, die dafür gesorgt haben, dass George nicht nur durchs Universum reist, sondern auch in viele Länder auf dem Planeten Erde.

Ein herzlicher Dank geht an den Wissenschaftler Stuart Rankin, ohne den die Welt nie von der Inversen Schrödinger-Falle erfahren hätte. Von ihm stammen auch die wissenschaftlichen Ausführungen zum Urknall und die trügerisch einfachen Erklärungen der Quantentheorie und anderer seltsamer und fantastischer Phänomene. Sehr dankbar bin ich auch Markus Pössel vom Haus der Astronomie und vom Max-Planck-Institut für Astronomie für seine wertvollen Anregungen, die in die Endfassung des Texts eingeflossen sind.

Wieder einmal sind herausragende Wissenschaftler angetreten, um jungen Lesern ihre Forschungsarbeit zu erklären. Vielen Dank an Paul Davies, Michael S. Turner und Kip S. Thorne für ihre wunderbaren Beiträge. Danken möchte ich auch Roger Weiss von der NASA für die fotografischen Einblicke in die Wunder des Universums und allen unseren Freunden von der NASA für die Nutzung von Bildern aus dem Kosmos.

Außerdem danke ich allen meinen Freunden und Kollegen von der Arizona State University, wo ich als Writer-in-Residence am

Origins-Projekt mitwirkte, für ein wunderbares Jahr, in dem ich dieses Buch fertigstellen konnte.

Am meisten danke ich jedoch unseren jungen Lesern dafür, dass sie noch ein George-Buch haben wollten. Viel Glück auf allen euren kosmischen Reisen!

Lucy

Lucy Hawking / Stephen Hawking
Der geheime Schlüssel zum Universum

ca. 256 Seiten, ISBN 978-3-570-21953-9

Ein fulminantes Abenteuer im Universum und zugleich ein Buch, das in die aufregende Welt der Astronomie entführt. Was Sonnenflecken sind oder warum der Saturn Ringe hat – spannend vermittelt Georges Weltraumreise faszinierendes astronomisches Wissen. Sachinfos treten ergänzend hinzu und atemberaubende Fotostrecken lassen über Himmelsphänomene staunen. Astronomie, die jedes Kind versteht.

40004

cbj

www.cbj-verlag.de

Mark Haddon
Boom!

ca. 224 Seiten, ISBN 978-3-570-22294-2

Das ziemlich eintönige Leben des 13-jährigen Jim ändert sich schlagartig, als er und Freund Charlie einer mysteriösen Verschwörung auf die Spur kommen: Denn warum reden die Lehrer Mr Kidd und Mrs Pearce in Geheimsprache miteinander? Und wieso sprühen ihre Augen mit einem Mal seltsame blaue Funken? Als sie den Lehrern hinterher spionieren, geraten sie in einen Strudel unglaublicher Ereignisse – und finden sich plötzlich in einer fremden Galaxie wieder: auf dem Planeten Plonk! Da beginnt das Abenteuer erst so richtig, denn Jim und Charlie müssen nicht nur sich vor den finsteren Plonkern und ihren verrückten Lehrern retten – sondern die ganze Welt …

www.cbj-verlag.de

Marietta Slomka
Kanzler lieben Gummistiefel
So funktioniert Politik

320 Seiten   ISBN 978-3-570-13555-6

Politik – ist das nicht nur was für Erwachsene? Von wegen! Politik
beginnt schon mit der Klassensprecherwahl. Also: Was ist »Politik«?
Wie funktioniert unsere Regierung? Und haben »Gipfeltreffen«
wirklich etwas mit Bergsteigen zu tun? All dem und vielem mehr
widmet sich die Frontfrau des ZDF heute-journals Marietta Slomka.
Spannend und verständlich erklärt sie Grundlagen, Mechanismen
und Entwicklungen der Deutschland-, EU- und Weltpolitik. Dieses
umfassende und unterhaltsame Kompendium macht im großen
Wahljahr 2009 Lust auf mehr ... mehr Politik.

5435

www.cbj-verlag.de